# Inhalts-Verzeichnis

## Impressum:


Bibliografische Information der Deutschen Nationalbibliothek: Die Deutsche Nationalbibliothek verzeichnet diese Publikation in der Deutschen Nationalbibliografie; detaillierte bibliografische Daten sind im Internet über www.dnb.de abrufbar.

© Jänner 2021, Christoph Tschaikner

Herstellung und Verlag: BoD — Books on Demand, Norderstedt

ISBN: 978-3-75340-544-5

Auch vor den Römern führten Wege über die Alpen. Die Räter und Kelten benötigten aber keine breiten, komfortablen Straßen. Sie hatten keinen gemeinsamen, straff geführten Staat, sondern waren stammesmäßig organisiert. Sie produzierten und transportierten auch nicht in Massen, wie die Römer. Die Wege in der Ur- und Frühgeschichte darf man sich deshalb in Tälern als Karrenwege vorstellen, die die Siedlungen miteinander verbanden, über Pässe oft auch nur als Saumpfade, auf denen Tragetiere die Ware transportieren.

So darf man sich vorrömische Saumpfade vorstellen.

Schon die Etrusker, Veneter, Räter und Kelten standen miteinander in Kontakt und benutzten dafür den Fern- und Reschenpass.

# Geschichte(n) der Via Claudia Augusta: Der Ausbau zur antiken Alpen-Autobahn

Schon während des Alpenfeldzuges begannen Augustus' Stiefsöhne Drusus und Tiberius die bestehenden Wege für den Militärtross auszubauen. Bis 46 n. Chr. wurde die Via Claudia Augusta immer wieder verbessert. Die erste europa-verbindende Straße über die Alpen war schließlich in der Regel 6 – 8 Meter breit und erlaubte somit auch Gegenverkehr. An Engstellen gab es sogar Verkehrsregelung. Sie war in der Mitte gewölbt und viel nach außen hin, zu den Straßengräbern rechts und links, ab. Somit war sie nach Regen oder Schnee schnell wieder trocken. Das war wichtig, diente sie doch der raschen Bewegung der Truppen. Die antike Alpen-Autobahn ermöglichte und förderte aber auch einen regen Handel ohne Zölle und Maut. Wenn man so will, war das Imperium Romanum der erste europäische Binnenmarkt. Die Via Claudia Augusta war nicht umsonst über längere Zeit die wichtigste Straße über die Alpen. Sie verband den äußersten Norden mit dem Süden Europas, ja sogar mit dem Süden und Osten des Reiches, das bis Nordafrika und in den Nahen Osten reichte. Wenn Claudius Paternus Clementianus, der in Nordafrika wirkte, bevor er Statthalter in Noricum war, in seine Heimat, im heutigen Epfach / Denklingen / Bayern reiste, setzte er vermutlich mit dem Schiff zum damaligen Adriahafen Altinum über und fuhr dann auf der Via Claudia Augusta über die Alpen. Als Kaiser Claudius Britannien eroberte, kehrte er vermutlich auf der Via Claudia Augusta nach Rom zurück. Und auch auf den Balkan und weiter in den Nahen Osten reiste man das erste Stück über die Via Claudia Augusta.

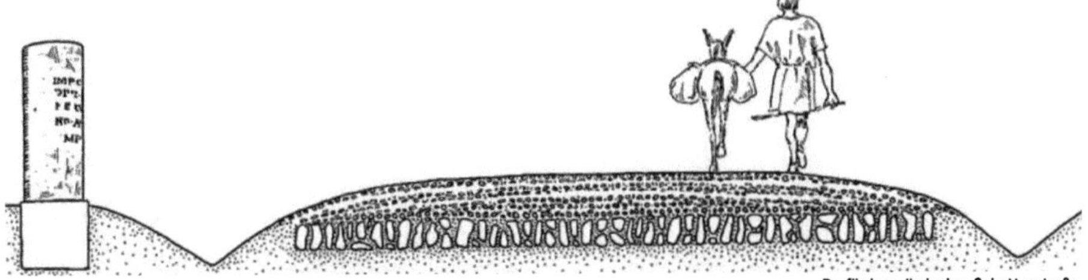

Profil einer römischen Schotterstraße.

Der Verlauf und die Bedeutung der Via Claudia Augusta

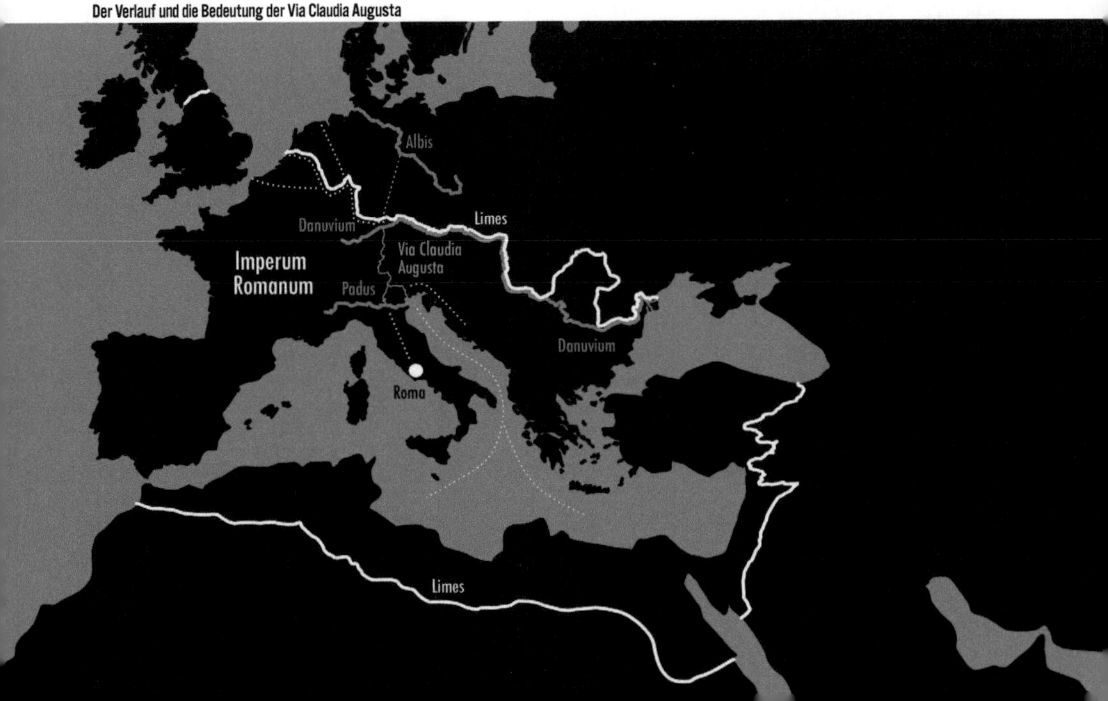

# Geschichte(n) der Via Claudia Augusta: Weiternutzung bis es nicht mehr ging

Nach dem Niedergang des römischen Reiches wurden die Römerstraßen weitergenutzt. Sie wurden aber nicht mehr regelmäßig gepflegt und in Stand gesetzt, wie in der Römerzeit. Entsprechend schlecht war der Zustand der Straßen. Durch die mit angezogenen Bremsen bergab rutschende Wagen wurden die in der Mitte gewölbten Straßen der Römer sukzessiv zu Hohlwegen. Aufwändige Straßenabschnitte, wie die schwimmend auf Holzstämmen verlaufende „Prügelstraße" zwischen Lermoos und Biberwier, wurden aufgelassen. Die Straße durch die Talenge nördlich von Bozen, die die Brenner-Route ab 200 n. Chr. erstmals zur einfachsten und meistbefahrenen Straße über die Alpen gemacht hatte, verfiel. Die Reisenden mussten wieder eine dritte Passhöhe, den Ritten, bewältigen und die Via Claudia Augusta war wieder für Jahrhunderte die bedeutendste Straße über die Alpen.

Zum schlechten Zustand und der Gefährlichkeit der Straßen kam auch noch die Unsicherheit dazu, ausgeraubt zu werden. Entsprechend spärlich war der Handelsverkehr. Die Wirtschaft siechte dahin.

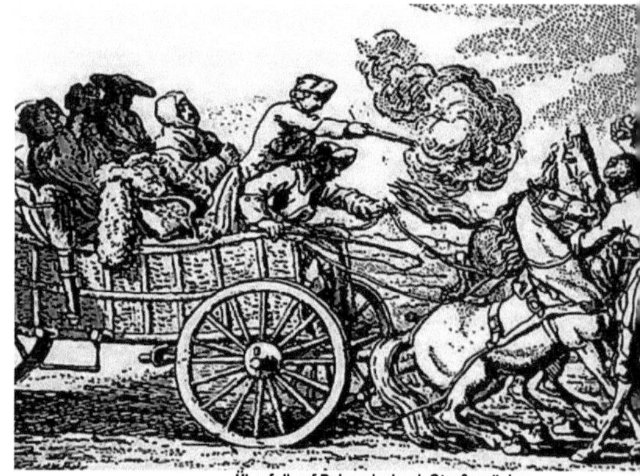

Überfall auf Reisende durch Straßenräuber.

Typischer Hohlweg am Fernpass

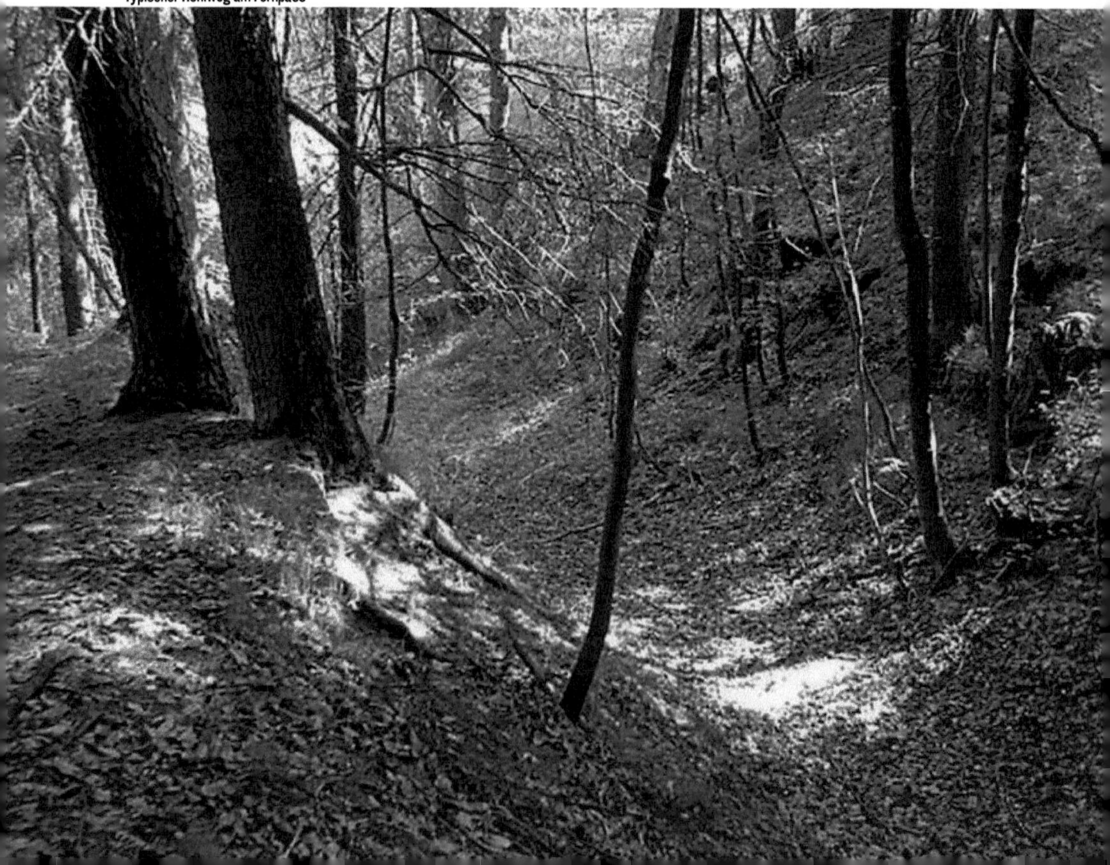

# Geschichte(n) der Via Claudia Augusta: Neuerliche Investition in Straßen

Gegen Ende des Mittelalters und zu Beginn der Neuzeit begannen Adelige und Kaufleute wieder in eine Verbesserung der Straßen zu investieren, um die Wirtschaft zu beleben und die Steuer-Einnahmen zu entwickeln. Der Bozner Kaufmann Kunter kümmerte sich um die Erneuerung der Straße durch die Talenge nördlich von Bozen. Im Unterschied zur Römerzeit war es üblich, für die Benützung der Straßen Maut zu kassieren. Die Starkenberger, ein bedeutendes Geschlecht aus Tirol, das in die Sanierung der Via Claudia Augusta zwischen Fernpass und Landeck investierte, galt als „Raubritter", weil sie ihre Investitionen über Maut wieder hereinholten. Zusätzlich kassierten die Fürsten Maut. Gewisse Waren wie Salz unterlagen sogar den Regeln des sogenannten Rodfuhrwesens. Sie durften nur von lokalen Fuhrunternehmern transportiert werden und mussten an Orten mit Niederlagerecht ab- und umgeladen werden. Ein gänzlich anderes System als der erste europäische Binnenmarkt, ohne Maut und Zölle, der Römer. In beiden Systemen lebten aber viele Menschen entlang der Route von und mit der Straße. Die Via Claudia Augusta war nicht mehr die wichtigste und meistbefahrene Straße, war aber weiter ein bedeutender Alpenübergang. Endgültig von der Brennerroute überflügelt wurde sie erst mit dem Bau der Brennerbahn und dann mit der Brennerautobahn.

An der Klause im Süden des Piave-Tales.

Die Salzstraße beim Schloss Fernstein.

Wagen entlang der Salzstraße.

Der Reise-Leitfaden für eine gelungene Reise entlang der Via Claudia Augusta ist so einfach und übersichtlich wie möglich aufgebaut.

## Die Route

------------------------------------------------------------

Die Route wird mit

- Karten-Seiten
- Text-Seiten und
- Bilder-Seiten

dargestellt.

### KARTEN-SEITEN

Die Karten-Seiten im Maßstab 1:50.000 dienen der Orientierung und dem Finden der Route. 2 Centimeter auf der Karte entsprechen 1 Kilometer in der Realität. Kreuzungen werden nicht mit verwirrendem „links und rechts" beschrieben, sondern sind in der Karte ersichtlich und auch noch hervorgehoben. Neben der attraktiven, abwechslungsreichen Route zeigen die Karten auch die Original-Trasse der Römerstraße, damit Sie wissen, wann Sie sich direkt auf der Römerstraße befinden oder in ihrer Nähe. Auch Sehenswürdigkeiten und Gastbetriebe sind direkt in der Karte zu finden und werden in einer Legende erklärt. Während des Tages finden Sie also durchaus mit den Karten alleine das Auslagen, die Sie auch auf der Internet-Plattform der Via Claudia Augusta downloaden und in A4 ausdrucken können. Damit erhöht sich der Maßstab auf ca. 1:35.000 und die Karten-Inhalte sind noch besser zu erkennen sowie zu lesen. Die Karten-Seiten downzuloaden, mit den selbst gedruckten Karten zu fahren und den Führer in der Tasche zu lassen, ist übrigens auch ein guter Tipp für Regentage oder wenn ihr Führer möglichst wenig Gebrauchs-Spuren haben soll.

### TEXT-SEITEN

Zur Orientierung genügen die Karten. Die Text-Seiten zu jedem Teilabschnitt dienen dem Einlesen und Nachlesen. Sie beschreiben das Gebiet sowie die Rad-Route im Teilschnitt. Außerdem finden sich auf den Text-Seiten ergänzende Informationen zu einigen Sehenswürdigkeiten, für die in der Legende der Karten zu wenig Platz ist.

### BILDER-SEITEN

Die Bilder-Seiten ergänzen den Text mit bildlichen Eindrücken und sind somit ideal zur Einstimmung auf die Radtour oder einzelne Etappen.

## Gastgeber

------------------------------------------------------------

Im Gastgeberteil im Anhang werden außerdem Übernachtungs-Möglichkeiten vorgeschlagen, die sich in der Jahrtausende alten Gastlichkeits-Tradition auf Rad-Reisende entlang der Via Claudia Augusta eingestellt haben.

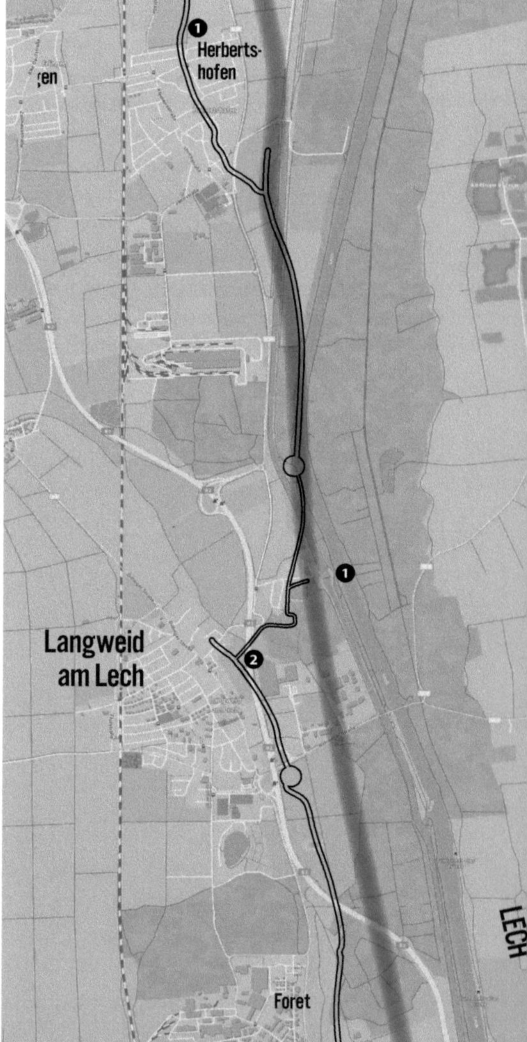

# Routenbeschreibung

## ❶ Das romantische Bayern

Von Donauwörth geht es durch das Lechtal in die einstige römische Provinzhauptstadt Augsburg. Übers Lechfeld führt die Route weiter nach Landsberg am Lech und dann über den römischen Militärstützpunkt Epfach nach Schongau und zur Peitinger Villa Rustica. Schließlich geht`s über das Auerbergland nach Füssen und zu den Königsschlössern .

## ❷ Malerische Tiroler Bergtäler

Wie durch ein Tor führt die Route zwischen den Bergen hindurch in die Naturparkregion Reutte in Tirol. Weiter geht es über die Burgenwelten Ehrenberg, über den Fuß von Deutschlands höchsten Berg, die Zugspitze, und den Bergsturz Fernpass nach Imst. Durch's Inntal fährt man schließlich nach Landeck und durch die Dörfer des Tiroler Oberlandes hinauf nach Nauders und aufs Dach der Tour, dem Reschenpass.

## ❸ Vom Reschenpass der Etsch entlang nach Trento

Ab dem Turm im Reschensee gehts stetig bergab. Das von Apfel- und Weinbau geprägte Etschtal besticht auch mit Orten wie Laas und Schlanders im Vinschgau oder Algund und Marling an der Therme Meran. In Bozen besteht die Möglichkeit, dem Etsch oder der Weinstraße nach Kaltern am See zu folgen. Durch die Weingärten der Piana Rotaliana geht es schließlich nach Trient.

## ➍ₐ Via Claudia Augusta „Altinate" über Feltre nach Altino bei Venedig

Über die Valsugana und die Hochebene Tesino geht es ins historische Städtchen Feltre. Über den Praderadegopass gelangt man schließlich in die ausgedehnte Ebene Venetiens, die mit den Weinhügeln der Altamarca beginnt. Das Ziel der Tour bildet das Archäologische Museum am Areal des römischen Hafens in Altino.

## ➍ₚ Via Claudia Augusta „Padana" über Verona nach Ostiglia am Po

Alternative folgt man in Trento weiter der Etsch . Zunächst geht es durch die Weingärten der Vallagarina mit ihrem Zentrum, der einstigen Stadt der Seide, Rovereto. Das Ende des Etschtals bildet die Klause von Ceraino, wo ein Abstecher an den Gardasee lockt. Nach Verona mit seiner Arena geht es durch das größte Reis-Anbau-Gebiet Europas nach Ostiglia am Po, dem einstigen römischen Flusshafen.

# Steckbrief der Route "Via Claudia Augusta" für Auto, Camper, Bus, …

15 v. Chr. zogen die Römer auf den Pfaden der Etrusker, Räter und Kelten nach Norden und begannen sie zur ersten richtigen Straße über die Alpen auszubauen. Nach 60 Jahren wurde das epochale Bauwerk 45/46 n. Chr. fertiggestellt und, nach dem amtierenden Kaiser, „Kaiserliche Straße des Claudius" genannt. Die transeuropäische Straßenverbindung bestand auch nach dem römischen Reich weiter. Ihr entlang wurden Waren ausgetauscht. Auf ihr begegneten einander Menschen aus vieler Herren Länder und ihre Kulturen. Die Reiseroute auf den Spuren der von den Römern begründeten Straße führt über malerische Land- und Passstraßen von der Donau über die Alpen nach Altino bei Venedig bzw. Ostiglia am Po. Unterwegs warten abwechslungsreiche Landschaften, beschauliche Dörfer, rege Städte, viele Sehenswürdigkeiten und Besonderheiten, die die Straße mit geprägt hat. Über 200 Gastgeber haben sich auf Reisende an der Via Claudia Augusta eingestellt. Einige haben sogar ein Gericht auf der Speisekarte, wie man es vor 2000 Jahren an Europas Kultur-achse gegessen haben könnte.

## PROFIL

auf malerischen Land- und Passstraßen, durch schmucke Dörfer und lebendige Städte.

## REISE-UNTERLAGEN

Neben Tourenbüchern gibt es eine interaktive Karte zur individuellen Reise-Planung auf www.viaclaudia.org und Apps mit denen man nach dem individuell geplanten Reise-Plan der Route entlang-navigieren kann und auch alle Infos zu Sehenswertem mit dabei hat.

## CAMPING UND BUS

Zusatzinfos für Caravans, Wohnanhänger und Busse auf www.viaclaudia.org.

## 2 VARIANTEN

Ab Trento teilt sich die Route in die Via Claudia Augusta „Altinate" über Feltre nach Altino bei Venedig, und die Via Claudia Augusta „Padana" nach Verona und Ostiglia am Po. Jede Variante hat ihren Reiz. Deshalb reist man am Besten auf einer Route nach Süden und auf der anderen wieder nach Norden.

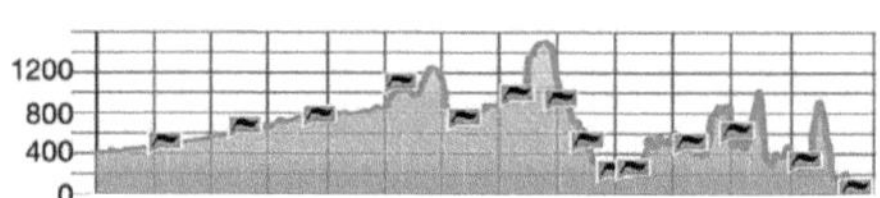

Via Claudia Augusta „Altinate" von der Donau nach Altino bei Venedig

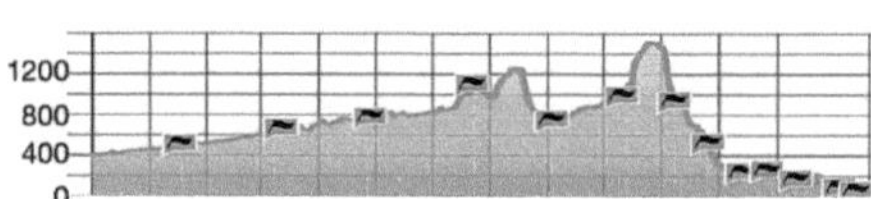

Via Claudia Augusta „Padana" von der Donau bis Ostiglia am Po

## STRECKE

rund 600 km von Donauwörth (Bayern) über die Alpen nach Altino bei Venedig bzw. Ostiglia am Po

## Geschichte und Kultur

Am Beginn der Einleitung dieses Buches findet sich eine kurze Einführung in die mehrere 1000 Jahre umfassende Geschichte der Via Claudia Augusta. Wenn Sie die Geschichte der Via Claudia Augusta, der Regionen und Orte entlang der ersten trans-europäischen Straße über die Alpen, sowie die kulturelle Vielfalt interessiert, die die Via Claudia Augusta mit-geprägt hat, dann empfehlen wir Ihnen die entsprechenden Seiten auf www.viaclaudia.org. Dort finden Sie zu jedem Teilabschnitt, geschichtliche und kulturelle Besonderheiten, als Hintergrund-Info aber auch als Anstoß, sich mit dem einen

oder anderen näher auseinanderzusetzen. Manche stimmen sich gern vor der Reise oder einer Etappe auf das ein, was sie erwartet. Manche lesen gern nach der Reise oder einer Etappe nach, um das eine oder andere besser zu verstehen. Auf der Geschichte-Seite gibt es auch eine historische Datenbank, in der sukzessiv historisches Wissen zur Via Claudia Augusta zu finden ist. Schließlich sind „4 Karten durch die Jahrtausende" für jede Region entlang der Via Claudia Augusta in Ausarbeitung.

## 29 Ausgaben „4 Karten durch die Jahrtausende"

Die 4 Karten durch die Jahrtausende stellen jede Region entlang der ersten europa-verbindenden Straße über die Alpen zu vier unterschiedlichen Zeitpunkten dar. 3 der 4 Karten sind der Geschichte der Regionen gewidmet. Ausgewählt wurden jeweils die Zeitpunkte in der Geschichte, die in der jeweiligen Region besonders interessant sind. Somit können Sie sich rasch einen Überblick verschaffen, wie sich die Region über die Jahrtausende entwickelt hat. Die vierte der 4 Karten zeigt die Region in der heutigen Zeit. Die 4 Karten sind nicht nur für jene spannend, welche die Geschichte etwas näher



interessiert, als sie in einem Radführer dargestellt werden kann, sondern es ist auch spannend mit Kindern gemeinsam die Unterschiede in den Karten zu entdecken. Die „4 Karten durch die Jahrtausende erhalten Sie in digitaler Form auf www.viaclaudia.org. in gedruckter Form gibt es Sie unter anderem in den jeweiligen Tourist-Infos der Region. Sukzessiv werden die Karten auch gesammelt zum Sonderpreis über den Online-Buchhandel angeboten.

# Reiseplanung mit der interaktiven Karte & Navigation mit der App

Römer und moderne Technik sind kein Widerspruch. Auch in der Antike wurden alle Dinge genutzt, die das Leben einfacher, komfortabler, sicherer und rationeller machten. Für alle die moderne Medien verwenden möchten, um sich schon von zu Hause einen Eindruck von der Reise zu machen bzw. um die Reise zu planen, steht auf www.viaclaudia.org eine interaktive Karte zur Verfügung, mit der eine individuelle Reise geplant werden kann. Der Reiseplan kann entweder als PDF downgeladen werden oder in die Navi-App am iPhone oder Android-Handy übertragen werden.

## So planen Sie Ihre individuelle Reise

Öffnen Sie das interaktive Reiseplanungs-Tool, das sich auf mehreren Seiten der Homepage www.viaclaudia.org befindet. Wählen Sie ihre Reiseart, damit Sie die Richtige der unterschiedlichen Routen am Bildschirm haben. Wählen Sie dann wie viele Kilometer am Tag Sie ungefähr zurücklegen möchten und setzen Sie mit Rechtsklick einen Start- und einen Endpunkt. Das Reiseplanungs-Tool berechnet auf dieser Basis einen entsprechenden Etappen-Vorschlag. Als Nächtigungsort werden jeweils Orte gewählt, in denen Sie Quartiere vorfinden, die sich speziell auf Reisende entlang der Via Claudia Augusta eingestellt haben. Davon abweichend können Sie die Etappenorte auch selbst setzen. Ein Höhenprofil informiert Sie über die Topografie. Um sich einen besseren Eindruck von den durchreisten Gebieten und Orten zu verschaffen, können Sie sich nun in die Karte hineinzoomen. Ab einem gewissen Zoomlevel erscheinen die Gastbetriebe, Sehenswürdigkeiten und sonstigen Besonderheiten in der Karte, die Sie durch anhaken im Menü ausgewählt haben. Wollen Sie nähere Informationen zu einem Gastbetrieb, zu einer Sehenswürdigkeit oder zu einer Besonderheiten, so klicken Sie einfach auf das Symbol in der Karte. Die Information erscheint rechts in der Randspalte. Wollen Sie sich etwas für Ihre Reise vormerken, dann setzen Sie den jeweiligen Punkt einfach auf die Merkliste. Wenn Sie Ihre individuelle Reise fertig geplant haben, dann können Sie den Reiseplan als PDF downloaden und ausdrucken, die Route als GPX-File downladen oder den Plan durch Eingabe eines Kürzels oder per QR-Code auf Ihr Smartphone übertragen.

## Unterwegs mit den Navi-Apps

Die Navi-Apps der Via Claudia Augusta für iPhone und Android-Handys funktionieren auch offline. Sie haben dann zwar weniger Zoomlevel zur Verfügung und es werden zu den Points of Interest aus Kapazitätsgründen keine Bilder angezeigt, aber sie brauchen keine Internetverbindung und es werden keine Daten downgeloadet. Sobald Sie eine Internetverbindung zur Verfügung haben, stehen Ihnen alle Zoomlevels und Bilder zur Verfügung, die in der Folge bis zu einem gewissen Maße ohne Internet in ihrem Cache für weitere Verwendung zur Verfügung stehen.

## Führer-Karten zum Downloaden

Die Karten in diesem Führer gibt es auch als Download auf www.viaclaudia.org. Sie können die Karten somit größer ausdrucken. Wenn Sie während der Reise die Ausdrucke verwenden, wird Ihr Führer weniger strapaziert und es besteht auch keine Gefahr, dass er bei Regen Schaden nimmt. Der eine oder andere macht sich auch gern Notizen, möchte das aber nicht in einem Führer machen.

## Weitere gedruckte Führer

Radführer (1) „Altinate und (2) „Padana"

Je ein Wander-Führer für (1) Bayern, (2) Tirol, (3) Reschen bis Trento, (4) Trento-Altino und (5) Trento-Ostiglia

Der Startpunkt der Via Claudia Augusta liegt in der Stadt Donauwörth. Gründe dafür sind die Donau, die beim Weitertransport schwerer Güter half, und die Nordgrenze des Römischen Reiches, die zu Beginn und nach dem ersten Rückzug vor den Germanen dort verlief. Der nördlichste Teil der Römerstraße liegt heute im Landkreis Donau-Ries, der im Norden bis fast zum Limes reicht. Neben der Donau wird das Land vom 25 km Durchmesser großen Ries-Krater geprägt, den ein Meteoriten-Einschlag vor 14,5 Mio. Jahren geformt hat. Der Name „Ries" soll von der römischen Provinz Rätien stammen. Die Stadt Donauwörth, auf deren Gebiet das Ende der Römerstraße liegt, gab es zur Römerzeit noch nicht. Anstatt dessen machten sich dort immer wieder die Wasser von Donau, Wörnitz, Zusam, Schmutter und Lech breit, die sich im Raum Donauwörth vereinen. Die Entwicklung der Stadt begann mit einer Fischer-Siedlung auf der Insel Ried in der Wörnitz. Heute liegt der Großteil der Altstadt nördlich des Flusses. Dieser Teil lockt mit einem der schönsten Straßenzüge Süddeutschlands, der Reichsstraße.

## Spaziergang durch die Stadt

Passend zum Start einer Reise entlang der historischen Straße befindet sich im Tanzhaus in der Reichsstraße das Archäologische Museum. Auch das imposante Rathaus befindet sich an der Straße. Durch das Rieder Tor, in dem sich das Haus der Stadtgeschichte befindet, geht es auf die Altstadtinsel Ried, wo die Entwicklung der Stadt ihren Ausgang nahm. Dort befindet sich auch das Heimatmuseum. Zurück auf der Reichsstraße führt der Spaziergang am Liebfrauenmünster und Fuggerhaus vorbei. Mit einem Besuch im Käthe-Kruse-Puppen-Museum, das in der Heimatstadt der berühmten Puppen deren Geschichte erzählt, schließt der Rundgang. Die Tourist-Info bietet auch zahlreiche Führungen.

■ Archäologisches Museum: Reichsstraße 34, 0049(0)906 789-170, geöffnet Sa, So, Fei 14 – 17 Uhr.

■ Haus der Stadtgeschichte im Rieder Tor: Spitalstraße 11, 0049(0)906 789–170 oder –151, öffnet auf Anfrage.

■ Heimatmuseum auf der Insel Ried: Museumsplatz 2, 0043(0)906 789–170 oder –151, geöffnet Mai – Okt. Di –

So 14 – 17 Uhr, Nov. – Apr. Mi, Sa, So und Fei 14 – 17 Uhr.

■ Käthe-Kruse-Puppen-Museum: Pflegstr. 21a, 0043(0)906 789-170 oder – 151. geöffnet Mai – Sept. Di – So 11 – 18 Uhr, Okt. – April, Do – So 14 – 17 Uhr, 25. 12. – 6. 1. tägl. 14 – 17 Uhr, geschlossen 24. 12. und Karfreitag.

## Tipp für die Fahrt aus der Stadt

Am Ortsrand von Nordheim führt ein Fußweg, gleich nach der Brücke links, zu einer Nachbildung eines Meilensteins der Via Claudia Augusta, der den Startpunkt der Römerstraße markiert.

## Special: Nationaler Geopark Ries

Vor 14,5 Millionen Jahren raste ein etwa 1 km großer Asteroid, begleitet von einem 150 m großen Trabanten, auf die Erde zu. Sie schlugen mit über 70.000 km/h auf der Albhochfläche ein und erzeugten zwei Krater mit Durchmessern von 25 und 4 km, das Nördlinger Ries und das Steinheimer Becken. Am Einschlagspunkt entstand ein Druck von mehreren Mio bar und eine Temperatur von mehr als 20 000 ˚ C: Der Asteroid und ein Teil der Gesteine schmolzen bzw. verdampften sogar. Eine Druckwelle raste mit Überschall durch das tiefer liegende Gestein, veränderten es und führten zur Bildung von Hochdruckmineralen wie Coesit, Stishovit und Diamant. In den ersten Sekunden nach dem Einschlag entstand ein hohler Krater, der eine Tiefe von 4,5 km erreichte. Die ausgeschleuderten Gesteinsmassen bildeten eine geschlossene Trümmerdecke, die bis zu einer Entfernung von 50 km reicht. Gleichzeitig schoss eine heiße Glutwolke über dem Krater in die hohe Atmosphäre. Der tiefe Krater bestand nur einige Sekunden lang. Der Kraterboden wölbte sich im Kraterinnern auf. Dabei rutschten vom steilen Kraterrand Gesteinsschollen und machten den ursprüngliche Rand immer undeutlicher. Schließlich kollabierte der Krater und wurde flacher. Nach wenigen Minuten waren alle Gesteinsbewegungen beendet. Die Glutwolke lagerte sich als heiße, mehrere 100 m mächtige Gesteinsdecke ab.

Alles zum Ries-Krater ist im gleichnamigen Museum im mittelalterlich geprägten Nördlingen mit seiner komplett erhaltenen und begehbaren Stadtmauer zu erfahren. Die kosmische Katastrophe hinterließ nicht nur eine faszinierende fast kreisrunde Landschaft, die auf Themenpfaden und bei Führungen zu erleben ist. Sie schuf auch die Voraussetzung dafür, dass das Kraterbecken zur Kornkammer Bayerns wurde. Eiszeitliche Einwehungen hinterließen dann fruchtbare Böden. Historische Getreidesorten und weitere Spezialitäten genießt man mit Geopark Ries kulinarisch.

■ RiesKraterMuseum, 86720 Nördlingen, Eugene-Shoemaker-Platz 1, +49 (0)9081 84 710, geöffnet Mai – Okt. Di – So 10 –16:30 und Nov. – Apr. Di – So 10 –12 und 13:30 – 16:30 Uhr. www.rieskrater-museum.de

■ Nationaler Geopark Ries, 86609 Donauwörth, Pflegstraße 2, +49 (0)906 74 140, www.geopark-ries.de

Rumänien, Moldawien und Ukraine.

Die Schwäbische Alb, früher auch Schwäbischer Jura oder Schwabenalb genannt, die hier am Ries endet, ist ein Mittelgebirge, das über Banden-Württemberg bis in die Schweiz reicht. Es ist etwa 180 bis 200 km lang 35 bis 40 km breit, 5887,35 km² groß und bis zu 1015,7 m hoch. Das Gebirge besteht aus mesozoischem Jurakalk.

Im Bereich Donau-Ries war der Limes ein Grenzwall, der im Norden des Landkreises verlief. Über weite Teile war aber der Fluss selbst die Grenze. Man spricht auch vom nassen Limes.

## Geschichte(n)

Wo immer möglich transportierten die Römer schwerere Lasten auf dem Wasser. Deshalb verbindet die Via Claudia Augusta die Wasserstraße Donau und Po sowie den römischen Adriahafen Altinum. Außerdem folge die Römerstraße über weite Strecken verschiedenen Flüssen: Lech, Inn, Etsch, Brenta, Piave und Sile.

Der nördlichste Punkt der Via Claudia Augusta liegt nahe am Limes. Der Limes war keine undurchlässige Grenze. Die Römer trieben Handel mit Germanien. Die Römer kontrollierten aber, wer das Reich betrat und wieder verließ.

Die Straße, die nach ihrem späteren Endausbau unter Kaiser Claudius ihren Namen erhielt soll ursprünglich bis zur Elbe, 60 km von Berlin, geführt haben. Die Römer wurden aber im Teutoburger Wald vernichtend geschlagen und beschlossen deshalb auf das wald- und sumpf-reiche Gebiet auf zugeben und die ursprünglich an der Elbe geplante Grenze an die Donau zu verlegen. Entsprechend endete dann auch die Via Claudia Augusta an der Donau, als sie 46 nach Christus nach Claudius benannt wurde.

Die Donau ist mit einer mittleren Wasserführung von rund 6855 m3 und einer Gesamtlänge von 2857 Kilometern nach der Wolga der zweitgrößte und zweitlängste Fluss in Europa. Sie entwässert große Teile Mittel- und Südosteuropas und fließt durch insgesamt 10 Länder, und somit durch so viele, wie kein anderer Fluss: Deutschland, Österreich, Slowakei, Ungarn, Kroatien, Serbien, Bulgarien,

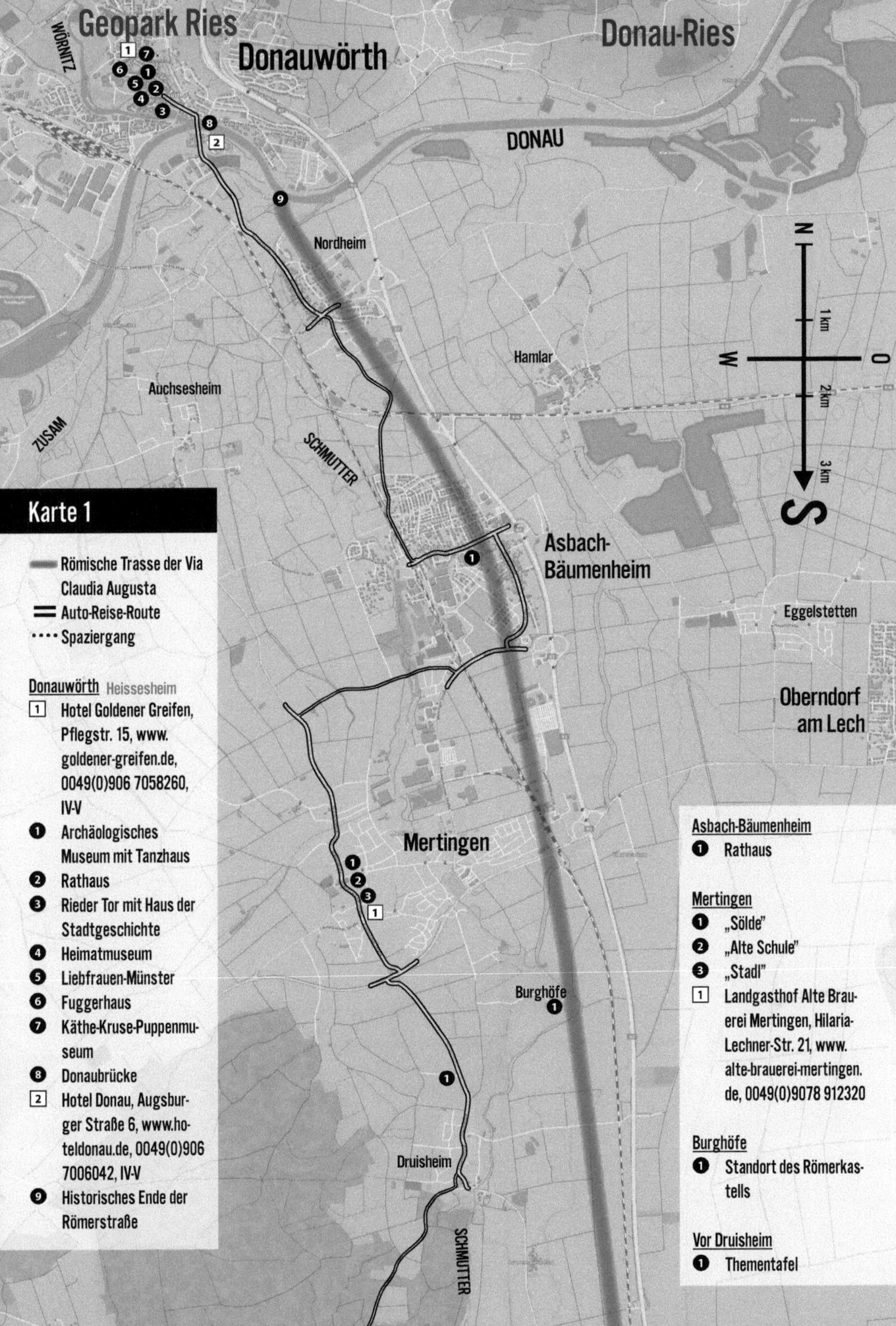

Geopark Ries
Donau-Ries
WÖRNITZ
Donauwörth
DONAU
N
W   O
S
1 km
2 km
3 km
Nordheim
Hamlar
Auchsesheim
ZUSAM
SCHMUTTER
Asbach-Bäumenheim
Eggelstetten
Oberndorf am Lech
Mertingen
Burghöfe
Druisheim
SCHMUTTER

Karte 1

Römische Trasse der Via Claudia Augusta
Auto-Reise-Route
Spaziergang

Donauwörth   Heissesheim
1 Hotel Goldener Greifen, Pflegstr. 15, www. goldener-greifen.de, 0049(0)906 7058260, IV-V
1 Archäologisches Museum mit Tanzhaus
2 Rathaus
3 Rieder Tor mit Haus der Stadtgeschichte
4 Heimatmuseum
5 Liebfrauen-Münster
6 Fuggerhaus
7 Käthe-Kruse-Puppenmuseum
8 Donaubrücke
2 Hotel Donau, Augsburger Straße 6, www.hoteldonau.de, 0049(0)906 7006042, IV-V
9 Historisches Ende der Römerstraße

Asbach-Bäumenheim
1 Rathaus

Mertingen
1 „Sölde"
2 „Alte Schule"
3 „Stadl"
1 Landgasthof Alte Brauerei Mertingen, Hilaria-Lechner-Str. 21, www. alte-brauerei-mertingen. de, 0049(0)9078 912320

Burghöfe
1 Standort des Römerkastells

Vor Druisheim
1 Thementafel

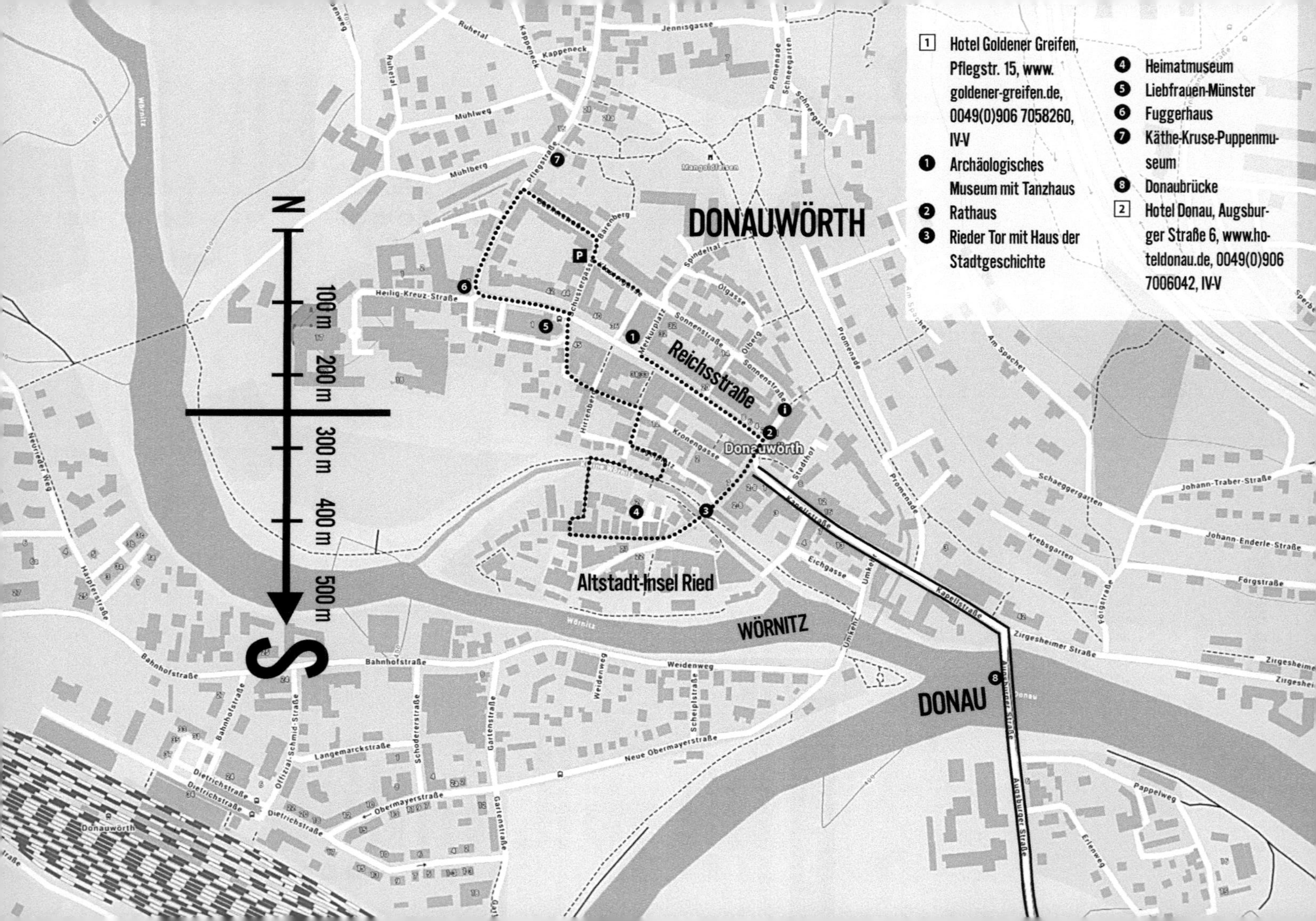

Hotel Goldener Greifen, Pflegstr. 15, www.goldener-greifen.de, 0049(0)906 7058260, IV-V
Archäologisches Museum mit Tanzhaus
Rathaus
Rieder Tor mit Haus der Stadtgeschichte
Heimatmuseum
Liebfrauen-Münster
Fuggerhaus
Käthe-Kruse-Puppenmuseum
Donaubrücke
Hotel Donau, Augsburger Straße 6, www.hoteldonau.de, 0049(0)906 7006042, IV-V
DONAUWÖRTH
Reichsstraße
Donauwörth
Altstadt-Insel Ried
WÖRNITZ
DONAU
N
S
100 m
200 m
300 m
400 m
500 m

Mündung der Wörnitz in die Donau .

Blick durch das Rieder Tor auf die Insel Ried. Fotos (3): Lois Lammerhuber

Die Reichsstraße.

Ballonmuseum Gersthofen.

Kloster Holzen.

Der Standort des Kastells Submuntorium. Foto: Deininger

Das Mündungsgebiet von Wörnitz, Schmutter und Lech und das Lechtal bis Augsburg waren schon in der Römerzeit besiedelt. Auf der unscheinbaren, ersten kleinen Anhöhe zwischen Mertingen und Druisheim befanden sich die römischen Festungsanlagen Submuntorium-Burghöfe. Auch in Langweid am Lech soll sich ein Militärlager befunden haben. Die Orte bis Druisheim zählen noch zum Landkreis Donau-Ries. Dann beginnt das Augsburger Land. Die größten Orte sind das 1989 zum Markt erhobene Meitingen und Gersthofen, das seit 1969 Stadt ist. Die Römerstraße führt zielstrebig am Lech in Richtung Augsburg. Teilweise ist sie noch ein Weg. An einigen Stellen zeichnet sie sich als Damm im Gelände ab. Ein Großteil ist heute Trasse der Bundesstraße 2. Die Aulandschaft des Lech, die die Römerstraße streift, teilt das Augsburger Land und das Wittelbacher Land.

## Von der Donau nach Augsburg

Im Rathaus von Asbach-Bäumenheim dokumentieren mehrere Vitrinen die Römerzeit in der Gegend. Die Römerstraße, auf der die Straße den Ort verlässt, liegt direkt auf der historischen Trasse. Die Kreisstraße DON 28, über die die Reiseroute in den Ort Mertingen führt, ist die Straße, die die Via Claudia Augusta in späterer Zeit als Verbindung zwischen Donau und Augsburg ablöste. Die Reiseroute folgt ihr über weite Strecken, weil sie durch die schmucken Ortszentren führt. In ihrer Zeit war Verkehr kein Problem. Mertingen hat einen rührigen Museumsverein. In der „Sölde" in der Mardostraße 10 erfährt man einiges über die Wohnkultur in einem bäuerlichen Anwesen im 18. und 19. Jh. Die „Alte Schule" hinter dem Rathaus in der Fuggerstraße 3 zeigt Funde aus römischer und vorrömischer Zeit sowie Exponate zur alamannischen Gründung bzw. Besiedlung des Ortes. Im „Stadl" in der Hilaria-Lechner-Straße 13 ist schließlich eine große Sammlung bäuerlicher Geräte, Kutschen, Räder und Schlitten zu sehen. ■ 0049(0)9078 9600 18, Öffnung auf Anmeldung, www. museumsfreunde.mertingen.de. Auf einer Anhöhe zwischen Mertingen und Druisheim informiert eine Thementafel über den Standort Submuntorium-Burghöfes und erklärt seine Funktion als Teil einer Feuerzeichenkette. Nach einem Abstecher zum ehemaligen Benediktinerinnenkloster Holzen, das im 13. Jh. gegründet und Ende des 17. Jh. neu errichtet wurde, geht es über Nordendorf und Westendorf nach Ostendorf, wo in der Außenmauer der Kirche St.-Michael ein Stein aus früh-

christlicher Zeit eingemauert ist. Zwischen Waltershofen und dem Markt Meitingen liegt rechts ein Einkaufszentrum, das nach der Via Claudia Augusta benannt ist. Dieses liegt wie die Hauptstraße durch den Markt direkt auf der Trasse der Römerstraße, an die, bei der Raiffeisenkasse, ein Meilenstein erinnert. Vor Herbertshofen stehen an der Straße eine Thementafel zum hoch entwickelten römischen Vermessungswesen und eine nachgebaute Groma, mit der Interessierte selbst Landvermessungsversuche unternehmen können. Am Lech vor Langweid befindet sich ein Kraftwerk aus 1907 mit dem Lechmuseum Bayern. ■ Lechwerkstraße 19, 86462 Langweid am Lech, 0049(0)821 328–1658, geöffnet am 1. So im Monat, 10 – 18 Uhr oder nach Anmeldung. Im Ort Langweid entdeckten Archäologen vor wenigen Jahren ein Stück der Via Claudia Augusta. Im Norden der Stadt Gersthofen quert die Reiseroute zweimal ihre Trasse, die an der oberen Kante eines zum Lech hin abfallenden Hanges Richtung Stadtzentrum führt. In einem kleinen Park ist ein Heiligtum mit einer Statue des Gottes Merkur eingerichtet. Ihn baten Händler und Reisenden um eine gute Reise. In Gersthofen erwartet den Reisenden das Ballonmuseum Gersthofen. Es erzählt die Entwicklung der Ballonfahrt. ■ Bahnhofstraße 12, 86368 Gersthofen, 0049(0)821 2491 ext. 506, geöffnet Mi, Fr 13 – 17 Uhr, Do 10 – 19 Uhr, Sa, So, Feiertag 10 – 17 Uhr, www. ballonmuseum-gersthofen.de.

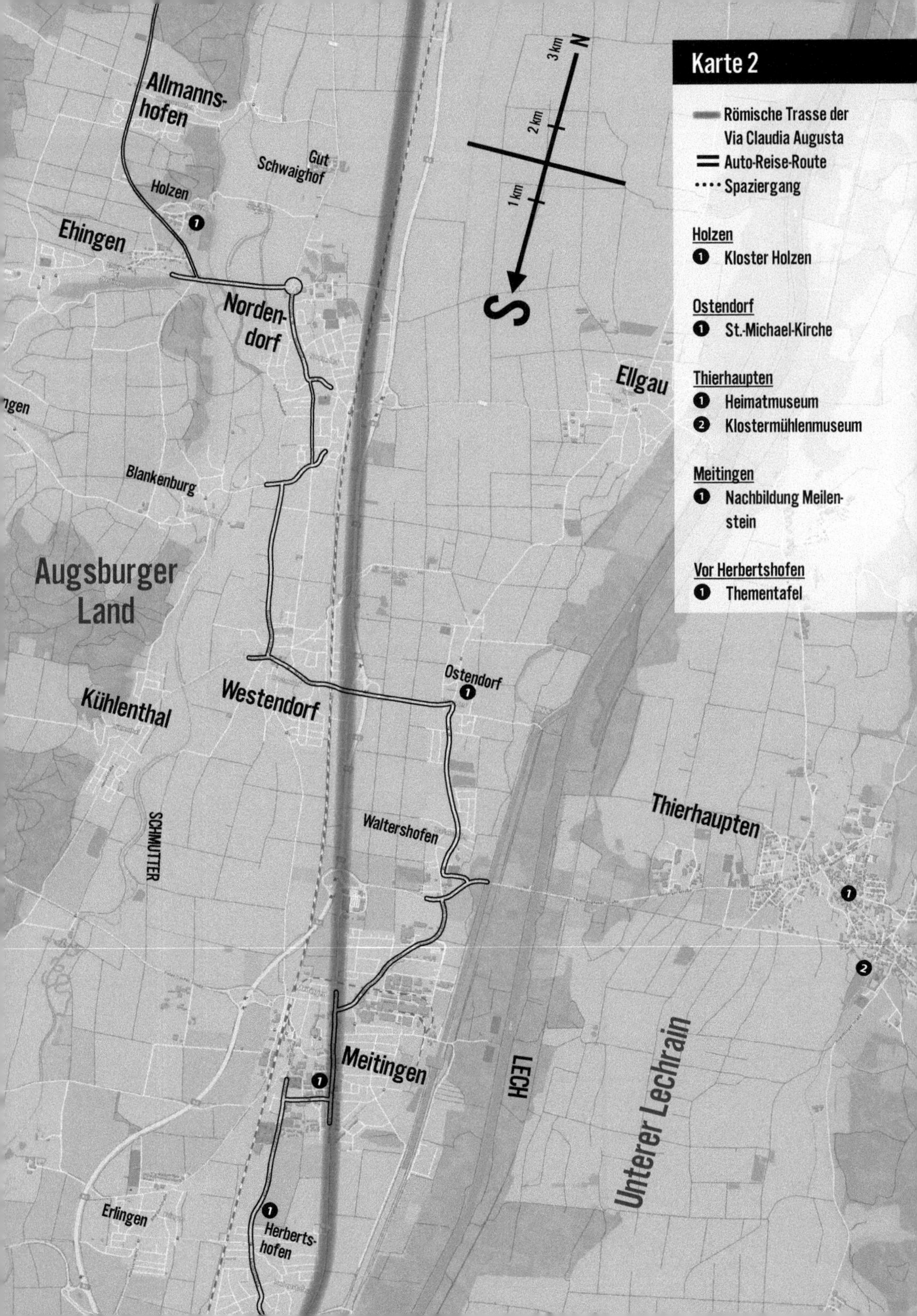

Allmanns-
hofen
Gut
Schwaighof
Holzen
Ehingen
Nordendorf
Augsburger
Land
Blankenburg
ngen
Ellgau
Kühlenthal
Westendorf
Ostendorf
SCHMUTTER
Waltershofen
Thierhaupten
Meitingen
LECH
Unterer Lechrain
Erlingen
Herberts-
hofen
N
3 km
2 km
1 km
S
Karte 2
Römische Trasse der
Via Claudia Augusta
Auto-Reise-Route
Spaziergang
Holzen
1 Kloster Holzen
Ostendorf
1 St.-Michael-Kirche
Thierhaupten
1 Heimatmuseum
2 Klostermühlenmuseum
Meitingen
1 Nachbildung Meilen-
stein
Vor Herbertshofen
1 Thementafel

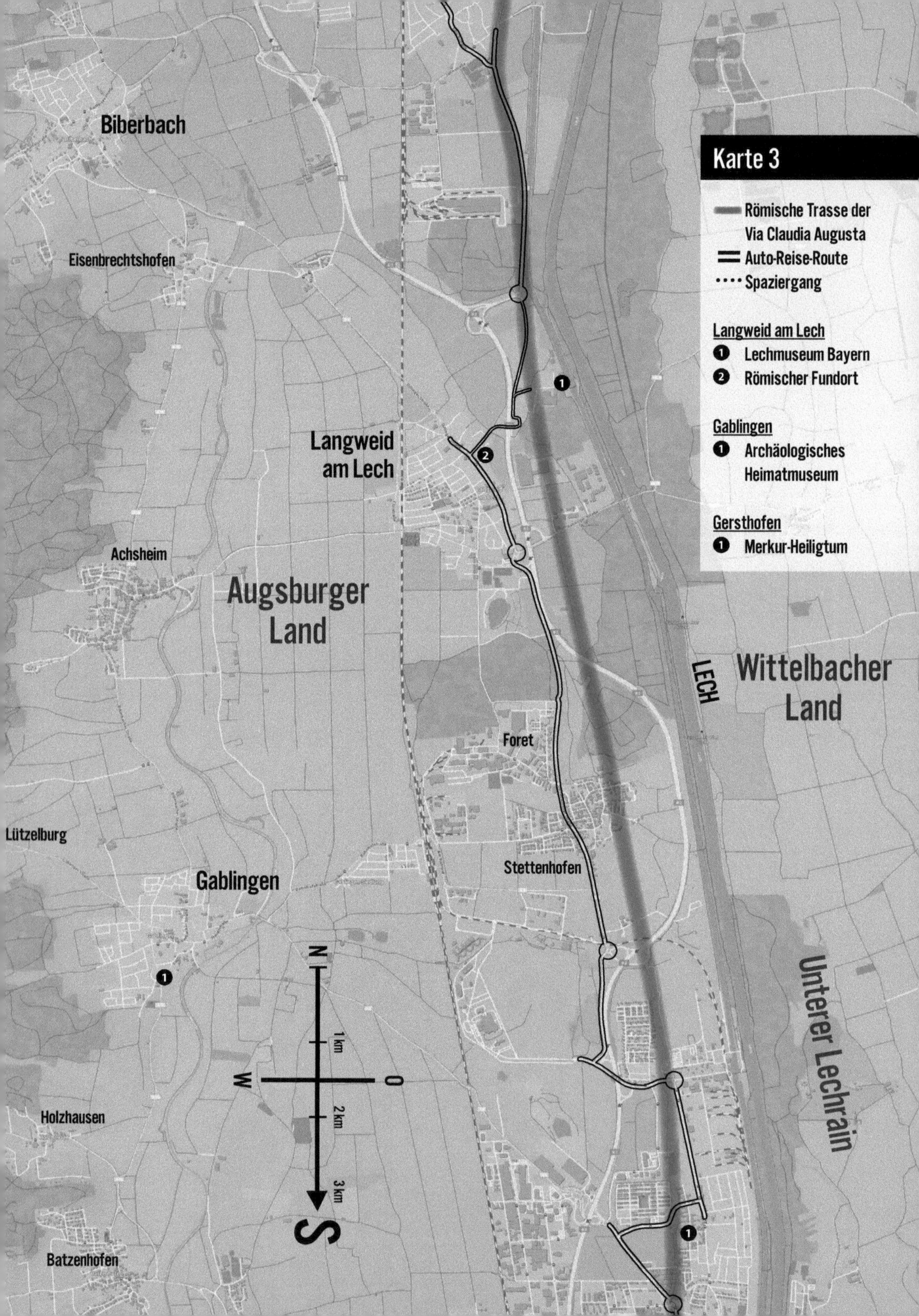

Biberbach
Eisenbrechtshofen
Langweid
am Lech
Achsheim
Augsburger
Land
Lützelburg
Gablingen
Holzhausen
Batzenhofen
Foret
Stettenhofen
LECH
Wittelbacher
Land
Unterer Lechrain
Karte 3
Römische Trasse der
Via Claudia Augusta
Auto-Reise-Route
Spaziergang
Langweid am Lech
1 Lechmuseum Bayern
2 Römischer Fundort
Gablingen
1 Archäologisches
Heimatmuseum
Gersthofen
1 Merkur-Heiligtum
N
W
S
0
1 km
2 km
3 km

Nach dem Alpenfeldzug 15 v. Chr. richteten Kaiser Augustus Söhne Drusus und Tiberius im nördlichen Stadtteil Oberhausen ein Militärlager ein. Es war der Grundstein für Augusta Vindelicum, der späteren Hauptstadt der Provinz Rätien. Augsburg ist somit wahrscheinlich die zweitälteste Stadt Deutschlands, auf alle Fälle war es aber eine der größten römischen Städte nördlich der Alpen. Die Siedlung umfasste über 25 ha, zählte in ihrer Blütezeit 10 bis 15.000 Einwohner und hatte alles was eine römische Provinzstadt zu bieten hatte: Tempel, Markthalle, Stadthalterpalast, Theater, Thermen, ... Jedes Stadthaus war mit Fließwasser ausgestattet. Die Via Claudia Augusta zog im Westen an der Stadt vorbei und ist im zentralen Bereich vom Rathaus bis zum Merkurbrunnen ident mit der historischen Hauptstraße durch die Altstadt. Noch bedeutender war Augsburg, als die reichen Fugger am Ende des Mittelalters, Anfang Neuzeit von ihrer Heimatstadt aus wirtschaftlich die Welt eroberten. Später regierten die Fürstbischöfe, von Augsburg aus ein weites Land bis nach Tirol.

## Eine attraktive Route in die Stadt

Auf der alten Verbindungsstraße, die bis zur Grenze zwischen den beiden Städten Augsburger und dann Donauwörther Straße heißt, geht es von Gersthofen nach Augsburg. Der nördlichste Teil der ehemaligen römischen Provinzstadt ist Oberhausen, wo die Römer nach dem Alpenfeldzug ihr erstes Lager einrichteten. Dann geht es über die Wertachbrücke in den Raum zwischen den Flüssen Wertach und Lech, wo sich die Stadt über die Jahrtausende entwickelte. Durch das Fischertor, das Teil der ehemaligen Ringmauer um die Stadt war, führt die Reiseroute in den ältesten Teil Augsburgs. Direkt am Weg, in der Frauentorstraße 30, liegt das Geburtshaus von Leopold Mozart. Nach einem Bogen um den Dom gelangt der Reisende schließlich geradewegs zum Rathausplatz, wo eine verkehrsberuhigte Zone beginnt. Kurz zuvor zweigt rechts der Weg zur Parkgarage Ernst-Reuter-Platz ab.

## 2000 Jahre Augsburg

Am bequemsten ist die Zeitreise mit Stadtführern am Taxi-Lenkrad um 29 Euro pro Stunde, für bis zu 4 Personen. Die Sehenswürdigkeiten liegen aber auf relativ engem Raum, weshalb die Zeitreise auch zu Fuß gut möglich ist. Vom Parkhaus startend geht es am besten zuerst zur fürstbischöflichen Residenz, von wo aus lange Zeit die Geschicke des umliegenden Landes bis nach Tirol regiert wurde. Heute hat dort die Bezirksregierung von Schwaben ihren Sitz. Von dort umrundet der Streifzug durch die Stadt den Dom und bietet im Garten im Äußeren Pfaffengässchen archäologische Einblicke in das römische Augsburg. Ab 2014 gibt es in einem Renaissance Gartenhaus in der Straße außerdem das Fugger-und-Welser-Erlebnismuseum zu entdecken, das mit Multimedia und Interaktionsmöglichkeiten einen Eindruck von der Bedeutung Augsburgs und vom wirtschaftlichen Einfluss seiner Handelsgeschlechter im Europa und der Welt des 16. Jh. vermittelt. Nach der Besichtigung des Doms sind am südlichen Vorplatz an der Römermauer Steinskulpturen zu entdecken. Gegenüber steht in der Peutingerstraße 11 das Haus des Humanisten Peutinger. Der Kaufmann war Sammler von römischen Münzen und Steindenkmälern und begründete die Augsburger Römerforschung. Nach ihm ist übrigens auch die erste Straßenkarte Europas der Römer benannt, deren Kopie aus dem 12. Jh. er veröffentlichen wollte. An der Tordurchfahrt des Hauses wurden römische und jüdische Steindenkmäler eingemauert. Als nächstes wartet das Rathaus, das eines der bedeutendsten Profanbauten der Renaissance nördlich der Alpen darstellt. Gemeinsam mit dem Perlachturm, von dem man einen herrlichen Ausblick auf die Stadt genießt, bildet es das Wahrzeichen von Augsburg. Im Inneren des Rathauses befindet sich mit dem Goldenen Saal eines der bedeutendsten Kulturdenkmäler der Spätrenaissance in Deutschland. Über den Vorplatz wacht — vom Monumentalbrunnen aus — Stadtgründer Augustus. Vom Rathaus bis zum weiter südlich gelegenen Merkur-Brunnen ist die Maximilianstraße ident mit der Römerstraße, die im Westen an der Stadt vorbeiführte. Noch ein wenig westlicher, am Fuggerplatz 1, befindet sich das Maximilianmuseum. Es ist das Stammhaus der Kunstsammlungen und Museen der Stadt und umfasst drei Abteilungen: Skulpturen, Kunsthandwerk und Stadtgeschichte. Zu den Glanzstücken zählen eine Sammlung von Skulpturen aus der Spätrenaissance oder Goldschmiedearbeiten aus der Zeit, in der die Fuggerstadt eine der bedeutendsten Goldschmiedemetropolen Mitteleuropas war. Hauptattraktion des Museums ist aber der glasüberdachte Innenhof. Im Viermetzhof befinden sich die restaurierten Hauptfiguren der Augsburger Prachtbrunnen: Augustus-, Herkules- und Merkurbrunnen. Etwas weiter, am Zeugplatz 4, ist das barocke Zeughaus, einst Kaserne und Waffenarsenal, zu entdecken. Natürlich hatten auch die Fugger ihren Palast in der Maximilanstraße, nämlich auf Nr. 36. Ihre Sozialsiedlung „Fuggerei" nimmt die Zeitreise durch Augsburgs Geschichte am Rückweg zum Parkhaus mit.

■ Geburtshaus Leopold Mozarts, Frauentorstraße 30,

0049(0)821 / 502070, geöffnet Di – So 10 – 17 Uhr.
■ Perlachturm, Rathausplatz, geöffnet Karfreitag bis Nov. tägl.
10 – 18 Uhr. Im Advent Fr, Sa, So 13 – 19 Uhr.
■ Goldener Saal, Rathausplatz, geöffnet Mo – So 10 – 18 Uhr.
Fuggerei, Jakoberstraße 26, geöffnet April – Sept. 8 – 20 Uhr,
Okt. – März 9 – 18 Uhr.
■ Maximilianmuseum, Fuggerpl. 1, 0049(0)821 324–4102, ge-
öffnet Mo – Mi 7:30 – 16:30, Do 7:30 – 17:30, Fr 7:30 – 12:

## Fortsetzung der Route durch die Stadt

Die Reiseroute führt im Osten am Kern der Altstadt vorbei. Sie
passiert ein weiteres Tor der ehemaligen Ringmauer, das Vogeltor, das Einlass in die Jakobervorstadt war. „Am Predigerberg"
wartet eine archäologischen Nische. Das Ende der Maximilianstraße bildet die Basilika St. Ulrich und Afra. Aus der Stadt
schnurgerade Richtung Stadt Königsbrunn führt die Route
auf der Haunstetterstraße, die dem Verlauf der Römerstraße
entspricht. Etwas östlich liegt der botanische Garten der Stadt.
in dem ein römischer Garten daran erinnert, dass die Römer
viele neue Pflanzen und Anbaumethoden mitbrachten.

## Special:  Wittelsbacher Land

Im reizvollen Hügelland zwischen Augsburg, Ingolstadt und München liegt die Wiege Altbaierns, der Stammsitz des 800 Jahre
regierenden bayerischen Königshauses der Wittelsbacher. Sie
waren eines der bedeutendsten Hochadelsgeschlechter Europas
und stellten auch Könige in Ungarn (1305), Schweden (1441 –
1448 und 1654 – 1720), Dänemark und Norwegen (1440), Grie-
chenland (1832 – 1862) und dreimal im Römisch-Deutschen Reich
(1328 / 1400 / 1743), darunter zwei Kaiser. Ihr Land gilt als eines
der Schlösser und Burgen, in denen noch heute teilweise Adelsfa-
milien wohnen. Das Wasserschloss in Unterwittelbach ist besser
als „Sisi-Schloss" bekannt. Die spätere Kaiserin soll dort mit ihrem Vater Max viel Zeit verbracht und diese für Reitübungen mit
ihrem Pony genutzt haben. Das Wittelbacher Schloss Friedberg
stammt im Wesentlichen aus der Renaissance und bietet im sehenswerten, arkadengesäumten Innenhof den idealen Rahmen
für die bekannten Schlosskonzerte. Sehenswert sind auch die
Wallfahrtskirchen des Klosters Maria Birnbaum in Sielenbach,
St. Leonhard in Inchenhofen, Herrgottsruh in Friedberg, Maria
Kappel in Schmiechen und St. Afra im Felde sowie die Stadtkerne
von Aichach und Friedberg. www.wittelsbacherland.de

## Special:  Die reichen Fugger

1367 zog der Weber Hans Fugger von Graben im Lechfeld in die
Freie Reichsstadt Augsburg und brachte es mit dem Handel mit
Baumwolle aus Italien zu Vermögen. Einer seiner Söhne, Jakob,
und seine Nachkommen machten daraus ein Wirtschaftsimperi-
um von Weltrang. Sie engagierten sich im Bergbau und handel-
ten in der gesamten damals bekannten Welt mit allen möglichen
Waren , von Metallen, über Gewürzen zu Textilien und Arzneien.
Schon Hans Fugger nutzte übrigens die Via Claudia Augusta für
den Baumwollhandel mit Italien. Sie verband die Fugger auch mit
dem einträglichen Bergbaugebieten in den Alpen. Die Familie
stieg in den Hochadel auf und bekleideten hohe weltliche und
kirchliche Ämter. Der Name Fugger wurde europaweit zu einem
Synonym für Reichtum. Die Familie lieh selbst Kaisern und Päps-
ten Geld und machte Karl V. mit 850.000 Gulden zum Deutschen
König. In Augsburg zeugen vor allem der Fugger-Stadtpalast in
der Maximilianstraße 36 und die älteste Sozialsiedlung „Fuggerei", von dieser Zeit. Auch einen Fuggerplatz gibt es. Ab Herbst
2014 vermittelt außerdem das Fugger-und-Welser-Erlebnismuseum einen lebendigen Eindruck von der wirtschaftlichen Bedeutung von Augsburg und seinen Handelsgeschlechtern. Zweige
der Familie Fugger sind bis heute auf dem Fuggerschloss Ba-
benhausen, auf Schloss Kirchheim und Schloss Oberkirchberg
ansässig. Die „Fuggerei" bietet auch noch heute Wohnraum für
bedürftige Menschen.
www.fugger.de



## Fragen und Auskunft zum Teilabschnitt

■ Touristinfo Regio Augsburg Tourismus GmbH,
Rathausplatz 1, 0049(0)821 502070
■ Via Claudia Augusta Hotline, 0043(0)664 27 63 555

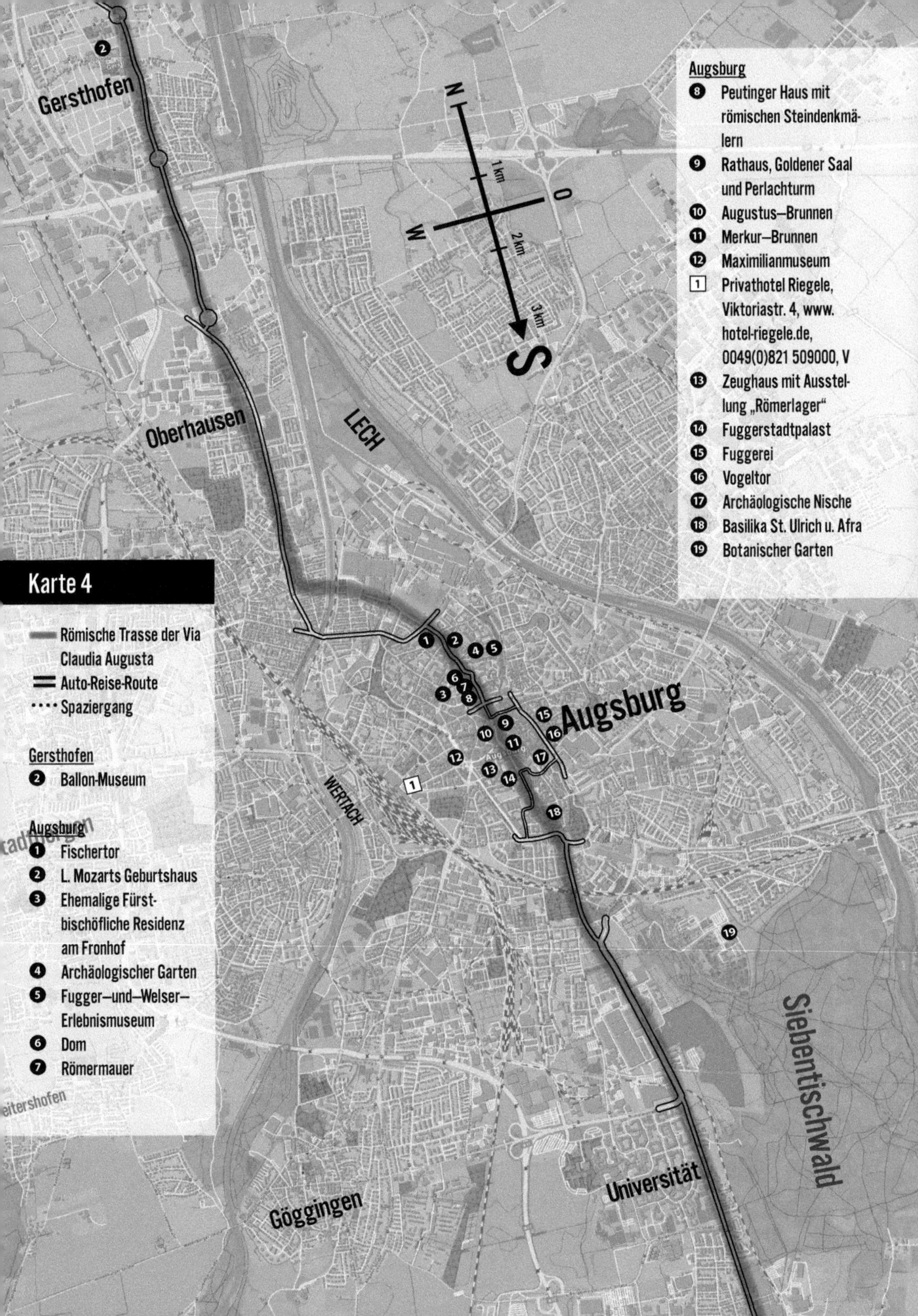

Gersthofen
Oberhausen
LECH
N
O
W
S
1 km
2 km
3 km
WERTACH
Augsburg
1
2
4 5
6
3 7
8
9 15
10 16
11
12 17
13
14
18
1
19
Göggingen
Universität
Siebentischwald

Karte 4

Römische Trasse der Via
Claudia Augusta
Auto-Reise-Route
Spaziergang

Gersthofen
2 Ballon-Museum

Augsburg
1 Fischertor
2 L. Mozarts Geburtshaus
3 Ehemalige Fürst-
bischöfliche Residenz
am Fronhof
4 Archäologischer Garten
5 Fugger—und—Welser—
Erlebnismuseum
6 Dom
7 Römermauer

Augsburg
8 Peutinger Haus mit
römischen Steindenkmä-
lern
9 Rathaus, Goldener Saal
und Perlachturm
10 Augustus—Brunnen
11 Merkur—Brunnen
12 Maximilianmuseum
1 Privathotel Riegele,
Viktoriastr. 4, www.
hotel-riegele.de,
0049(0)821 509000, V
13 Zeughaus mit Ausstel-
lung „Römerlager"
14 Fuggerstadtpalast
15 Fuggerei
16 Vogeltor
17 Archäologische Nische
18 Basilika St. Ulrich u. Afra
19 Botanischer Garten

1 Fischertor
2 L. Mozarts Geburtshaus
3 Ehemalige Fürst-
   bischöfliche Residenz
   am Fronhof
4 Archäologischer Garten
5 Fugger—und—Welser—
   Erlebnismuseum
6 Dom
7 Römermauer
8 Peutinger Haus mit
   römischen Steindenkmä-
   lern
9 Rathaus, Goldener Saal
   und Perlachturm
10 Augustus—Brunnen
11 Merkur—Brunnen
12 Maximilianmuseum
1 Privathotel Riegele,
   Viktoriastr. 4, www.
   hotel-riegele.de,
   0049(0)821 509000, V
13 Zeughaus mit Ausstel-
   lung „Römerlager"
14 Fuggerstadtpalast
15 Fuggerei
16 Vogeltor
17 Archäologische Nische
18 Basilika St. Ulrich u. Afra

Prachtstraße auf den Spuren der Römer . Foto (4): Regio Augsburg Tourismus GmbH

Radfahrer in der "Fuggerei"

Goldener Saal

Römermauer südlich des Doms

Am Rathausplatz. Foto: Christine Pemsl

Das Lechfeld ist eine markant flache Schotterebene, die durch die Schlacht am Lechfeld 955 gegen die Ungarn Berühmtheit erlangte. Schon zur Römerzeit war die Ebene besiedelt. Es wird vermutet, dass sich die römische Straßenstation ad novas, die in der antiken Straßenkarte Tabula Peutingeriana vermerkt ist, in Igling befand. Auch in Untermeitingen soll es eine spätrömische Befestigungsanlage gegeben haben. Im Süden von Augsburg schließt die junge Stadt Königsbrunn an, in der ein Mithras-Heiligtum zu bestaunen ist. Neuerlich besiedelt wurde der Ort erst Anfang des 19. Jahrhunderts. Wie die Orte bis Obermeitingen gehört Königsbrunn zum Landkreis Augsburg. Südlich grenzt der Landkreis Landsberg am Lech an. Die weiter zielstrebig Richtung Alpen ziehende Römerstraße, ist im Lechfeld über weite Strecken besonders gut zu sehen. Graben ist übrigens die ursprüngliche Heimat von Hans Fugger.

## Bei den Königsbrunnen

Auf Geheiß der königlichen Regierung von Schwaben und Neuburg wurden 1833 entlang der langen geraden Straße durch Königsbrunn, die weitgehend der römischen Trasse folgt, zwei Brunnen zur Labung von Mensch und Tier gegraben. Drei Jahre später errichteten die ersten Siedler bei den Königsbrunnen ihre Häuser. 1967 wurde Königsbrunn zur Stadt erhoben. Es hat viel zu bieten. Das Mercateum auf der Freifläche ist der begehbare, größte auf historischer Kartografie beruhende Globus der Welt. U. a. zeigt er eine Kopie der Tabula Peutingeriana, der ersten Straßenkarte Europas, die die Römer gezeichnet haben. Beim Rathaus wartet ein Archäologisches Museum. Ein Mithras-Heiligtum im städtische Friedhof in der Wertachstraße ist jederzeit frei zugänglich. Der Mithras-Kult stammt aus Kleinasien und war Wegbereiter des Christentums. Als dieses im 4. Jh. Staatsreligion wurde, sah man den Kult als Konkurrenz.

■ Archäologisches Museum, Markpl. 7, 86343 Königsbrunn, 0049(0)8231 606 260, geöffnet jeden 3. So im Monat 10 – 12 Uhr, Führungen jeweils von 10 – 11 Uhr oder nach Vereinbarung.

■ Mercateum, Königsallee 1, 0049(0)8231 919 573, geöffnet 1. Mai – 31. Okt. jeden So und Fei 14 – 19 Uhr, Führungen um 14:30. Sonderführungen nach Vereinbarung, www.mercateum.de

## Weiter durch das Lechfeld

Gleich nach der Schnellstraßenquerung ist links und rechts ein Schotterweg zu sehen. Der Weg heißt Via Claudia Augusta und ist auch tatsächlich die römische Trasse. Zwischen Königsbrunn und Untermeitingen liegt das mit 11 km längste, zusammenhängend sichtbare Teilstück einer Römerstraße in Deutschland. Besonders gut zu erkennen ist die Via Claudia Augusta auf diesen 11 km außerdem als Wiesendamm im nördlichen Neubaugebiet in Kleinaitingen und im Grünanger nördlich eines Meilenstein-Nachbaus in Untermeitingen. Die Reiseroute führt im Ort Oberottmarshaushausen nach links und dann immer geradeaus – auf der alten Verbindungsstraße – durch die weiten, ebenen Felder und Äcker sowie die beschaulichen Ortskerne von Kleinaitingen, Graben, Unter- und Obermeitingen, Hurlach und Unterigling. Auf Höhe von Untermeitingen gab es bis ins 19. Jh. eine Furt, die der einzige Lechübergang im gesamten Lechfeld war. Geprägt haben die Gemeinde auch die Adeligen von Imenhof. In ihrem kleinen Schloss ist heute die Gemeindebücherei untergebracht. Schloss Hurlach ist genauso wie Schloss Igling in Privatbesitz. Die Gemeinde Igling ist in einem besonders schönen alten Gebäude untergebracht.



### Fragen und Auskunft zum Teilabschnitt

■ Bis Untermeitingen: Hotline Regio Augsburg, 0049(0)821 50 20 70
■ Ab Obermeitingen: Hotline Tourismusverband Ammersee-Lech, 0049(0)8191 128 247
■ Hotline Via Claudia Augusta, 0043(0)664 27 63 555

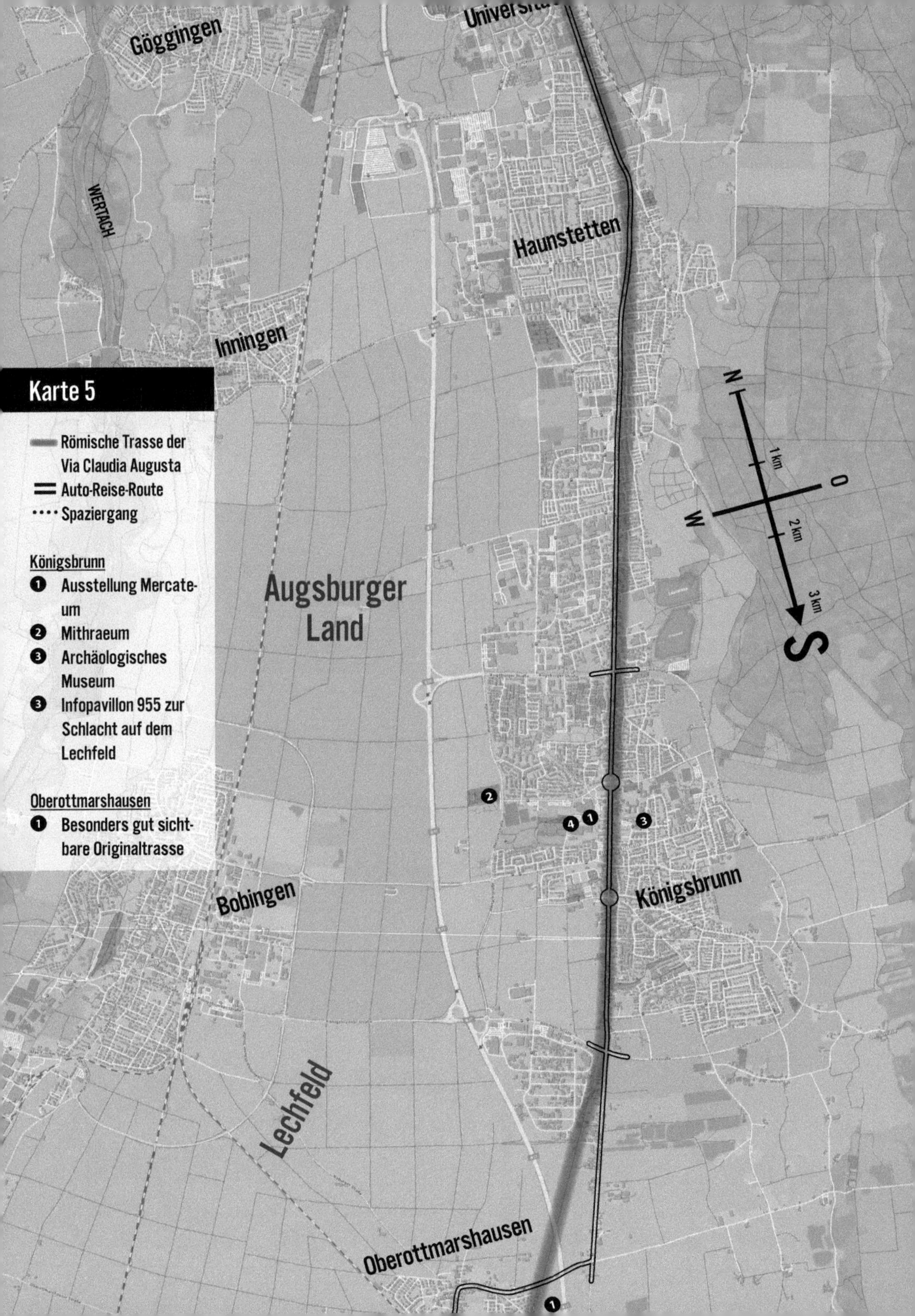
Göggingen
WERTACH
Universität
Haunstetten
Inningen
Augsburger
Land
Bobingen
Lechfeld
Oberottmarshausen
Königsbrunn
N
W
O
S
1 km
2 km
3 km

Karte 5
Römische Trasse der
Via Claudia Augusta
Auto-Reise-Route
Spaziergang

Königsbrunn
1 Ausstellung Mercate-
um
2 Mithraeum
3 Archäologisches
Museum
3 Infopavillon 955 zur
Schlacht auf dem
Lechfeld

Oberottmarshausen
1 Besonders gut sicht-
bare Originaltrasse

Ein begehbarer Globus mit historischen Karten.

Das Mythräum am Friedhof von Königsbrunn. 2 Foto: Tschaikner

Die Altstadt Landsbergs hinter dem markanten Lechwehr.

Der Hauptplatz mit dem Schmalzturm, durch den die Salzstraße einmündete

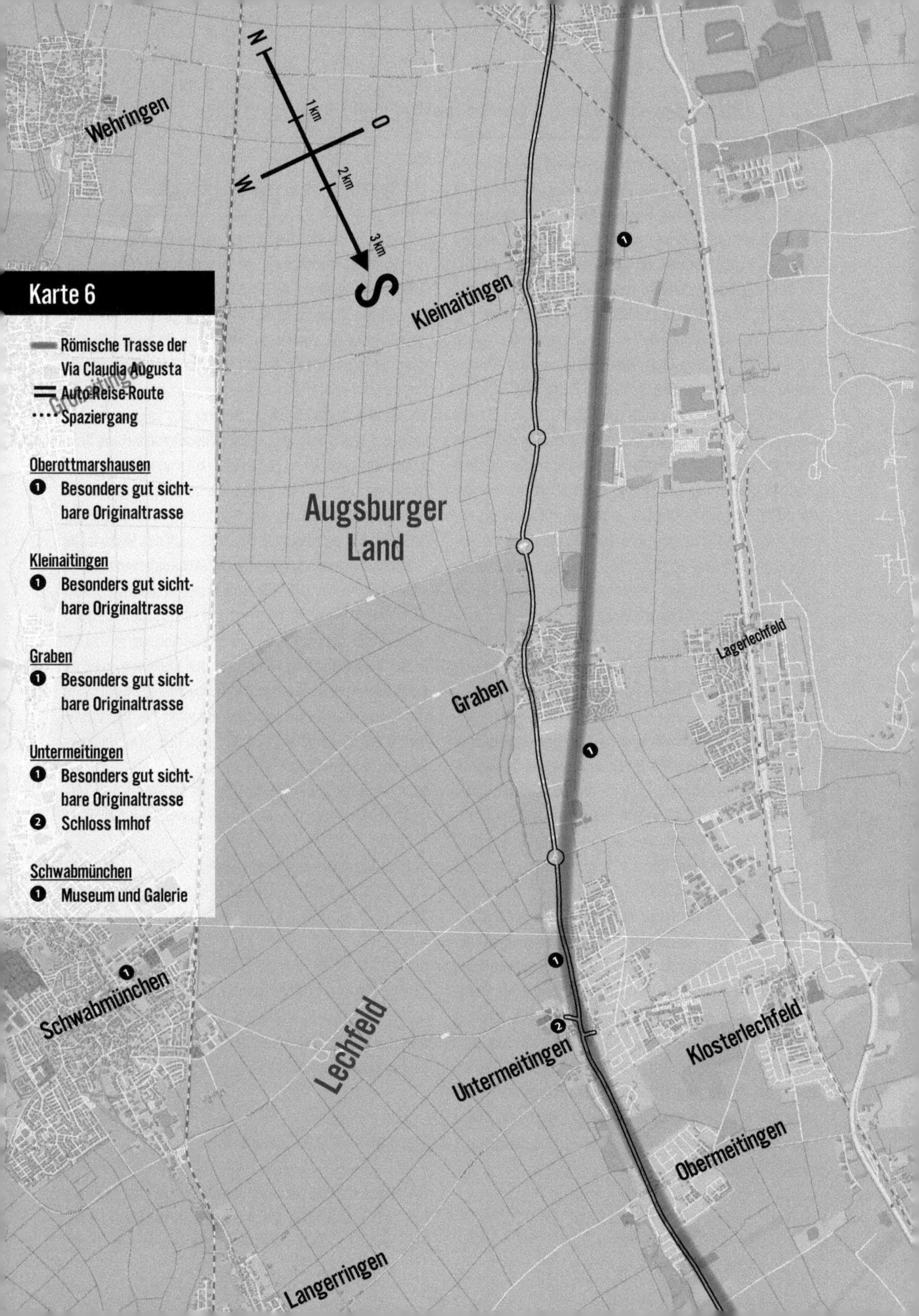

N
O
W
S
1 km
2 km
3 km
Wehringen
Kleinaitingen
Augsburger Land
Graben
Lagerlechfeld
Schwabmünchen
Lechfeld
Untermeitingen
Klosterlechfeld
Obermeitingen
Langerringen



Karte 6

Römische Trasse der
Via Claudia Augusta
Auto-Reise-Route
Spaziergang

Oberottmarshausen
1 Besonders gut sicht-
bare Originaltrasse

Kleinaitingen
1 Besonders gut sicht-
bare Originaltrasse

Graben
1 Besonders gut sicht-
bare Originaltrasse

Untermeitingen
1 Besonders gut sicht-
bare Originaltrasse
2 Schloss Imhof

Schwabmünchen
1 Museum und Galerie

Die bedeutende Salzstraße von Reichenhall über München kreuzte auf ihrem Weg in die Schweiz in der Gegend die Via Claudia Augusta. Herzog Heinrich der Löwe verlegte sie 1158 von Kaufering etwas weiter nach Süden. In diesem Zuge ließ er eine Brücke errichten und zu deren Schutz die bestehende Burganlage zum „Castrum Landespurch" ausbauen. in ihrem Schutz entstand – eingebettet zwischen Lech und Lechhochufer – die rasch wachsende Siedlung, die schon im 13. Jh. zur Stadt Landsberg erhoben wurde. Das heute weitaus größere Stadtgebiet westlich des Lech entwickelte sich ab dem 19. Jh. Die Via Claudia Augusta führt noch ein Stück weiter westlich durch das Gemeindegebiet, hatte aber – wie die Wasserstraße Lech – große Bedeutung für die wirtschaftliche Entwicklung der Stadt. Die mittelalterlich geprägte Altstadt ist nur über die Lechbrücke oder ihre Tore zugänglich und verfügt auch noch über einen Teil ihrer mehrfach erweiterten Stadtmauern. Glanzstück und pulsierendes Herz der Stadt ist der neu gestaltete Hauptplatz.

## Route in die mittelalterlich geprägte Altstadt

Die Altstadt liegt nicht direkt an der Via Claudia Augusta, sondern an der Salzstraße. Bevor sich dem Reisenden auf seinem Weg ins Zentrum den Blick auf die Altstadt hinter dem Lechwehr eröffnet, wartet in den Parkanlagen entlang des Flusses der Mutterturm auf seine Entdeckung. Hubert von Herkomer ließ ihn zum Gedenken an seine Mutter im Stil eines normannischen Burgfrieds bauen. Der renommierte Künstler lebte und arbeitete in England, hinterließ aber seiner ehemaligen Heimatstadt seine Gemälde und Graphiken. Sie sind im Herkomermuseum im Turm zu sehen, der auch ein extravagantes Beispiel des Wohn- und Arbeitsraumes eines Künstlers im 19 Jh. ist. Vorderer Anger 274, Tel. 0049(0)8191 42 296, Öffnungszeiten: nach telefonischer Vereinbarung (außer SO). Während des Besuchs des Mutterturms, eines Fotostops vor dem Lechwehr oder einem Besuch in der Altstadt kann das Auto am Lech abgestellt werden. Weiters gibt es eine Parkgarage im Schlossberg.

## Ein Spaziergang durch die Altstadt

Ein Großteil des mittelalterlich geprägten Hauptplatzes der Stadt ist wie die meisten der schmucken Gassen der Altstadt Fußgängern vorbehalten. Der markante Turm ist der Schöne Turm, auch Schmalzturm genannt. Vis-a-vis, im aufwendigst verzierten Haus, dem historischen Rathaus, befindet sich die Tourist-Info. Die Fassade trägt die Handschrift von Dominikus Zimmermann, dem Erbauer der Wieskirche, der auch Bürgermeister von Landsberg war. Links der Touristinfo gelangt der Besucher durch die Salzgasse zum Lech. Im Inselbad der Stadtwerke lässt es sich direkt am Lech herrlich baden. Die schmucken Gässchen der Altstadt reichen bis zum Sandauer Tor im Norden der Altstadt. Auf dem Weg dorthin liegt auch das Historische Schuhmuseum mit Schuhen aus 8 Jahrhunderten und von vielen Prominenten. Die barockisierte dreischiffige Stadtpfarrkirche Maria Himmelfahrt mit stattlichem Vorplatz verdeutlicht die noch weit größere Bedeutung der Stadt in der Vergangenheit. Hinauf auf den Lechberg geht es schließlich vom Hauptplatz durch den Schmalzturm in die gepflasterte „Alte Bergstraße", die einst die Salzstraße war. Oben am Lechberg befindet sich das Stadtmuseum und das spätgotische Bayertor.
■ Von-Helfenstein-Gasse 426, Tel. 0049(0)8191 128 360, geöffnet April-Jan., Di – Fr 14 – 17 Uhr und Sa, So, Fei 11 – 17 Uhr.
■ Hist. Schuhmuseum, Vorderer Anger 274, 0049(0)8191 42 296, öffnet nach telefonischer Vereinbarung (außer SO).

## Route zurück zur Römerstraße

Über die Brücke und weiter der Salzstraße folgend führt die Reiseroute zurück zur Römerstraße.

## Special:  Der Ammersee

Historisch sind sie durch die Via Claudia Augusta und die Salzstraße verbunden, die Orte am Lech, die Stadt Landsberg und die Orte am Westufer des Ammersees. Heute verbindet sie ein ausgedehntes Rad- und Wandernetz und die gemeinsame Ferienregion „Ammersee-Lech". In der Region spannt der Gast gemeinsam mit der Bevölkerung aus und genießt die Vorzüge der Gegend. Der drittgrößte See Bayerns ist umgeben von sanften Hügeln, Wiesen, Mooren, Wäldern und idyllischen Ortschaften.

Am Ammersee gibt es jede Menge Abwechslung an wassersportlichen Aktivitäten — schwimmen, segeln, rudern, surfen oder Dampferfahrten. Motorboote sind verboten. Wer zwischen Baden, Sonnen, Wandern und Radeln eine Stärkung oder Erfrischung braucht, ist in den typischen Wirtshäusern und gemütlichen Biergärten mit regionaler Küche und frisch gezapftem Bier bestens aufgehoben.

www.ammerseelech.de

## Special: Dunkle Kapitel der Geschichte

In Landsberg verfasste Hitler während seiner Festungshaft 1923/24 „Mein Kampf". Ab 1933 präsentierte sich die Stadt als „Stadt des Führers" und dessen Häftlings-Zelle wird zur Pilgerstätte. 1937 wurde Landsberg offiziell zur „Stadt der Jugend". Im Anschluss an die Reichsparteitage 1937 und 1938 in Nürnberg gab es einen „Bekenntnismarsch der Deutschen Jugend" nach Landsberg. Ringsum wurden schließlich in 10 KZ-Lagern Hitlers pervertierte Theorien zur Realität: 23.000 überwiegend jüdische KZ-Häftlinge wurden systematisch ausgebeutet, 6500 in Massengräbern verscharrt. Viele in der amerikanischen Zone verhaftete Kriegsverbrecher verbüßten ihre Strafe schließlich im Gefängnis, in dem Hitler die Ideologien zu Papier brachte. Das Gelände befand sich zum Teil im Besitz der Stadt, ein anderer Teil wurde von einem Mäzen erworben. So konnte es von der Bürgervereinigung Landsberg an die Europäische Holocausgedenkstätte Stiftung e. V. übertragen werden und ist heute Gedenkstätte, in der man im Rahmen von Führungen unter anderem sechs Ruinen von Tonröhren-Baracken und letzte Spuren von KZ-Erdhütten zu sehen.

## Geschichte(n)

Der Lechrain wird stark mit der Gegend rund um Landsberg am Lech verbunden. Eigentlich ist es aber ein ca.

20 km breiter Landschafts-Strich entlang des Lech von Rain am Lech und den Alpen, mit Schwerpunkt östlich des Flusses. Prägendes Element des Lechrains ist das durch die Grenzlage entstandene Zusammentreffen bairischer und schwäbischer Einflüsse. Ein typisches Merkmal ist der Lechrainer Dialekt, der neben schwäbischen und bairischen Sprachmerkmalen mittelhochdeutsche Relikte aufweist. Es wird auch in Unteren Lechrain (von Rain am Lech bis Rehling), einem Mittleren Lechrain (Mittelpunkt Landsberg am Lech) und dem Oberen Lechrain (von Rottenbuch bis zur Wieskirche) unterschieden.

Als Salzstraße bezeichnet man alte Handelswege, auf denen Salz transportiert wurde. Im Mittelalter war der Transport von Waren über weite Strecken sehr mühsam und teuer. Nur edle und besonders begehrte Waren, wie zum Beispiel Silber, Salz, Bernstein, Seide und Gewürze wurden über große Entfernungen transportiert. Eine solche mittelalterliche Salzstraße führte von Bad Reichenhall über München und Landsberg am Lech zum Bodensee.



Fragen und Auskunft zum Teilabschnitt

■ Touristinfo Tourismusverband Ammersee-Lech, Hauptplatz 152, 0049(0)8191 128 247
■ Via Claudia Augusta Hotline, 0043(0)664 27 63 555

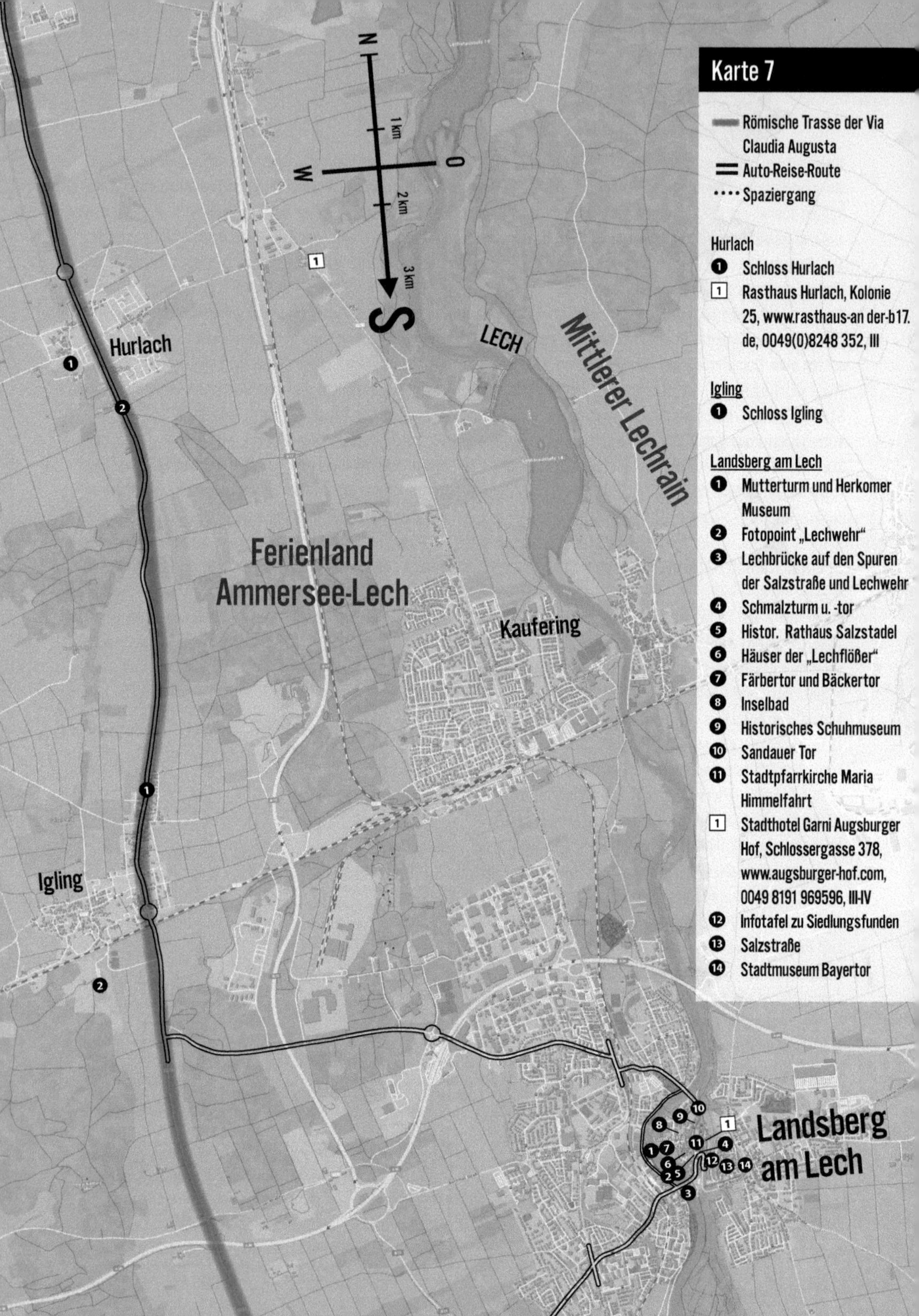

N
W
O
S
1 km
2 km
3 km
Hurlach
LECH
Mittlerer Lechrain
Ferienland
Ammersee-Lech
Kaufering
Igling
Landsberg
am Lech

Karte 7
Römische Trasse der Via
Claudia Augusta
Auto-Reise-Route
Spaziergang

Hurlach
1 Schloss Hurlach
1 Rasthaus Hurlach, Kolonie
25, www.rasthaus-an der-b17.
de, 0049(0)8248 352, III

Igling
1 Schloss Igling

Landsberg am Lech
1 Mutterturm und Herkomer
Museum
2 Fotopoint „Lechwehr"
3 Lechbrücke auf den Spuren
der Salzstraße und Lechwehr
4 Schmalzturm u. -tor
5 Histor. Rathaus Salzstadel
6 Häuser der „Lechflößer"
7 Färbertor und Bäckertor
8 Inselbad
9 Historisches Schuhmuseum
10 Sandauer Tor
11 Stadtpfarrkirche Maria
Himmelfahrt
1 Stadthotel Garni Augsburger
Hof, Schlossergasse 378,
www.augsburger-hof.com,
0049 8191 969596, III-IV
12 Infotafel zu Siedlungsfunden
13 Salzstraße
14 Stadtmuseum Bayertor

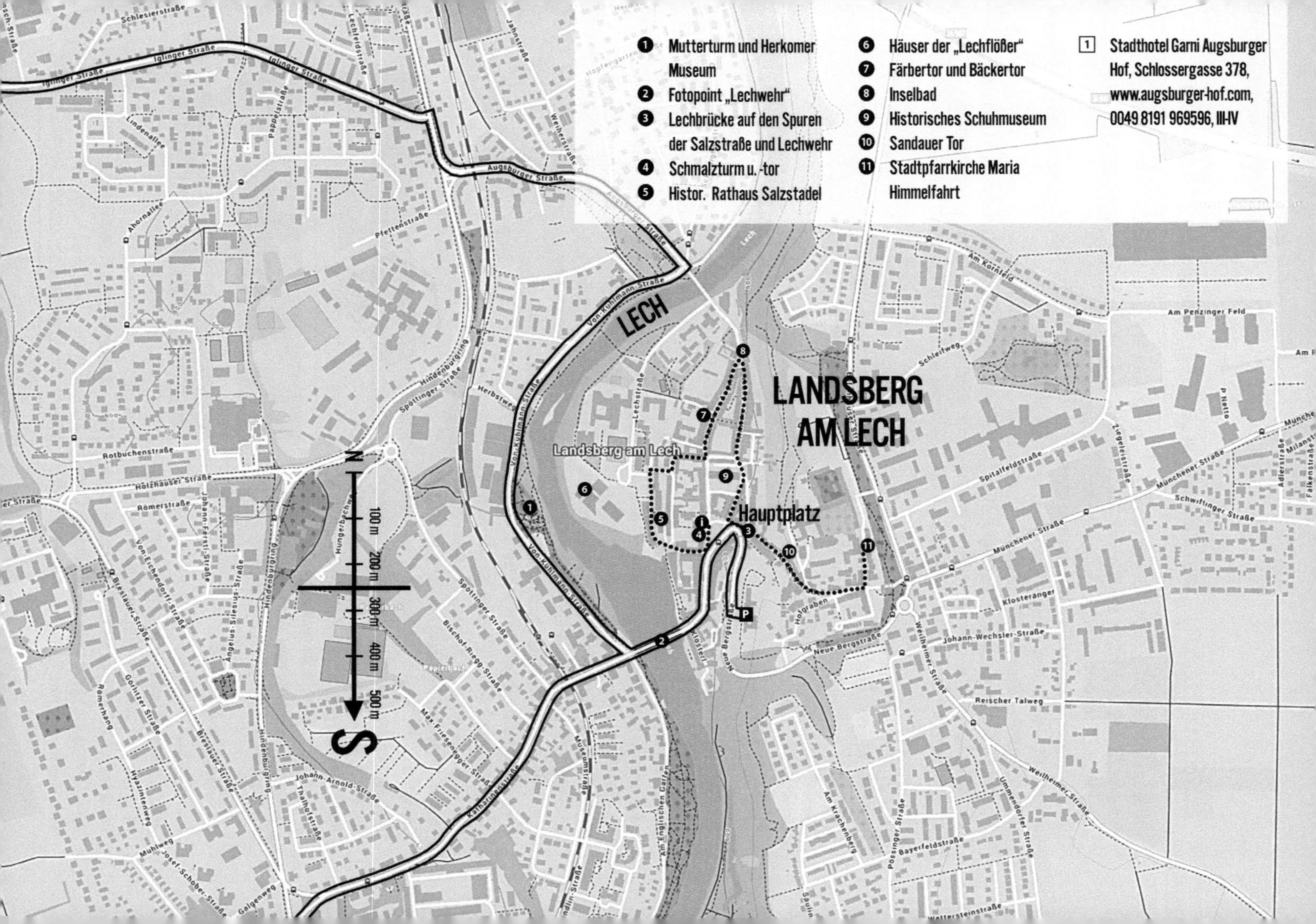

1 Mutterturm und Herkomer Museum
2 Fotopoint „Lechwehr"
3 Lechbrücke auf den Spuren der Salzstraße und Lechwehr
4 Schmalzturm u. -tor
5 Histor. Rathaus Salzstadel
6 Häuser der „Lechflößer"
7 Färbertor und Bäckertor
8 Inselbad
9 Historisches Schuhmuseum
10 Sandauer Tor
11 Stadtpfarrkirche Maria Himmelfahrt
1 Stadthotel Garni Augsburger Hof, Schlossergasse 378, www.augsburger-hof.com, 0049 8191 969596, III-IV
LECH
LANDSBERG AM LECH
Landsberg am Lech
Hauptplatz
N
S
100 m  200 m  300 m  400 m  500 m

Zwischen Landsberg und Schongau führt die Reiseroute durch das Fuchstal, nach Epfach, dem römischen Abodiacum, und dann am Lechhochufer nach Kinsau, Hohenfurch und in Schongaus Urpfarre Altenstadt. Fuchstal, so nennt sich das Tal des Wiesbaches zwischen Lechhochufer und einem bewaldeten Geländerücken im Westen, mit den Orten Unterdießen, Asch, Leeder und Denklingen. „Fuchs" wird auf die Form des Tales bzw. die bräunliche Färbung der Felder im Herbst zurückgeführt. Vor Hohenfurch, das schon zum Landkreis Weilheim-Schongau zählt, wird es erstmals nach dem Donau-Ries sanft hügelig. Die Orte in diesem Abschnitt sind besonders ursprünglich und beschaulich. Geschichtliches Highlight ist sicherlich der Standort des ehemaligen Römerkastells Abodiacum am Lorenzberg, auf einer Halbinsel in der Lechschleife bei Epfach.

## Die Route von Landsberg nach Epfach

Von Erpfting bis Ellighofen führt die Reiseroute auf der Originaltrasse der Römerstraße. Ab dort zweigt sie dann von der Römerstraße ab, um Ihnen die schmucken Dörfer des Fuchstales zu zeigen. Über Unterdießen thront das 1589 errichtete Schloss. Außerdem lockt in Oberdießen das Malura-Museum mit Gemälden, Zeichnungen, Aquarellen und Collagen des Münchner Künstlers nach 86944 Oberdießen, am Mühlweg 2, Tel. 0049(0)8243 3638. Asch verfügt über besonders viele alte Häuser und eine Kastanienallee. Die Pfarrkirche geht laut Grabungen auf eine Holzkirche aus dem 9. Jh. zurück. Die St. Michaelskirche, auf einer Anhöhe über Denklingen, weist im Inneren viele Parallelen zur bekannten Wieskirche auf. Bei Denklingen schwenkt die Route wieder zum Originalverlauf und führt nach Epfach, das auf einer Halbinsel in der Lechschleife liegt. Im Forst westlich Denklingens befindet sich ein Walderlebnispfad mit Aussichtsplattform auf einem Römerturm.

## Das römische Abodiacum

Am Lorenzberg, wo heute die Lorenzkapelle thront, befand sich einst das römische Kastell Abodiacum. Das kleine Römermuseum in Epfach vermittelt einen Eindruck davon. Der Ort darf auch auf einen seiner Bürger besonders stolz sein. Claudius Paternus Clementianus war Stadthalter in Nordafrika. ■ Museum, Via Claudia 16, 86920 Epfach, 0049(0)8243 9601–0, Sommer wie Winter 9 – 17 Uhr frei zugänglich.

## Bis Altenstadt

Von Epfach bis Hohenfurch führt die Route am Lechhochufer. Unterwegs lockt ein Abstecher nach Kinsau, das in mehreren Geländestufen zum Lech abfällt. Hohenfurch liegt direkt an der B17, der Nachfolgestraße der Via Claudia Augusta, die die Reiseroute im Ortszentrum unterquert. Der Ort wird von der Schönach geprägt, der die Route Richtung Schwabniederhofen folgt.

## Die Urpfarre Schongaus

Altenstadt ist nicht nur die Vorgängersiedlung der Stadt Schongau, die später verlegt wurde. Auch die Römerstraße führte durch das Gemeindegebiet. Der stolze Ort widmete der Via Claudia Augusta einen eigenen Platz mit dem Nachbau eines Stückes Römerstraße. Ein Querschnitt zeigt ihren Aufbau aus verschiedenen Stein- und Schotterschichten. Im Ort befindet sich mit der romanischen Gewölbebasilika auch einer der schönsten Sakralbauten an der Via Claudia Augusta.

---

**Regionale Küche wie vor 2000 Jahren**

■ Gasthof Janser, Altenstadt, Burgstraße 2 , 0049(0)8861 22 17 26

---

Übernachtungs- und Camping-Möglichkeiten in den Karten und im Anhang

---

**Fragen und  Auskunft zum Teilabschnitt**

■ bis Kinsau: Hotline Ammersee-Lech, 0049(0)8191 128 246
■ ab Hohenfurch: Hotline Pfaffenwinkel, 0049(0)8861 211 3200
■ Hotline Via Claudia Augusta, 0043(0)664 27 63 55

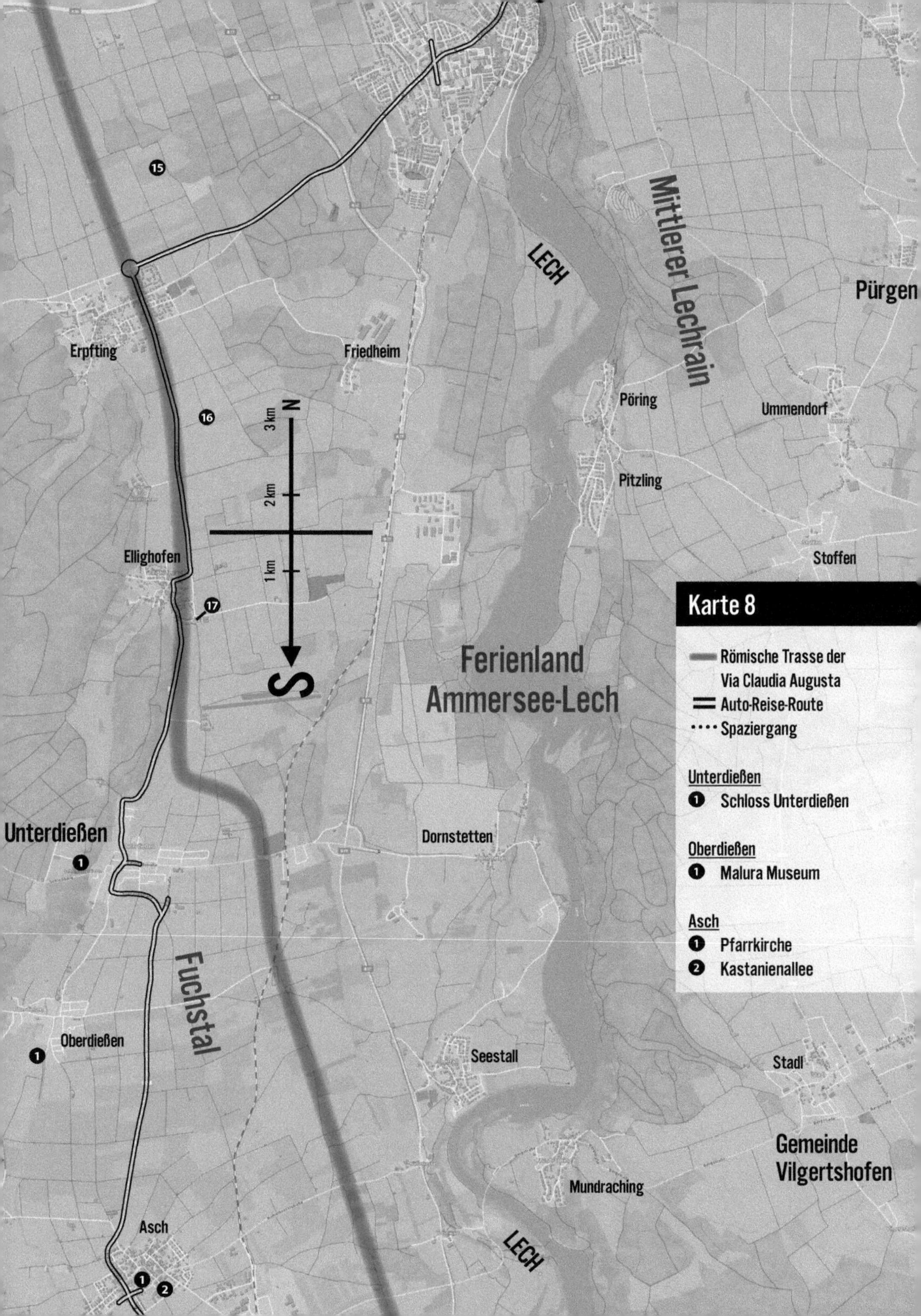
15
Mittlerer Lechrain
LECH
Pürgen
Erpfting
Friedheim
Pöring
Ummendorf
16
N
3 km
2 km
Pitzling
Ellighofen
1 km
17
Stoffen
S
Ferienland
Ammersee-Lech
Karte 8
Römische Trasse der
Via Claudia Augusta
Auto-Reise-Route
Spaziergang
Unterdießen
1  Schloss Unterdießen
Oberdießen
1  Malura Museum
Asch
1  Pfarrkirche
2  Kastanienallee
Unterdießen
1
Dornstetten
Fuchstal
Oberdießen
1
Seestall
Stadl
Gemeinde
Vilgertshofen
Mundraching
LECH
Asch
1  2

Die romanische Gewölbebasilika von Altenstadt. Fotos (2): Tschaikner

Die Lorenzkapelle am Lorenzberg vor dem Lechsteilufer

Die Altstadt Schongaus am Lechumlaufberg

Gaukler Fotos (2): Touristinformation Schongau

Die Peitinger Villa Rustica

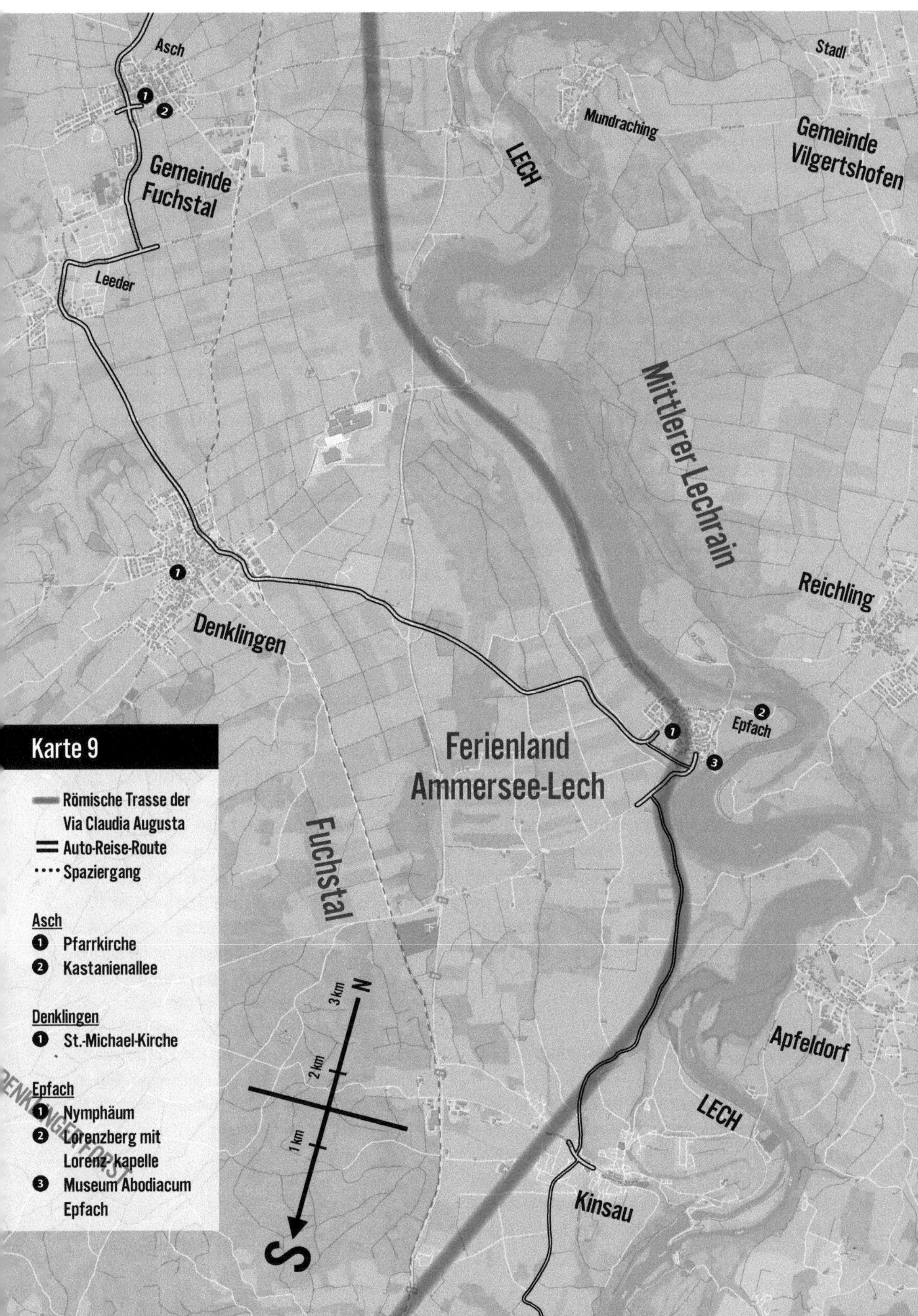

Asch
Stadl
Mundraching
Gemeinde Vilgertshofen
LECH
Gemeinde Fuchstal
Leeder
Mittlerer Lechrain
Reichling
Denklingen
Ferienland Ammersee-Lech
Epfach
Fuchstal
DENKLINGER FORST
Apfeldorf
LECH
Kinsau
N
3 km
2 km
1 km
S

Karte 9
Römische Trasse der Via Claudia Augusta
Auto-Reise-Route
Spaziergang
Asch
1 Pfarrkirche
2 Kastanienallee
Denklingen
1 St.-Michael-Kirche
Epfach
1 Nymphäum
2 Lorenzberg mit Lorenz-kapelle
3 Museum Abodiacum Epfach

Über Garmisch und den Brennerpass querte in der späteren Römerzeit eine weitere Römerstraße die Alpen. Sie wurde auch Via Claudia genannt, aber ohne „Augusta" (= kaiserlich). Im Mittelalter hießen die beiden weitergenutzen Straßen Oberer und Unterer Weg. An ihrer Kreuzung ließ sich in der Römerzeit und auch danach gut wirtschaften. Östlich des Lech, in Peiting, dokumentiert eine Villa Rustica die hochstehende römische Wohnkultur. Auch das im 13. Jh. von der Urpfarre Altenstadt auf die sicherere Anhöhe verlagerte Schongau, konnte sich an dem Straßenknoten prächtig entwickeln. 1331 erhielt die Stadt sogar das Münzrecht. Die Altstadt hat noch heute ihre komplette Stadtmauer und ist nur über eines der Tore zu erreichen. Auch die zahlreichen Sakralbauten im Umland erzählen vom Wohlstand. Die Region nennt sich Pfaffenwinkel. Schongau und Peiting sehen sich als Tor dazu. Der wohl bekannteste Sakralbau ist das Weltkulturerbe Wieskirche.

Stück Stadtmauer. Vorbei am einstigen Amtsgericht geht es zum Münzgebäude, am nach diesem benannten Münztor. Eines der schönsten Tore ist das Maxtor, das auch als Hoftor zum kleinen Wittelsbacher-Schloss Schongau genutzt wurde. Es beherbergt heute das Landratsamt. Im barrierefreien Stadtmuseum in der ehemaligen Spitalskirche St. Eramus kann der Besucher in die Stadtgeschichte eintauchen. Ein besonderer Schwerpunkt ist den Münzen gewidmet. Neben in Schongau geprägten Münzen zeigt das Museum auch römische. Das Tor im Polizeidienerturm ist, wie das Frauentor, nur zu Fuß passierbar. Das gotische Ballenhaus diente einst dem Warenumschlag an der Salzstraße. Seine Lage mitten am Platz zeugt von der Bedeutung der Handelsstraßen für Schongau. Die Pfarrkirche Maria Himmelfahrt geht auf einen romanischen und gotischen Vorgängerbau zurück. ■ Stadtmuseum, Christophstr. 55-57, 0049(0)8861 254–605. geöffnet Mi, Sa, So, Fei 14 – 17 Uhr.

## Die Route nach Schongau

Die alte Straße von Altenstadt nach Schongau führt erst in eine Senke hinunter, die ursprünglich auch zum Fluss gehörte. Die Anhöhe, auf der die Altstadt liegt, war vor Jahrtausenden ein vom Wasser umflossener „Lechumlaufberg". Das Maxtor ist der historische Eingang in die Altstadt. Die Reiseroute führt durch das später für den Verkehr in die Mauer gebrochene Münztor. Innerhalb der Mauern gibt es eine Tiefgarage und einen Parkplatz. Wer die Parkgebühr sparen und schon am Spaziergang über Frauenberg und Frauentor einen Eindruck von der Stadtmauer gewinnen möchte, parkt am Parkplatz am Fuße des Lechumlaufberges.

## Spaziergang innerhalb der Stadtmauern

Besonders beeindruckend ist es, die Stadt in einer der angebotenen Stadtführungen zu erleben, darunter auch eine bei Dunkelheit und eine für Kinder. Es ist aber auch gut möglich, die Altstadt selbst zu erkunden. Durch die Klosterkirche Hl. Geist und den Hof des ehemaligen Karmeliterklosters gelangt der Besucher auf ein frei begehbares

## In den Markt Peiting

Wie die alte Straße verlässt die Reiseroute über den steilen Lechberg die Schongauer Altstadt. Rechts am Fluss wartet das „Plantsch" mit Badespass in der Halle und im Freien sowie einem Saunaland. Am „Plantsch" vorbei geht es zum „Lido" am Lechsee, oberhalb der Staumauer. Das enge, tiefe Lechtal erinnert dort stark an einen Fjord. An der Lechbrücke, wo auch die alte Straße Richtung Peiting den Lech querte, sind ehemalige Gasthöfe erkennbar. Lechabwärts wurde für Kinder ein Märchenwald mit Streichelzoo eingerichtet. Ursprünglich führte die Straße über den Berg zwischen Schongau und Peiting, um den sie heute herumführt. Der Name Peiting geht vermutlich auf das Geschlecht der Peutinger zurück, das sich wohl schon im 6. Jh. dort niederließ. Das Marktzentrum bietet Geschäfte und Einkehrmöglichkeiten. Das Museum im Klösterle erzählt von der Geschichte und dem Leben in der Gegend. ■ Kapellenstraße 1, 0049(0)8861 6535, geöffnet jeden MI 14 – 17 Uhr, Gruppen auf Anmeldung.

## Die Peitinger Villa Rustica

Die ersten Siedlungsspuren östlich des Lechs gehen sogar auf das 3. Jh. zurück. Von einem einst mehrere Hektar umfassenden römischen Landgut ist in einem Schutzbau das Badehaus zu erleben. Bei der Villa handelte es sich um ein in Deutschland seltenes Atriumhaus mit gehobenem Wohnstandard, das von der Mitte des 2. Jh. bis ins 4. Jh. bewohnt war. Außerdem wurde ein beschriftetes Bleitäfelchen gefunden, das als Liebeszauber gedeutet wird und die Fantasie der Besucher beflügelt. Rund um den Schutzbau wurde ein römischer Küchen- und Heilkräutergarten angelegt.

■ 0049(0)8861 6535, Besichtigung durch selbsterklärende Schautafeln jederzeit möglich, Führungen nach Vereinbarung.

## Special: Der Pfaffenwinkel

Man wird schwer eine Gegend mit einer größeren Zahl und Dichte an hochklassigen Klöstern und Wallfahrtskirchen finden als im Pfaffenwinkel. Der Dorfpfarrer Franz Sales Gailer prägte im 18. Jh. den eingängigen und auf den eigenen Berufsstand bezugnehmenden Namen. Pfaffe (Mehrzahl Pfaffen) ist eine alte bayerische Bezeichnung für Pfarrer. Im Wessobrunner Kloster entdeckte man das Wessobrunner Gebet, eines der ältesten dichterischen Werke der deutschen Sprache. Aus der Region stammen auch die berühmten Stuckateure der Wessobrunner Schule. Zwei ihrer Vertreter, die Brüder Dominikus und Johannes Baptist Zimmermann, verhalfen mit ihrem Kunstgeschick einem ganzen Bau zu Weltruhm - der Wallfahrtskirche zum gegeißelten Heiland auf der Wies. Das Weltkulturerbe „Wieskirche", wie der Sakralbau auch genannt wird, ist ein touristischer Magnet ersten Ranges. Eine Runde, die einige der sehenswertesten Sakralbauten verbindet und an der Via Claudia Augusta startet bzw. endet: Gotische Gewölbebasilika Altenstadt, Pfarrkirche Maria Himmelfahrt in Schongau, Wallfahrtskirche Vilgertshofen, Kloster Wessobrunn, Kloster Bernried, Kloster Polling, Wallfahrtskirche Hohenpeißenberg, Kloster Rottenbuch, Kloster Ettal, Wieskirche und Kloster in Steingaden und die Georgskirche am Auerberg in Bernbeuren.

## Geschichte(n):

Die nördlichsten Ausläufer der letzten Eiszeit, die als Würm-Eiszeit bezeichnet wird, finden sich Richtung Kinsau nördlich von Hohenfurch. Aus den riesigen Gletschern traten reißende Flüsse aus, die Unmengen an Geröll mit sich nahmen und große Schotterfelder entstehen ließen. Mit zunehmender Erwärmung gingen die Gletscher immer weiter zurück. Lech und Ammer entstanden und konnten sich mit der Zeit immer tiefer eingraben, so dass regelrechte Schluchten entstanden. Am Berg, wo sich seit dem Mittelalter die Altstadt von Schongau befindet stießt der Lech auf härteres Material und musste diesen westseitig umfließen. Vor rund 5300 Jahren jedoch schaffte der reißende Gletscherfluss den Durchbruch und konnte an der Ostseite des Berges direkt nach Norden weiter fließen. Im Osten blieb zunächst ein Altwasserarm erhalten, der heute noch im Gelände erkennbar ist und „Fauler Graben" heißt. Der Berg war also einst komplett von Wasser umflossen. Man spricht von einer einstigen Lech-Umlauf-Insel.

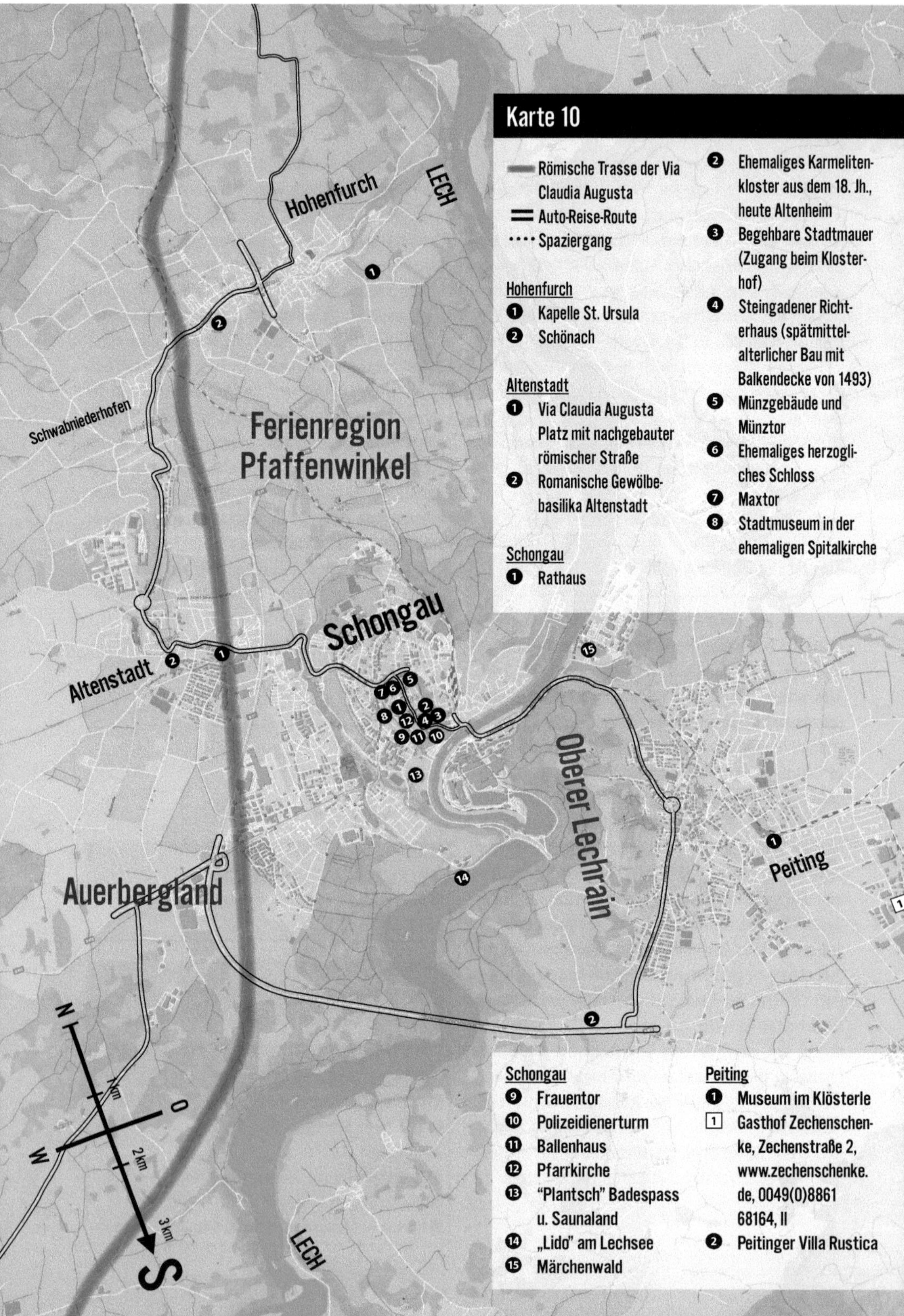

Hohenfurch
LECH
Schwabniederhofen
Ferienregion
Pfaffenwinkel
Schongau
Altenstadt
Oberer Lechrain
Auerbergland
Peiting
LECH
N
O
W
S
1 km
2 km
3 km

Karte 10

Römische Trasse der Via Claudia Augusta
Auto-Reise-Route
Spaziergang

Hohenfurch
1 Kapelle St. Ursula
2 Schönach

Altenstadt
1 Via Claudia Augusta Platz mit nachgebauter römischer Straße
2 Romanische Gewölbebasilika Altenstadt

Schongau
1 Rathaus

2 Ehemaliges Karmelitenkloster aus dem 18. Jh., heute Altenheim
3 Begehbare Stadtmauer (Zugang beim Klosterhof)
4 Steingadener Richterhaus (spätmittelalterlicher Bau mit Balkendecke von 1493)
5 Münzgebäude und Münztor
6 Ehemaliges herzogliches Schloss
7 Maxtor
8 Stadtmuseum in der ehemaligen Spitalkirche

Schongau
9 Frauentor
10 Polizeidienerturm
11 Ballenhaus
12 Pfarrkirche
13 "Plantsch" Badespass u. Saunaland
14 „Lido" am Lechsee
15 Märchenwald

Peiting
1 Museum im Klösterle
1 Gasthof Zechenschenke, Zechenstraße 2, www.zechenschenke.de, 0049(0)8861 68164, II
2 Peitinger Villa Rustica

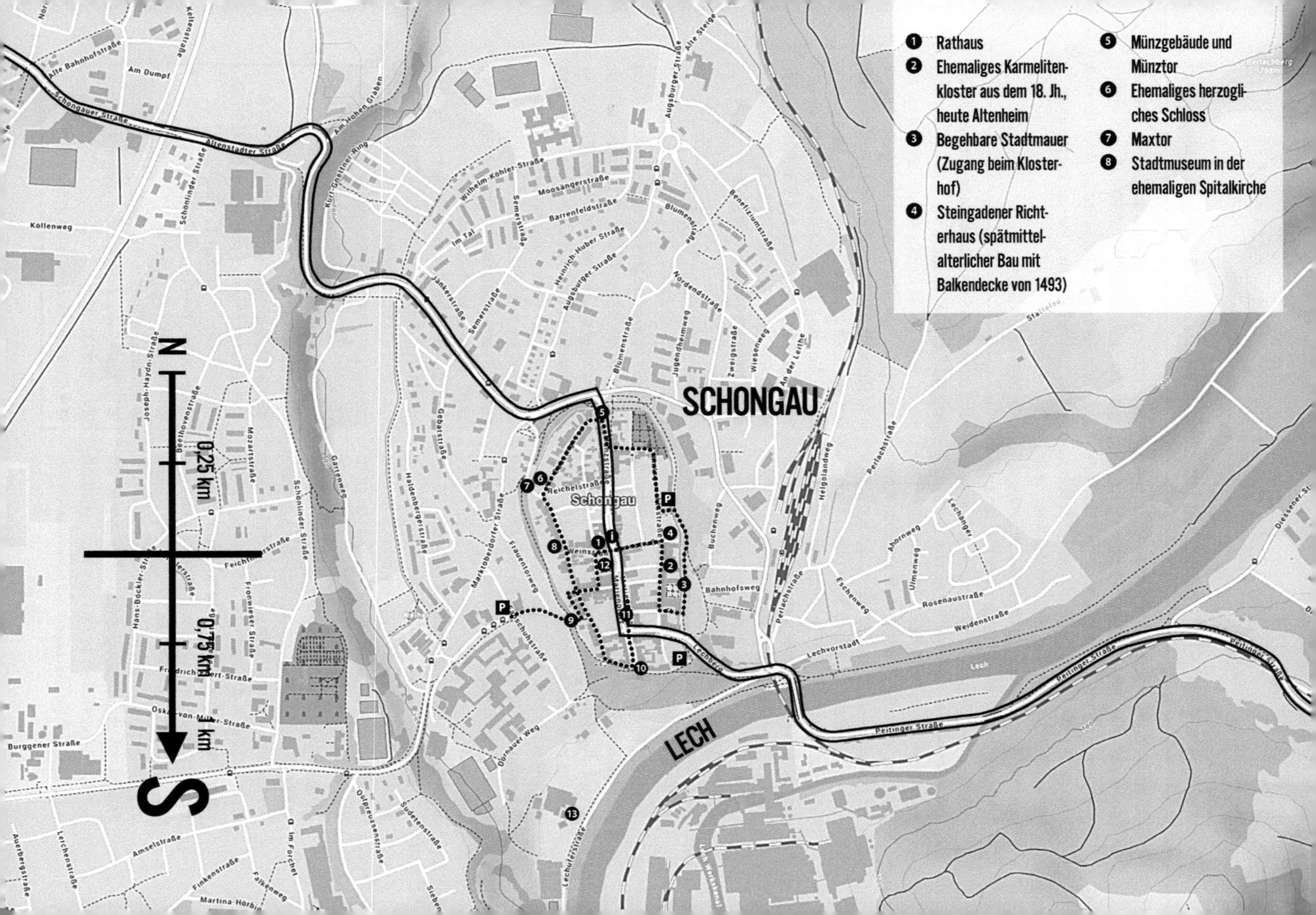

1 Rathaus
2 Ehemaliges Karmelitenkloster aus dem 18. Jh., heute Altenheim
3 Begehbare Stadtmauer (Zugang beim Klosterhof)
4 Steingadener Richterhaus (spätmittelalterlicher Bau mit Balkendecke von 1493)
5 Münzgebäude und Münztor
6 Ehemaliges herzogliches Schloss
7 Maxtor
8 Stadtmuseum in der ehemaligen Spitalkirche
SCHONGAU
Schongau
LECH
N
S
0,25 km
0,75 km
1 km

Von den Gemeinden im Hügelland, rund um den Auerberg, ging die Initiative zur Wiederbelebung der Via Claudia Augusta über ihre ganze Länge aus. Im Auerbergland ist die Römerstraße auch an besonders vielen Stellen zu erkennen und die Gemeinden und ihre Bürger haben sich einiges einfallen lassen, die Augen dafür zu öffnen. Mit dem Jahrtausende alten Siedlungsort am Auerberg, dem Flößerdorf Lechbruck am See, dem bayerischen Via Claudia Augusta Infozentrum oder der Forggensee-Schifffahrt auf den Spuren der Römerstraße gibt es auch einige geschichtliche Highlights. Landschaftlich besticht die Region mit ihren saftig grünen Hügeln mit sattgrünen Wäldern und zahlreichen Seen vor der Alpenkulisse. Dazwischen liegen malerische Ferienorte, die ihren dörflichen Charakter erhalten haben. Die Römerstraße führt im Auerbergland weitgehend dem Lech entlang und teilweise sogar durch den Lech, wo dieser zum Forggensee aufgestaut wurde.

## Denkmalgeschützte Burggener Bauernhäuser

Von Schongau führt die Route erst Richtung Marktoberdorf, zweigt aber bald auf das Sträßchen ab, das über malerische Hügel, auf denen sich Wald und Wiesen abwechseln, nach Burggen führt. Im Ort macht die Straße eine S-Kurve, in deren Mitte es rechts in die denkmalgeschützte St.-Anna-Straße mit ihren regionstypischen Bauernhäusern geht und vis-a-vis, über die Schwarzkreuzstraße, zu einem Punkt mit optimalem Blick auf die Litzauer Lechschleife.

## Bernbeuren, der Auerberg und sein Museum

Direkt am Weg nach Bernbeuren liegt das Naturidyll Haslacher See, an dem auch gebadet werden kann. An der ersten großen Kreuzung im Ort biegt die Route nach rechts und bei nächster Gelegenheit wieder nach links ab. Rechter Hand liegt das Auerbergmuseum. Es erzählt abwechslungsreich die Siedlungsgeschichte des Auerberges. Die strategisch günstige Anhöhe besiedelten schon die Kelten. In der Römerzeit befand sich dort zeitweilig eine Handwerkssiedlung, in der u. a. Teile für Katapulte produziert wurden. Es wird angenommen, dass es sich um das von Strabo beschriebene Damasia handelt. Die Straße auf den Auerberg zweigt kurz nach dem Museum rechts ab. Außerdem führt ein Erlebnisweg durch die Feuersteinschlucht auf den Gipfel. Die Gehzeit beträgt ab dem Museum ca. 2 Std. Oben bietet die Plattform auf der Georgs-Kirche einen sagenhaften Rundumblick. Der Panoramagasthof mit eigener Konditorei lockt zur Einkehr. ■ Auerbergmuseum, Mühlenstraße 9, 0049(0)8860 210, geöffnet Mitte April – Mitte Okt. Sa 15 – 17 und So, Feiertag 14 – 17 Uhr sowie nach telefonischer Vereinbarung. www.auerbergmuseum.de

## Flößerdorf Lechbruck

Nach Lechbruck am See, wo das Allgäu beginnt, folgt der Reisende den Füssen-Wegweisern. In Bayern verläuft durchwegs parallel zur Via Claudia Augusta der Lech, der auch von den Römern genutzt wurde. Lechbruck hat seiner großen Tradition in der Flößerei ein Museum gewidmet, das sich hinter den Häusern vis-a-vis der Touristinfo befindet. Von 15. Juni – 30. Sept. sind auf Anmeldung bei der Touristinfo Floßfahrten am Lech möglich. ■ Flößermuseum, Waidach 8, 0049(0)8862 987830, geöffnet April – Sept., Do. 17:30 – 19 Uhr, So. 16 – 18 Uhr und auf Anmeldung, www.floesser-lechbruck.de

## Via Claudia Infozentrum Rosshaupten

Weiter geht es durch das Allgäuer Hügelland Richtung Füssen und Rosshaupten. Unterwegs weckt die Sameister-Kapelle die Aufmerksamkeit der Durchreisenden. Vis-a-vis geht es zum Badesee Schmutterweiher. Über die B16 und die Rosshauptener Orts-Ausfahrt führt die Route schließlich ins Dorf Rosshaupten. Direkt an der Kreuzung im Zentrum liegt das Museum im Pfannerhaus, das auch bayerisches Via Claudia Augusta Infozentrum ist. Vom Museum ostwärts geht es zu einem Kunstpark, den der Kunstkreis Rosshaupten der Römerstraße gewidmet hat. ■ Museum, Hauptstraße 1, 0049(0)8367 364, in der Saison täglich von 9 – 18:00 frei zugänglich.

**Fragen und Auskunft zum Teilabschnitt**

■ Bis Bernbeuren: Ferienreg. Pfaffenwinkel, 0049(0)8861 211 3200

■ Touristinfo Bernbeuren, Markpl. 4, 0049(0)8860 910 10

■ Ab Lechbruck: Ferienreg. Ostallgäu, 0049(0)8342 911 506

■ Lechbruck am See, Flößerstr. 1, 0049(0)8862 987 830

■ Touristinfo Lechbruck am See, Flößerstraße 1, 0049(0)8862 987 830

■ Touristinfo Rosshaupten, Hauptstr. 10, 0049(0)8367 364

■ Touristinfo Rieden am Forggensee, Lindenweg 4, 0049(0)8362 370 25

■ Hotline Via Claudia Augusta, 0043(0)664 27 63 55

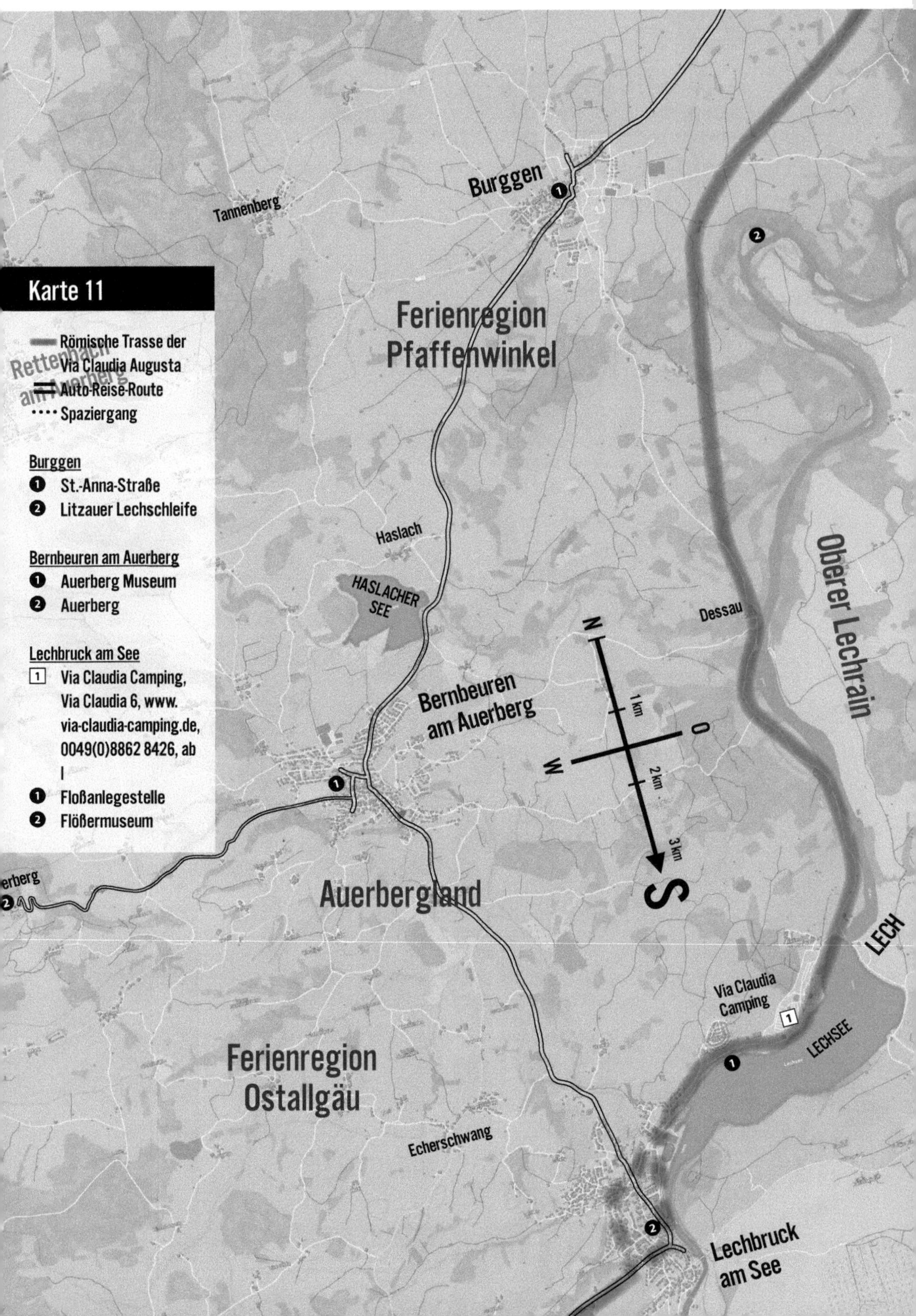

Karte 11

Römische Trasse der Via Claudia Augusta
Auto-Reise-Route
Spaziergang

Burggen
1 St.-Anna-Straße
2 Litzauer Lechschleife

Bernbeuren am Auerberg
1 Auerberg Museum
2 Auerberg

Lechbruck am See
1 Via Claudia Camping, Via Claudia 6, www.via-claudia-camping.de, 0049(0)8862 8426, ab I
1 Floßanlegestelle
2 Flößermuseum

Tannenberg
Rettenbach am Auerberg
Burggen
Ferienregion Pfaffenwinkel
Haslach
HASLACHER SEE
Bernbeuren am Auerberg
Auerbergland
Ferienregion Ostallgäu
Echerschwang
erberg
Dessau
Oberer Lechrain
LECH
Via Claudia Camping
LECHSEE
Lechbruck am See

N
O
W
S
1 km
2 km
3 km

Bauernhaus der denkmalgeschützten St.-Anna-Straße. Foto: Bruno Faller

Haslacher See und Auerberg

Dorfmuseum „Pfannerhaus". Foto: Reinhard Walk

Floß für Floßfahrten im

Kirche St. Georg am Auerberg

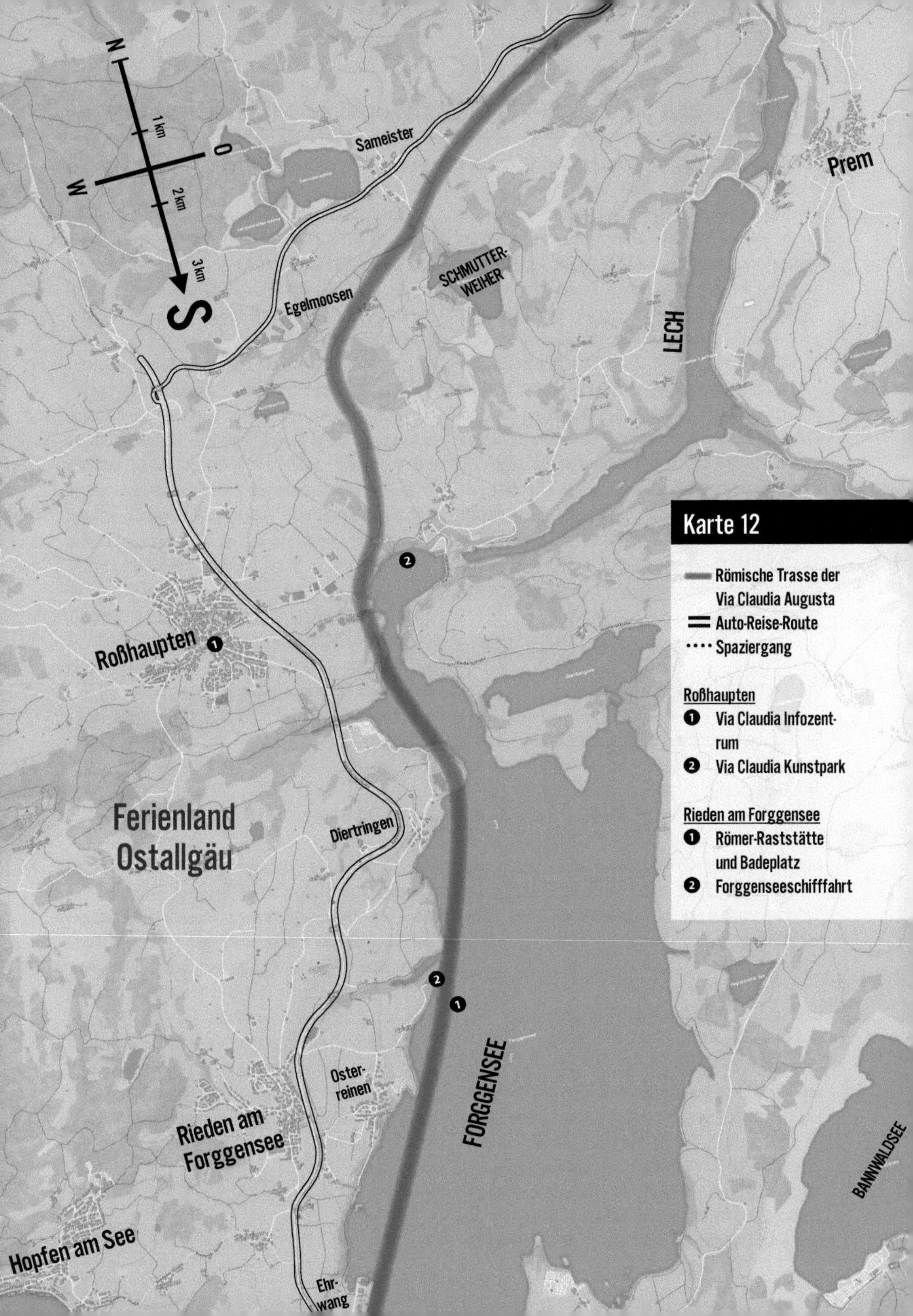

N
O
W
S
1 km
2 km
3 km
Sameister
Prem
SCHMUTTER-
WEIHER
Egelmoosen
LECH
Roßhaupten
Ferienland
Ostallgäu
Diertringen
Oster-
reinen
Rieden am
Forggensee
FORGGENSEE
Hopfen am See
Ehr-
wang
BANNWALDSEE
Karte 12
Römische Trasse der
Via Claudia Augusta
Auto-Reise-Route
Spaziergang
Roßhaupten
1  Via Claudia Infozent-
rum
2  Via Claudia Kunstpark
Rieden am Forggensee
1  Römer-Raststätte
und Badeplatz
2  Forggenseeschifffahrt

Schon zur Römerzeit war das herrliche Stück Land, in dem der Lech aus den Alpen springt, besiedelt. Ein Römerkastell thronte am Schlossberg von Füssen, an dessen Fuß die Via Claudia Augusta vorbeiführte. Die heutige Flaniermeile Reichenstraße in der Altstadt liegt direkt auf der römischen Trasse. An der Talstation der Tegelbergbahn in Schwangau zeugen Überreste eines privaten Badehauses einer Villa Rustica von der hohen Wohnkultur römischer Zeit. Die Gründung der mittelalterlich geprägten Stadt Füssen mit ihrer großen Tradition im Geigenbau geht auf den heiligen Magnus zurück, der sich hier im 8. Jh. als Einsiedler niederließ. Am Ort seiner Zelle wurde im 9. Jh. ein Benediktinerkloster gegründet und nach ihm St. Mang benannt. Später entdeckten die Wittelsbacher, und insbesondere König Ludwig, die malerische Gegend vor den Alpen für ihre Königsschlösser. Sie stehen in Schwangau, wo der Gast in der Königlichen Kristalltherme – wie die Römer – der Wellness frönen kann.

## Die Route nach Füssen

Die Augsburgerstraße, die kerzengerade ins Füssener Zentrum führt, liegt ebenso auf der Römertrasse wie ihre Fortsetzung, die Reichenstraße. Ab dem Kaiser-Maximilian-Platz mit der Touristinfo ist sie heute eine Fußgängerzone, auf der sich herrlich flanieren oder einkehren lässt. Wer die Altstadt erkunden möchte, folgt am besten etwas vor dem Zentrum der Beschilderung Richtung Parkgarage im Sparkassenhaus (P5). Direkt nebenan liegt die Tourist-Info.

## Ein Spaziergang durch die Altstadt

Vis-a-vis des Garagen-Ausgangs, beim Hotel Hirsch, führt ein Gässchen in den ruhigeren Teil der Altstadt. Dort folgt der Spaziergang der Drehergasse, dem Brotmarkt und der Lechhalde bis zur Lechbrücke. Kurz davor liegt die Heilig-Geist-Spitalkirche mit sehenswerter Rokokofassade. Direkt am Flussufer befindet sich das Benediktinerkloster Sankt Mang, um das die Stadt wuchs. Das gegenüberliegende Lechufer bietet den sogenannten

„Magnusblick" auf das Kloster und die Altstadt, einer der schönsten Blicke auf Füssen. Über den Innenhof des Klosters St. Mang erreicht der Besucher das Museum der Stadt Füssen und kann die Stadtgeschichte und die Tradition im Lauten- und Geigenbau entdecken. Nördlich des Klosters führt vom Magnusplatz mit der barocken Kirche St. Mang ein Sträßchen hinauf zum Hohen Schloss. Schon vorher hat der Besucher immer wieder herrliche Blicke auf die frühere Sommerresidenz der Fürstbischöfe von Augsburg. Sie ist eine der besterhaltenen Burganlagen Bayerns. An der Innenhoffassade sind spätgotische Illusionsmalereien zu bewundern. Innen beeindruckt neben der Filialgalerie der Bayerischen Staatsgemäldesammlungen und städtischen Galerie vor allem die gotische Decke des Rittersaals. Von der Nordostecke des Klosters sind es nur wenige Schritte zum Stadtbrunnen in der Reichenstraße. Dort beginnt die Fußgängerzone, die zurück zum Kaiser-Maximilian-Platz führt. ■ Museum der Stadt Füssen, Lechhalde 3, 0049(0)8362 903 143, geöffnet April – Okt. Di – So 11 – 17 Uhr, Nov. – März Fr – So 13 – 16 Uhr. ■ Galerien im Hohen Schloss, Magnusplatz 10, 0049(0)8362 940 162, geöffnet April – Okt. Di – So 11 – 17 Uhr, Nov. – März Fr – So 13 – 16 Uhr.

## Durch Schwangau und Hohenschwangau

Am Eingang in die Fußgängerzone, wo die Via Claudia Augusta heute nicht mehr befahren werden kann, führt die Reiseroute links stadtauswärts und auf der König-Ludwig-Brücke über den Lech. Der Fluss ist Grenze zwischen Füssen und Schwangau. Geradeaus weiter geht es über den Ortsteil Horn in den Hauptort Schwangau. Am Ortseingang ist links die Königliche Kristalltherme zu sehen. Nach der Touristinfo geht es bald rechts zu den Resten des Badehauses einer Römervilla am Parkplatz der Tegelbergbahn, bevor es zu den Königsschlössern der Wittelsbacherkönige Maximilian II. und Ludwig II. von Bayern geht.

## Das Badehaus der „Römervilla"

Beim Bau der Tegelbergbahn wurden die Reste des Badehauses eines römischen Landhauses entdeckt, das über ein ausgeklügeltes Feuerungssystem beheizt wurde. In einem Schutzbau wird römische Badekultur begreifbar.
■ 0049(0)8362 8198-0, geöffnet täglich 9 – 17 Uhr, Führung auf Anfrage.

## Die Route Richtung Tirol

Von Hohenschwangau geht es über Alterschrofen zurück zur König-Ludwig-Brücke, vor der links die Tiroler Straße abzweigt. Sie führt südlich der Füssener Altstadt am Lech entlang nach Tirol.

## Special: Die Königsschlösser

Die Schlösser Maximilians II. und Ludwigs II. sind vom Schwangauer Ortsteil Hohenschwangau aus erlebbar.
Schloss Hohenschwangau: Die Ruine der mittelalterlichen Burg Schwanstein wurde 1833 – 1837 vom bayerischen Kronprinzen Maximilian, dem späteren König Maximilian II. und dem Vater Ludwigs II., zum Schloss Hohenschwangau im neugotischen Stil umgebaut. Die bayerische Königsfamilie nutzte das Schloss vor allem als Sommerresidenz. Ludwig II. und sein jüngerer Bruder Otto verbrachten hier große Teile ihrer Kindheit und Jugend. Die Innenräume wurden im Geist der Romantik mit Wandgemälden mit Themen aus der mittelalterlichen Sagenwelt ausgestattet. Sehenswert sind auch der Schwanseepark südlich von Hohenschwangau und der Alpsee. Mit etwas Glück trifft man dort die Schwäne, zu denen König Ludwig eine besondere Beziehung hatte.
Schloss Neuschwanstein: Hoch über der rauschenden Pöllat erschuf Ludwig II von 1869 bis zu seinem Tode im Jahr 1886 ein Gesamtkunstwerk, das bis heute keinen Vergleich zu scheuen braucht. Die atemberaubende Lage und märchenhafte Innenausstattung ziehen täglich Besucher aus aller Welt in ihren Bann. Das Schloss ließ Ludwig II. im Stil einer mittelalterlichen Ritterburg des 12./13. Jahrhunderts erbauen. Infolge seines frühen Todes konnte es aber nicht vollendet werden. So fehlt der ursprünglich vorgesehene Bergfried. Innen sind nur das Erdgeschoss, das 3. und 4. Obergeschoss fertig gestellt. Die Innenräume sind mit Szenen aus den mittelalterlichen deutschen Sagen geschmückt.
■ Ticket Center Hohenschwangau, Alpseestr. 12, +49 (0)8362 930 830, geöffnet April – Sept. 8 – 17 Uhr und Okt. – März 9-15 Uhr, www.ticket-center-hohenschwangau.de.
■ Museum der Bayerischen Könige: Das Museum direkt am Alpsee nutzt modernste Museumstechnik, um die Geschichte der Wittelsbacher und insbesondere Maximilians II und Ludwigs II und ihrer Schlösser zu erzählen.
Alpseestraße 27, +49 (0)8362 930 830, geöffnet April – Sept. 9 – 19 Uhr, Okt. – März. 10 – 18 Uhr, das Museum ist barrierefrei.



Übernachtungs- und Camping-Möglichkeiten in den Karten und im Anhang

Fragen und Auskunft zum Teilabschnitt

■ Touristinfo Füssen Tourimus und Marketing, Kaiser-Maximilian-Platz 1, 0049(0)8362 93 850
■ Touristinfo Schwangau, Münchener Straße 2, 0049(0)8362 81 980
■ Hotline Via Claudia Augusta , 0043(0)664 27 63 555

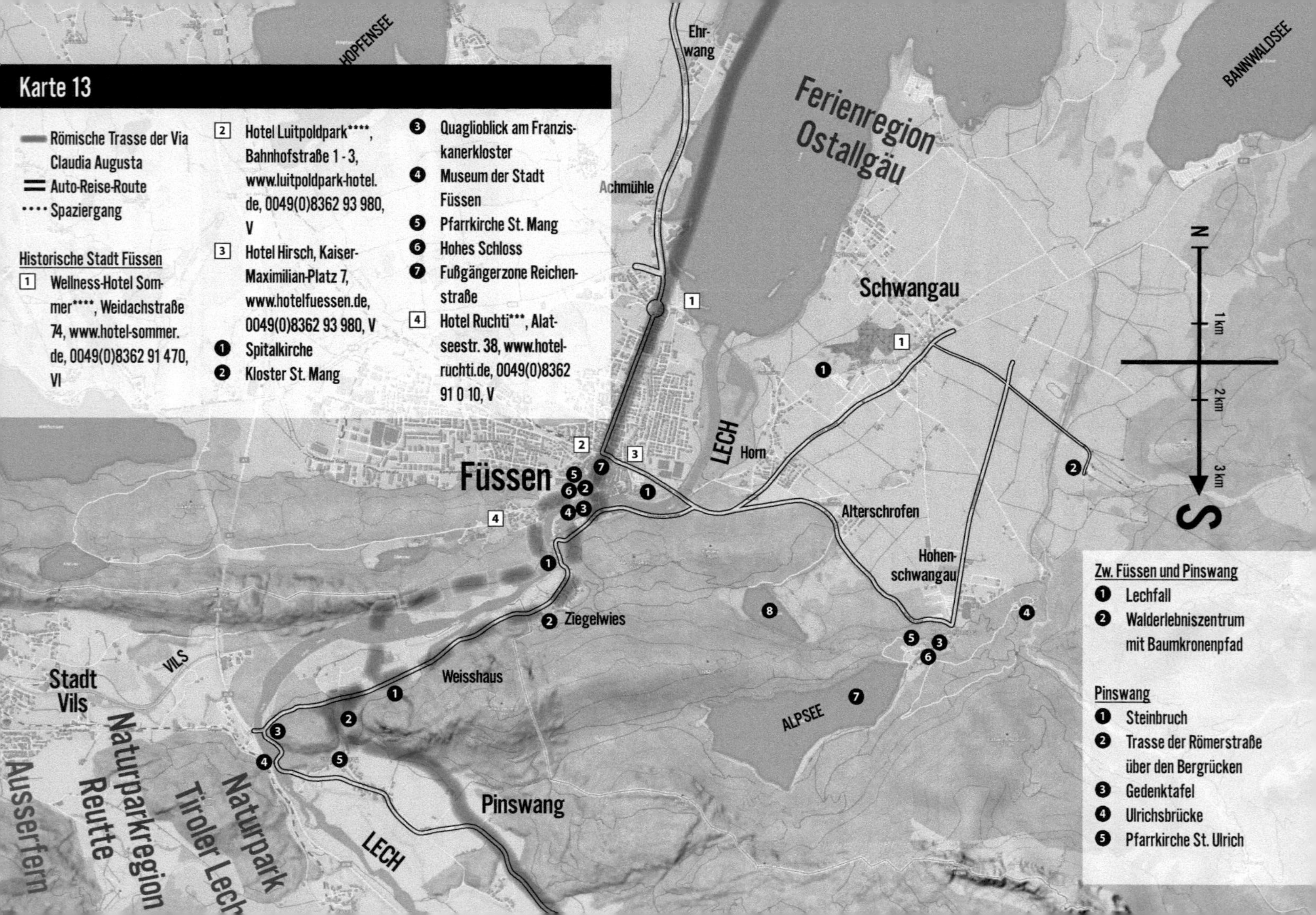

Karte 13

Römische Trasse der Via Claudia Augusta
Auto-Reise-Route
Spaziergang

Historische Stadt Füssen
1 Wellness-Hotel Sommer****, Weidachstraße 74, www.hotel-sommer.de, 0049(0)8362 91 470, VI
2 Hotel Luitpoldpark****, Bahnhofstraße 1 - 3, www.luitpoldpark-hotel.de, 0049(0)8362 93 980, V
3 Hotel Hirsch, Kaiser-Maximilian-Platz 7, www.hotelfuessen.de, 0049(0)8362 93 980, V
4 Hotel Ruchti***, Alatseestr. 38, www.hotel-ruchti.de, 0049(0)8362 91 0 10, V

1 Spitalkirche
2 Kloster St. Mang
3 Quaglioblick am Franziskanerkloster
4 Museum der Stadt Füssen
5 Pfarrkirche St. Mang
6 Hohes Schloss
7 Fußgängerzone Reichenstraße

Zw. Füssen und Pinswang
1 Lechfall
2 Walderlebniszentrum mit Baumkronenpfad

Pinswang
1 Steinbruch
2 Trasse der Römerstraße über den Bergrücken
3 Gedenktafel
4 Ulrichsbrücke
5 Pfarrkirche St. Ulrich

HOPFENSEE
BANNWALDSEE
Ehrwang
Ferienregion Ostallgäu
Achmühle
Schwangau
LECH
Horn
Füssen
Alterschrofen
Hohenschwangau
Ziegelwies
Weisshaus
VILS
Stadt Vils
ALPSEE
Pinswang
Naturpark Tiroler Lech
Naturparkregion Reutte
Ausserfern
LECH

N
S
1 km
2 km
3 km

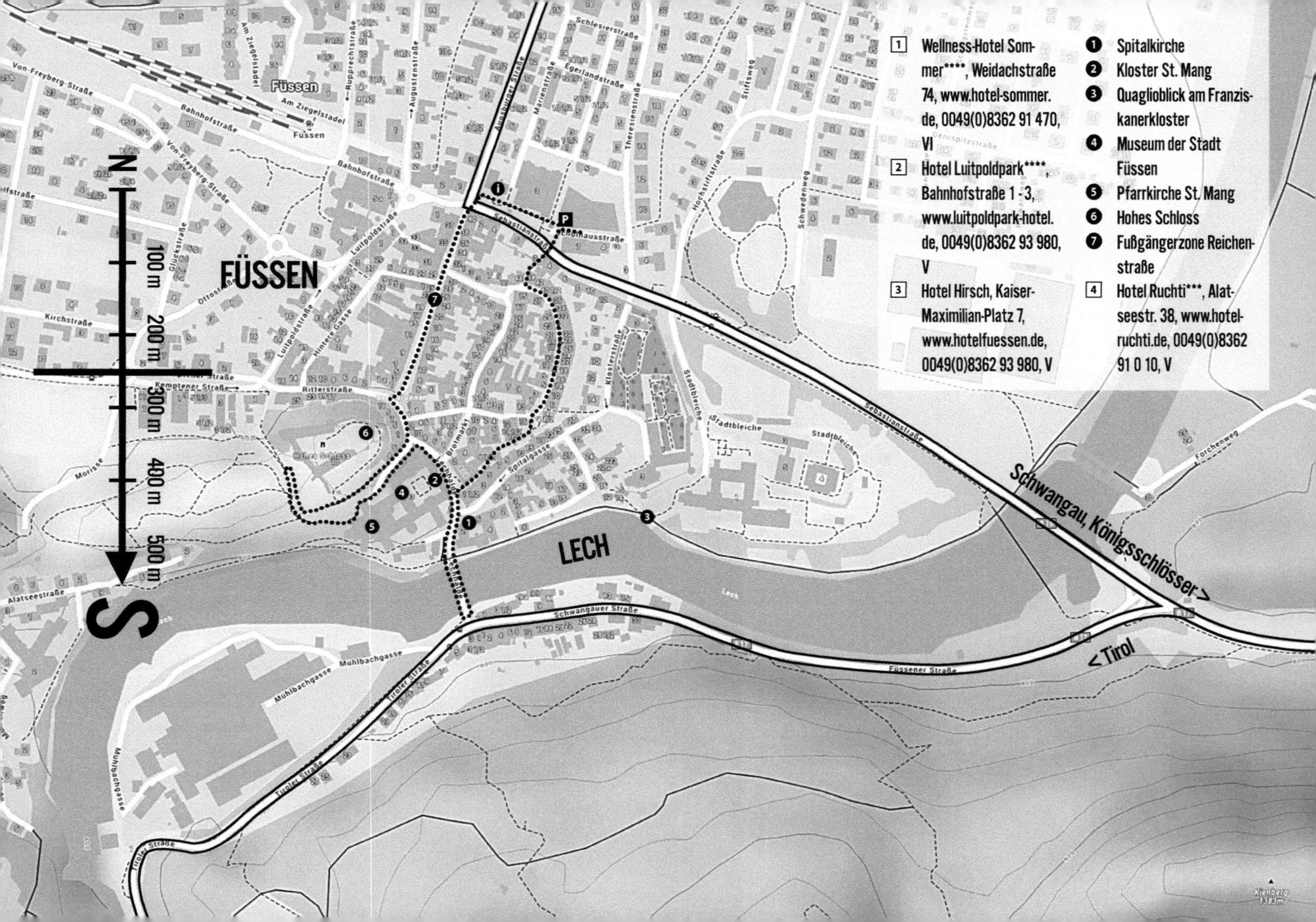

FÜSSEN
LECH
Schwangau, Königsschlösser
Tirol

1 Wellness-Hotel Sommer****, Weidachstraße 74, www.hotel-sommer.de, 0049(0)8362 91 470, VI
2 Hotel Luitpoldpark****, Bahnhofstraße 1-3, www.luitpoldpark-hotel.de, 0049(0)8362 93 980, V
3 Hotel Hirsch, Kaiser-Maximilian-Platz 7, www.hotelfuessen.de, 0049(0)8362 93 980, V
4 Hotel Ruchti***, Alatseestr. 38, www.hotel-ruchti.de, 0049(0)8362 91 0 10, V

1 Spitalkirche
2 Kloster St. Mang
3 Quaglioblick am Franziskanerkloster
4 Museum der Stadt Füssen
5 Pfarrkirche St. Mang
6 Hohes Schloss
7 Fußgängerzone Reichenstraße

N
100 m  200 m  300 m  400 m  500 m
S

Von-Freyberg-Straße
Am Ziegelstadel
Füssen
Bahnhofstraße
Rupprechtstraße
Augustenstraße
Augsburger Straße
Marienstraße
Schlesierstraße
Egerlandstraße
Theresienstraße
Hochstiftstraße
Stiftsweg
Schwedenweg
Gernspitzstraße
Sebastianstraße
Glückstraße
Ottostraße
Kirchstraße
Kemptener Straße
Luitpoldstraße
Hintere Gasse
Ritterstraße
Hohes Schloss
Brotmarkt
Spitalgasse
Klosterstraße
Stadtbleiche
Schwangauer Straße
Füssener Straße
Tiroler Straße
Alatseestraße
Mühlbachgasse
Forchenweg
Lech
Kienberg 1383m

Füssen mit dem Hohen Schloss. Foto: Füssen Tourismus und Marketing / www.guenterstandl.de

Reichenstraße auf den Spuren der Römerstraße

Kloster St. Mang.  Reichenstraße. Fotos: Tschaikner

Kristalltherme

Reste eines römischen Badehauses in Schwangau. Foto: Peter Schäffer

Die ersten Bergkämme bilden an der deutsch-österreichischen Grenze ein Tor, durch das die Via Claudia Augusta in die Alpen und in die Naturparkregion Reutte in Tirol führt. Dort beginnt jener Teil des Lech, der als einziger in den Nordalpen auf weiten Strecken ursprünglich bleiben durfte. Ausgedehnte Schotterbänke und mitunter das ganze Tal umfassende Aulandschaften dominieren das Reich des letzten Wilden, wie der Fluss in der ihm gewidmeten Naturpark-Ausstellung genannt wird. Der Lech bestimmt auch seit jeher, wo Siedlungen entstehen und Straßen verlaufen konnten. Weil immer wieder Teile des Tales komplett überflutet waren, führte die römische Trasse der Via Claudia Augusta schon von Füssen bis ins Reuttener Becken über 2 Anhöhen – über den Bergrücken zwischen Stiglberg und Kratzer und über den Kniepass.

## Autoroute von Füssen nach Reutte

Erst geht es um die Füssener Altstadt herum. Vom Süden der Brücke, die den Lech ungefähr da quert, wo die Römerstraße den Fluss querte, hat man einen tollen Blick auf das historischen Zentrum. Dann geht es auf der malerischen alten Landstraße, die rechts und links von Bäumen gesäumt wird über die österreichische Grenze. Danach führt die Route durch das malerische Unter- und Oberpinswang, bevor es über den Kniepass nach Pflach geht.

## ergänzende Details zu einigen Sehenswürdigkeiten

Auf einer Brücke über dem Lechfall kann man beobachten, wie der Fluss tosend aus den Alpen springt. Ab dort war und ist der Lech floßbar.

Das Walderlebniszentrum Füssen macht den Lebensraum Wald, zwischen dem Wildfluss und den Steilhängen des Allgäuer Bergwaldes, in seiner ursprünglichen Form erlebbar – mit einer Ausstellung und Erlebnispfaden. Besonderes Highlight ist der 480 m lange und 21 hohe Baumkronenweg. Tiroler Str. 10, Füssen, 0043(0)8362 93875–50, geöffnet 1. Mai – 31. Okt. tägl. 10 – 17 Uhr, 1. Nov. – 30. April Di – Do 10 – 16 und Fr 10 – 13 Uhr, zwei Erlebnispfade sind jederzeit begehbar. www.walderlebniszentrum.eu

In dem historischen Steinbruch bei Weißhaus bauten schon die Römer gelben Marmor ab. Ein in Kempten ausgestellter Sarkophag, wurde z. B. aus diesem Marmor gefertigt.

In der Innenseite einer Straßenkurve erinnert eine Gedenkta-

fel an den Neubau der Straße 1772 - 1784, um den Stiglberg herum. Bis zum Neubau war die Römerstraße über den Bergrücken die Hautpstraße.

Vom 18 m hohe Vogelbeobachtungsturm an den Lechauen hat man einen tollen Ausblick auf die interessanten Lebensräume. Schautafeln erklären, was der Besucher sieht. Am Turm beginnt auch ein Vogelerlebnispfad rund um ein Stillwasser. Im Auwald und am nahen Lechufer ist die  Fauna und Flora hautnah zu erleben.

## Geschichte(n)

Weil immer wieder Teile des Tales komplett überflutet waren, führte die römische Trasse der Via Claudia Augusta schon von Füssen bis ins Reutener Becken über 2 Anhöhen – über den Bergrücken zwischen Stiglberg und Kratzer und über den Kniepass.

Die mittelalterliche bzw. neuzeitliche Nachfolgestraße der Via Claudia Augusta ist als „Salzstraße" bekannt. Im Unterschied zum ersten europäischen Binnenmarkt in der Römerzeit, ohne Maut und Zölle, galt an der Salzstraße das sehr protektionistische Rodfuhrwesen. Lokale Fuhrunternehmer hatten für gewissen Waren das exklusive Transportrecht auf kurzen Strecken zwischen den Niederlage-Orten, wo die Ware umgeladen werden musste. Adelige oder Kaufleute, die die Straßen wieder in Schuss brachten verlangten Maut. Die Fürsten kassierten Zölle.

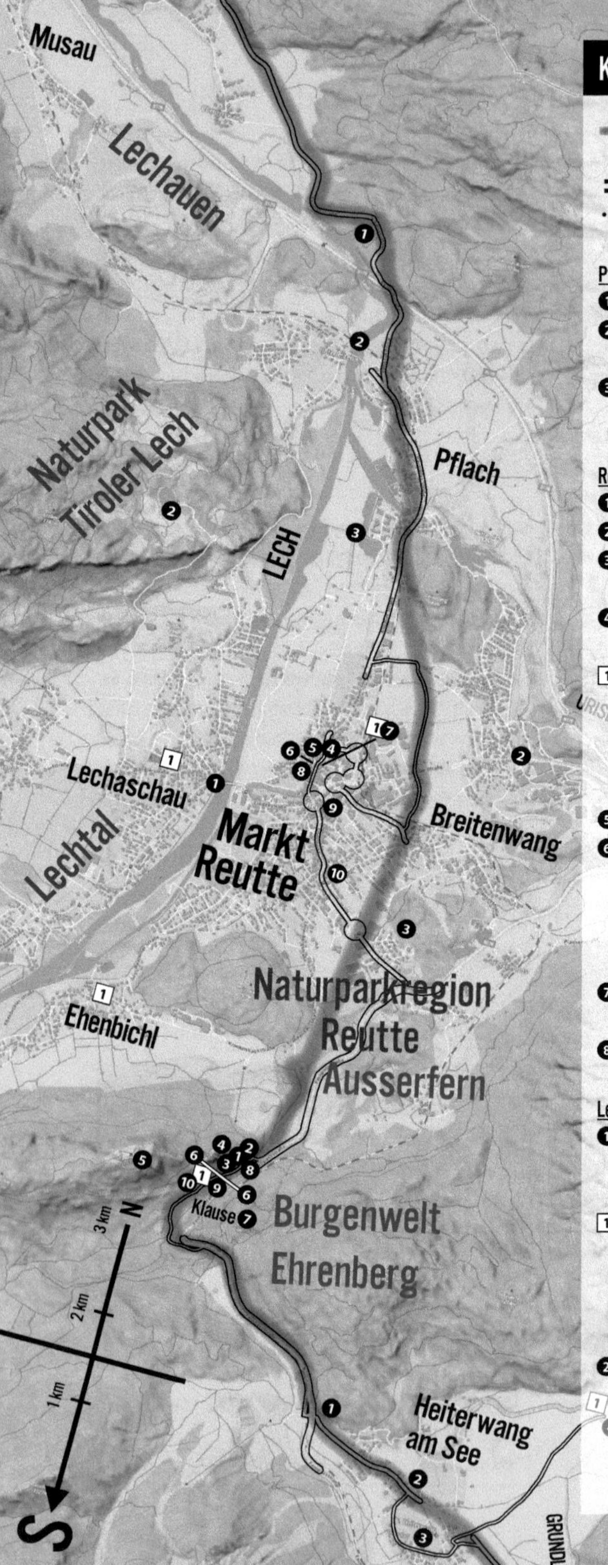


## Karte 14

— Römische Trasse der Via Claudia Augusta

= Auto-Reise-Route

···· Spaziergang

### Pflach

1 Kniepass

2 Denkmalgeschützte Bahnbrücke

3 Vogelbeobachtungsturm

### Reutte, Breitenwang

1 Dekanatspfarrkirche

2 Salzstadl

3 Heimatmuseum „Grünes Haus"

4 Historischer Gasthof „Zum Mohren"

☐1 Gasthof Hotel Zum Mohren****, Untermarkt 26, www.hotel-mohren. at, 0043(0)5672 62 345, V

5 Zeilerhaus

6 Bezirkshauptmannschaft im ehemaligen Kornhaus und Gemeindeamt im historischen Gasthof

7 Via-Claudia-Augusta-Brunnen

8 Alte Gasthöfe

### Lechaschau

1 Brücke, wo einst die Salzstraße über den Lech führte

☐1 Hotel Romantik Krone, Wängler Str. 6, www. romantik-krone.at, 0043(0)5672 62 354, IV-V

2 Frauensee

### Ehenbichl am Fuße Ehrenbergs

☐1 Wander-Hotel Maximilian, Reuttenerstr. 1, www.hotelmaximilian.at, 0043(0)5672 62 585, V

### Ehrenberg

1 Besucherzentrum der „Burgenwelt Ehrenberg" Klause 1, www.ehrenberg.at, 0043(0)5672 62007

2 „Ehrenberger Klause" mit Erlebnis-Museum „Dem Ritter auf der Spur"

3 Naturausstellung „Der letzte Wilde" des Naturparks Tiroler Lech

4 „Burgruine Ehrenberg"

5 Barocke Schaufestung „Schlosskopf" mit Ausblick auf das Lechtal

6 „highline179" eine der längsten Fußgänger-Hängebrücken der Welt

7 „Fort Claudia"

8 mittelalterlicher Festsaal „Ehrenberg Arena"

☐1 Hotel-Gasthof Klause der Burgenwelt Ehrenberg, Klause 2-5, www.ehrenberg.at, 0043(0)5672 62213, II-V

9 Restaurant im verlagerten „Salzstadel" von Lermoos

10 Alte Kaserne

### Heiterwang am See

1 Beginn neue Ortsumfahrung Heiterwang

2 Alte Bundesstraße auf den Spuren der Römer

3 Spätmittelalterliche Ortsdurchfahrt

4 Anlegestelle Ausflugsschiff Heiterwangersee

Burgruine Ehrenberrg

Lechfall südlich von Füssen

Baumkronenpfad im Walderlebniszentrum Füssen

Dekanatspfarrkirche Breitenwang

ehemalige Gasthöfe an der Straße

Heimatmuseum im Grünen Haus in Reutte

Erlebnisausstellung „Dem Ritter auf der Spur

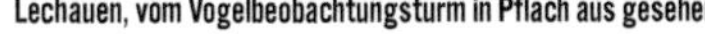

Lechauen, vom Vogelbeobachtungsturm in Pflach aus gesehen

Die römische Trasse der Via Claudia Augusta verlief durch das heutige Gemeindegebiet von Breitenwang, wo sich vermutlich eine Straßenstation befand — unmittelbar bevor die Römerstraße nach Ehrenberg anstieg. Reutte blühte mit der Nachfolgestraße der Via Claudia Augusta auf — der Salzstraße von Hall in Tirol über den Fernpass in den Bodenseeraum. 1464 wurde die erste Brücke zwischen Lechaschau und Reutte gebaut und die Straße von Breitenwang nach Reutte verlegt. 1489 wurde die Gemeinde zum Markt und entwickelte sich zum Bezirkszentrum des Tiroler Ausserfern. Zahlreiche Gebäude zeugen von dieser Zeit. Charakteristisch für Reutte sind die Architekturmalereien an den Fassaden, von denen viele von der Künstlerfamilie Zeiler stammen. Südlich von Reutte thront das Burgenensemble Ehrenberg, dessen vier Festungsanlagen einst eine Talsperre gegen Bayern bildeten. Es gab sogar Vorfestungen zwischen Pflach und Pinswang bzw. Musau, wo einst die Grenze verlief. Vils war übrigens eine bayerische Stadt mit Stadtmauer.

## Nach Breitenwang

Auf einem kleinen Nebensträßchen, unter dem heute die Römerstraße begraben liegt, geht es nach Breitenwang. Unter der Dekanatspfarrkirche liegt vermutlich eine römische Straßenstation. Dann geht es aber der Touristinfo am Untermarkt und Obermarkt durch die Marktgemeinde Reutte. Die Straße durchs Zentrum entspricht ab dem Kreisverkehr der Salzstraße zwischen Hall in Tirol und dem Bodenseeraum. Nach kurzer Zeit auf der Fernpass-Bundesstraße führt die Route durch die Zollstation „Ehrenberger Klause".

## Breitenwang, das geistige Zentrum des Außerfern

1278 wird von „Ruhi prope Breitwanch" (Reutte bei Breitenwang) geschrieben, was zeigt, dass der Ort damals noch bedeutender als der heutige Bezirkshauptort Reutte war. Breitenwang ist vermutlich die älteste Siedlung im Tiroler Außerfern und noch heute das geistliche Zentrum. Dass die Dekanats-Pfarrkirche früher Petrus geweiht war, deutet auf spätrömische Wurzeln hin. Es wird auch vermutet, dass sich die römische Straßenstation im Bereich der Kirche befand. In der Totenkapelle der nunmehr den Hl. Petrus und Paulus geweihte Pfarrkirche befindet sich ein berühmter stuckierter Totentanz von Thomas Seitz. Geöffnet täglich 8 — 17 Uhr.

## Das Zentrum der Marktgemeinde Reutte

Das von der Salzstraße geprägte Reutte beginnt am Untermarkt — mit dem Salzstadel und dem typisch bemalten Museum im Grünen Haus auf der rechten Seite des Gässchens. Alte Gasthöfe, Bürger- und Handwerkerhäuser säumen auch den anschließenden Obermarkt. Das Haus, in dem heute die Bezirkshauptmannschaft sitzt, ist das ehemalige Kornhaus. Der Via-Claudia-Augusta-Brunnen am Isserplatz unterstreicht die heutige Bedeutung der Römerstraße für die Gemeinde. Museum im Grünen Haus, 6600 Reutte, Untermarkt 25, +43 (0)5672 72 304. geöffnet Di — Sa 13 — 17:00 Uhr und nach Vereinbarung, www.museum-reutte.at

## Special: Die Burgenwelt Ehrenberg

Die 4 Festungen des Festungsensembles Ehrenberg und Mauern dazwischen bildeten einst eine durchgehende Talsperre. Jeder Reisende musste durch das Tor der Klause, über der die Festung Ehrenberg thront. Fort Claudia auf der Anhöhe im Osten und die Barockfestung Schlosskopf komplettieren das Ensemble. In der Klause ist heute die Erlebnisausstellung „Dem Ritter auf der Spur" untergebracht. Gleich daneben ist in einem Neubau die Naturparkausstellung „Der letzte Wilde" zu sehen. Die Ruine der höchstgelegenen Festung Schlosskopf ist heute eine barocke Festungs-Schau-Baustelle und bietet einen herrlichen Ausblick auf das Lechtal. Von der Festung Ehrenberg und einem Hornwerk, die auch mit einem Schrägaufzug barrierefrei zu erreichen sind, gelangt man über eine der längsten Fußgänger-Hängebrücken der Welt, der Highline 179, zum Fort Claudia.

## Special: Naturpark Tiroler Lech

Der letzte Wildfluss im nördlichen Alpenraum darf noch
aus eigener Kraft seinen Lauf gestalten. In seinem breiten Flussbett inszeniert er sich immer wieder von Neuem.
Flussarme verzweigen und vereinen sich. Steine aus seinen Seitentälern lagert der Fluss laufend zu mächtigen
Kies- und Schotterbänken um. Das wirklich Beständige ist
die stetige Veränderung. Weite Auwälder, klare Quellseen
und die Bergwelt der Allgäuer und Lechtaler Alpen machen
den Naturpark zu einer der schönsten und urtümlichsten
alpinen Landschaften. Flussauen sind die „Dschungel" von
Mitteleuropa. 1116 oder ein Drittel aller in Tirol heimischen
Pflanzen wachsen im Naturpark. Davon sind ein Drittel
oder 392 Arten als sehr wertvoll oder gefährdet einge-
stuft. Die neue Naturausstellung „Der letzte Wilde" in der
Burgenwelt Ehrenberg macht den Naturpark und seine
Besonderheiten in neun Themeninseln mit allen Sinnen
erlebbar. Klause 1, +43 (0)5672 62007 geöffnet tägl. von
10 – 17 Uhr. Ab Mitte Nov. bis einschließlich 25. 12. 2014
geschlossen. www.naturpark-tiroler-lech.at

Im Anstieg vom Reuttener Becken zur Ehrenberger Klause
sind Reste einer Ersatz-Straße zu sehen, auf der der Verkehr weiterlaufen konnte, während die neue „Salzstraße"
errichtet wurde. Der Verkehr war offenbar immer noch
oder wiederum beträchtlich. In der Karte ist der Verlauf
der Römerstraße eingezeichnet. Der Schotterweg hinauf
nach Ehrenberg, entspricht der Salzstraße. Auf halbem
Weg ist auch die Römerstraße zu entdecken, die den
Schotterweg quert.

## Geschichten(n)

Die Römerstraße Via Claudia Augusta wurde im Mittelalter
weitergenutzt. Obwohl sie kaum in Stand gehalten
wurde, hielt die gut gebaute „antike Alpenautobahn" dem
Verkehr lange Stand. Mit der Zeit gab es aber immer mehr
Probleme mit den schlechter werdenden Straßen. Insbesondere in den Alpen war das Reisen nicht ungefährlich.
An Reisegeschwindigkeiten, wie man sie in der Antike
kannte, war nicht mehr zu denken. Teilweise gab es auch
Straßen, die nicht mehr benutzbar waren. Um den Handel
wieder zu beleben, begannen Landesfürsten und Kaufleute gegen Ende des Mittelalters die alten Verkehrsverbin-
dungen wieder in Stand zu setzen bzw. neue Straßen zu
errichten. Die Grafschaften und regionalen Kaufleute hatten dafür natürlich weniger Mittel zur Verfügung als das
europa-weite römische Reich mit zentraler Steuer-Hoheit.
Die neuen Straßen-Führungen waren des halb möglichst
einfach und kostengünstig. Anfang Neuzeit wurde die
Straße über den Fernpass verbessert und abschnittswei-
se neu errichtet.

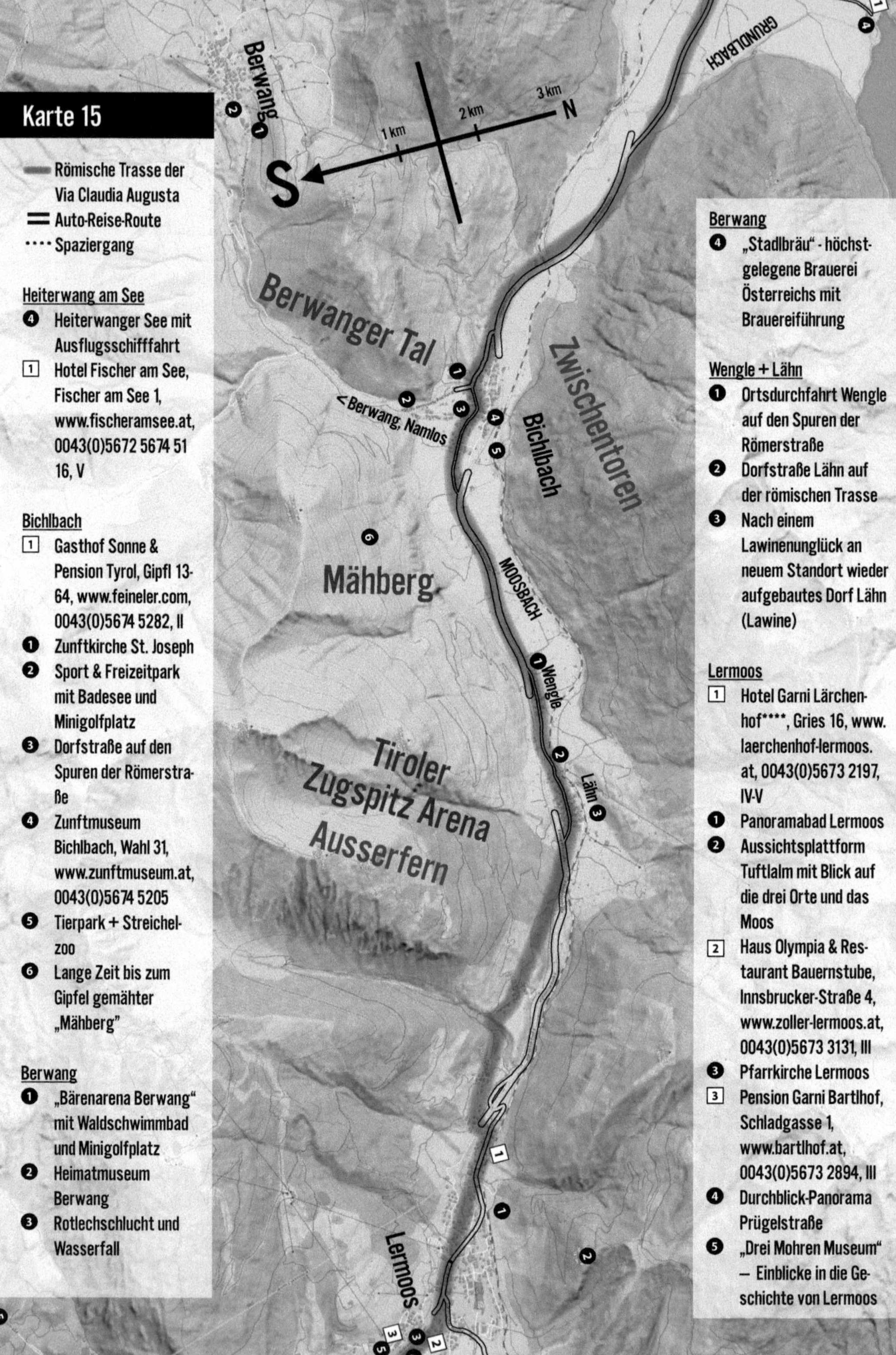


## Karte 15

Römische Trasse der Via Claudia Augusta
Auto-Reise-Route
Spaziergang

### Heiterwang am See

❹ Heiterwanger See mit Ausflugsschifffahrt
1️⃣ Hotel Fischer am See, Fischer am See 1, www.fischeramsee.at, 0043(0)5672 5674 51 16, V

### Bichlbach

1️⃣ Gasthof Sonne & Pension Tyrol, Gipfl 13-64, www.feineler.com, 0043(0)5674 5282, II
❶ Zunftkirche St. Joseph
❷ Sport & Freizeitpark mit Badesee und Minigolfplatz
❸ Dorfstraße auf den Spuren der Römerstraße
❹ Zunftmuseum Bichlbach, Wahl 31, www.zunftmuseum.at, 0043(0)5674 5205
❺ Tierpark + Streichelzoo
❻ Lange Zeit bis zum Gipfel gemähter „Mähberg"

### Berwang

❶ „Bärenarena Berwang" mit Waldschwimmbad und Minigolfplatz
❷ Heimatmuseum Berwang
❸ Rotlechschlucht und Wasserfall

### Berwang

❹ „Stadlbräu" - höchstgelegene Brauerei Österreichs mit Brauereiführung

### Wengle + Lähn

❶ Ortsdurchfahrt Wengle auf den Spuren der Römerstraße
❷ Dorfstraße Lähn auf der römischen Trasse
❸ Nach einem Lawinenunglück an neuem Standort wieder aufgebautes Dorf Lähn (Lawine)

### Lermoos

1️⃣ Hotel Garni Lärchenhof****, Gries 16, www.laerchenhof-lermoos.at, 0043(0)5673 2197, IV-V
❶ Panoramabad Lermoos
❷ Aussichtsplattform Tuftlalm mit Blick auf die drei Orte und das Moos
2️⃣ Haus Olympia & Restaurant Bauernstube, Innsbrucker-Straße 4, www.zoller-lermoos.at, 0043(0)5673 3131, III
❸ Pfarrkirche Lermoos
3️⃣ Pension Garni Bartlhof, Schladgasse 1, www.bartlhof.at, 0043(0)5673 2894, III
❹ Durchblick-Panorama Prügelstraße
❺ „Drei Mohren Museum" – Einblicke in die Geschichte von Lermoos

Ab Heiterwang mutet die Landschaft deutlich alpiner an. Man sieht ihr an, dass sie im Frühjahr länger vom Schnee bedeckt ist. Was dem Urlaub besonderen Reiz verleiht, bedeutete für die Bauern seit jeher besonders viel Arbeit für wenig Ertrag. Das Gebiet zwischen den zwei Toren Ehrenberg und Fernstein, "Zwischentoren", lebte deshalb lange Zeit zu einem besonders großen Teil von der Straße. Viele hatten eine kleine Bauernschaft zur Selbstversorgung und arbeiteten zudem als Fuhrunternehmer oder verdienten mit anderen Leistungen für die Durchreisenden Geld. Um für die eigenen und fremden Tiere genügend Futter zu haben, wurden die Berghänge zwischen Heiterwang und Bichlbach — heute noch sichtbar — bis zu den Gipfeln gemäht. Als die Straße, erst mit dem Bau der Arlberg Passstraße und noch mehr mit der Arlberg-Bahn, ihre Bedeutung verlor, war die Bevölkerung bettelarm und zog als Wanderhandwerker und Schwabenkinder in die Ferne.

## Die Route von Ehrenberg bis Lermoos

Wie die römische Trasse und die Salzstraße führt die Reiseroute durch das Tor der Klause Ehrenberg. Über viele Jahrhunderte war das die einzige Möglichkeit, um die Talsperre zu passieren, an der Fuhrleute Zoll zu zahlen hatten. Heute wird Ehrenberg von eiligen Reisenden umfahren, genauso wie der folgende Ort Heiterwang. Die neue Ortsumfahrung ist nicht die erste Verlagerung der Straße. Die Römerstraße führte kerzengerade durch das Gemeindegebiet, die Salzstraße, in einem langen Bogen durch den Ortskern und die bis vor wenigen Jahren aktuelle alte Bundesstraße wieder geradeaus. Vom Ort bekommt der Reisende am meisten zu sehen, wenn er am Ortsrand rechts dem langen Bogen der alten Straße durch den Ortskern folgt, an dem sich viele alte Häuser aneinanderreihen. Vor der Pfarrkirche Maria Himmelfahrt, mit in Ansätzen erkennbaren gotischen Elementen, lockt ein Abstecher zum Heiterwanger See. Bichlbach am Eingang ins Hochtal von Berwang und Namlos war einst Zunftzentrum des Außerfern. Davon zeugen Österreichs einzige Zunftkirche und das Zunftmuseum Bichlbach. Auch ein Abstecher von der Bundesstraße in die beschaulichen kleinen Örtchen Wengle und Lähn lohnt. Lähn verdankt seinen Namen einem Lawinenunglück, nach dem es an anderer Stelle neu aufgebaut wurde. Der Ortsname bedeutet auf Tirolerisch „Lawine".

## Zunftkirche und Zunftmuseum Bichlbach

Die in der Zunftbruderschaft St. Joseph zu Bichlbach vereinten Außerferner waren bekannt als gute Bauhandwerker, die nach dem Bedeutungsverlust der alten Straße in großer Zahl in die Ferne zogen. Davor trafen sie sich regelmäßig in der Zunftkirche St. Joseph, in der auch einiges ihrer Handwerkskunst zu bestaunen ist. Das Zunftmuseum Bichlbach im alten Mesnerhaus, nahe der Pfarrkirche, ist dem Zunftwesen und den geschätzten Außerferner Zimmerern, Maurern, Malern und Bildhauern gewidmet. Das Haus wurde von Ehrenamtlichen in vielen Arbeitsstunden renoviert und ist heute auch kultureller Treffpunkt, der neben dem Museum die Bücherei und die Touristinfo beherbergt.
■ Wahl 31a, Bichlbach, 0043(0)5674 5205, geöffnet Mo – Fr 8 – 12 Uhr und jeden Di 19:30 – 22 Uhr. www.zunftmuseum.at

## Heiterwanger See - Historisches Fischwasser

Heiterwang verdankt den vielen Fischen im See seine erste Erwähnung im Jahre 1288. Auch Kaiser Maximilian I. fischte und jagte gern in der Gegend. Der ursprünglich 68 cm höher gelegene Heiterwanger See ist heute über einen Kanal mit dem Plansee verbunden, der auf den Gemeindegebieten von Reutte bzw. Breitenwang liegt. Beide Seen besitzen eine hohe Wasserqualität, die nicht nur die Fische schätzen. Mit ihrer großen Sichttiefe sind die 60 – 77 Meter tiefen Seen auch bei Tauchern sehr beliebt. Mit einem der höchst gelegenen kommerziellen Schifffahrtslinien in Österreich sind beide auch über Wasser zu erleben.    Fischer am See 1, 6611 Heiterwang, 0043(0)5674 5116, Abfahrtszeiten: 10:10, 11:00, 13:10, 14:00, 15:10, 16:00. www.fischeramsee.at

**Übernachtungs- und Camping-Möglichkeiten im Anhang und in den Karten**

**Fragen und Auskunft zum Teilabschnitt**

■ Touristinfo 6611 Heiterwang am See
Oberdorf 4, 0043(0)5673 20000–700
■ Touristinfo 6621 Bichlbach
Wahl 31a, 0043(0)5673 20000–500
■ Hotline Via Claudia Augusta 0043(0)664 27 63 555

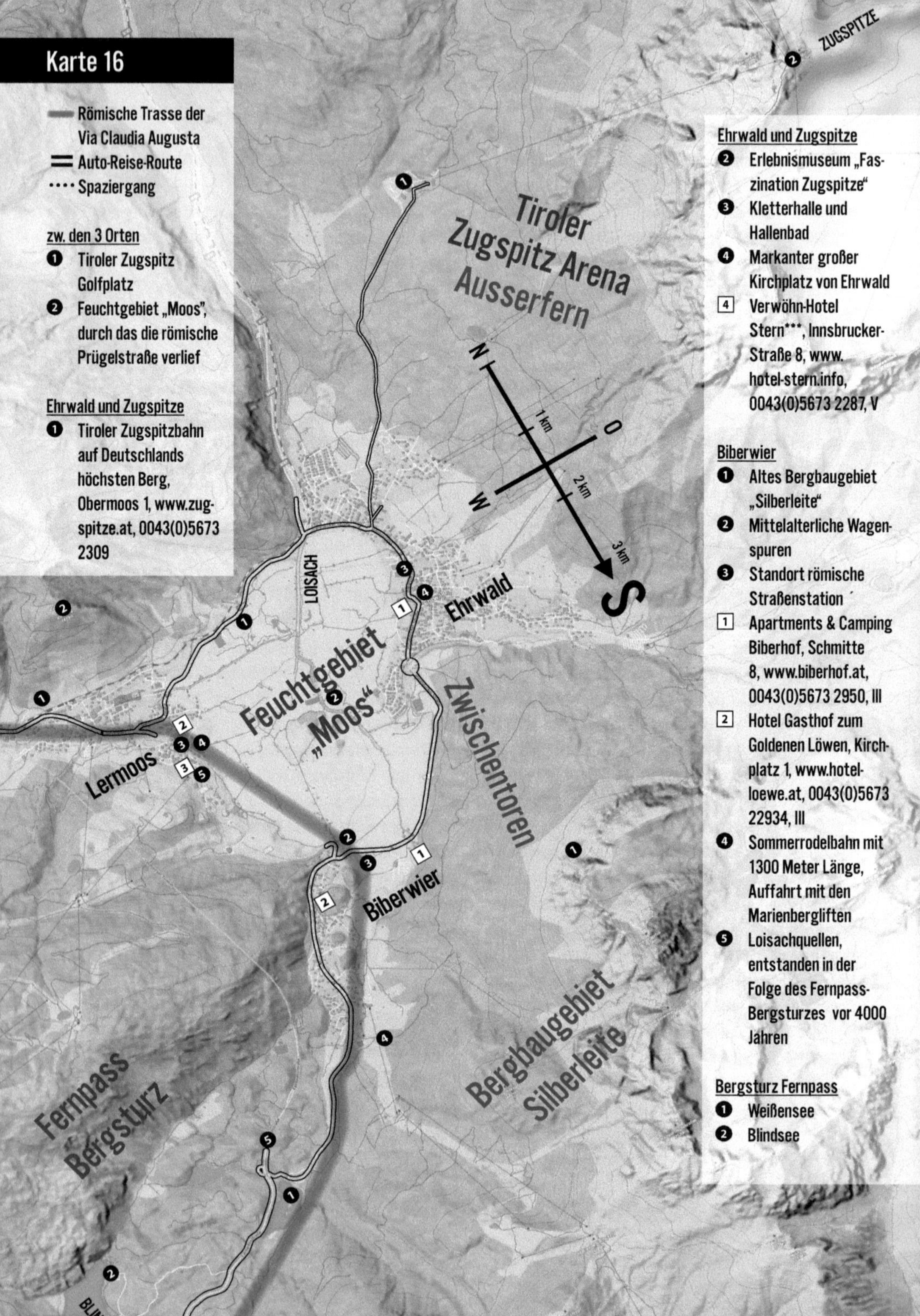

Karte 16

Römische Trasse der
Via Claudia Augusta
Auto-Reise-Route
Spaziergang

zw. den 3 Orten
1 Tiroler Zugspitz
Golfplatz
2 Feuchtgebiet „Moos",
durch das die römische
Prügelstraße verlief

Ehrwald und Zugspitze
1 Tiroler Zugspitzbahn
auf Deutschlands
höchsten Berg,
Obermoos 1, www.zug-
spitze.at, 0043(0)5673
2309

ZUGSPITZE

Ehrwald und Zugspitze
2 Erlebnismuseum „Fas-
zination Zugspitze"
3 Kletterhalle und
Hallenbad
4 Markanter großer
Kirchplatz von Ehrwald
4 Verwöhn-Hotel
Stern***, Innsbrucker-
Straße 8, www.
hotel-stern.info,
0043(0)5673 2287, V

Biberwier
1 Altes Bergbaugebiet
„Silberleite"
2 Mittelalterliche Wagen-
spuren
3 Standort römische
Straßenstation
1 Apartments & Camping
Biberhof, Schmitte
8, www.biberhof.at,
0043(0)5673 2950, III
2 Hotel Gasthof zum
Goldenen Löwen, Kirch-
platz 1, www.hotel-
loewe.at, 0043(0)5673
22934, III
4 Sommerrodelbahn mit
1300 Meter Länge,
Auffahrt mit den
Marienbergliften
5 Loisachquellen,
entstanden in der
Folge des Fernpass-
Bergsturzes vor 4000
Jahren

Bergsturz Fernpass
1 Weißensee
2 Blindsee

Tiroler
Zugspitz Arena
Ausserfern

N
1 km
2 km
3 km
W
O
S

LOISACH

Ehrwald

Feuchtgebiet
„Moos"

Lermoos

Zwischentoren

Biberwier

Fernpass
Bergsturz

Bergbaugebiet
Silberleite

BLINDS

Wenn man nach Lermoos kommt, versteht man, warum sich die Region „Tiroler Zugspitz Arena" nennt. In der Manege liegt das malerische Feuchtgebiet „Moos", durch das einst – auf 1000en Baumstämmmen gelagert – die Via Claudia Augusta führte. In den Logenplätzen rundum sitzen die quirligen Ferienorte Ehrwald, Lermoos und Biberwier. Die Tribünen der Arena bildet die sagenhafte Bergwelt. Der bekannteste Gipfel ist die Zugspitze, Deutschlands höchster Berg, auf den man seit 1926 mit der Tiroler Zugspitzbahn ab Ehrwald gelangt. Ihr Bau war nach dem wirtschaftlichen Bedeutungsverlust der alten Straße ein Symbol für den Start in eine neue wirtschaftliche Zukunft „Zwischentorens" im Tourismus.

## Durch die Naturarena am Fuß der Zugspitze

Die Fernpass Bundesstraße führt heute durch den Lermooser Tunnel an den Orten vorbei zum Fernpass. Die Reiseroute verlässt die Bundesstraße bei der Ausfahrt Lermoos und führt wie die Römerstraße durch die Naturarena. Um dem Reisenden alle drei Ferienorte zu zeigen, steuert sie allerdings nicht wie die historischen Straßenverbindungen direkt von Lermoos nach Biberwier, sondern um das Feuchtgebiet Moos herum durch Lermoos, Ehrwald und Biberwier.

## Lermoos lebte von der Straße

Die Straße verlieh der bedeutendsten Tourismusgemeinde im Außerfern schon seit Jahrhunderten wirtschaftliche Wichtigkeit. Sie gilt als einer der ältesten Orte im Bezirk. Schon 1020 taucht erstmals ein „Larinmoos" auf, das so viel wie Lärchenmoos bedeutet. Zu Zeiten der Salzstraße befand sich oberhalb der Pfarrkirche Hl. Katharina ein Warenzwischenlager, in dem die Waren abgeladen und auf die Wagen der örtlichen Fuhrleute geladen werden mussten. Unterhalb der Kirche, am Eingang in das „Moos", zeichnet ein Durchblick-Panorama die römische Prügelstraße wieder in die Landschaft. Wer sie orten möchte, braucht nur durch das Moos zu springen. Generell ist der Moorboden weich. Wo die Straße begraben liegt, ist der Boden fest.

## Fasstauben, made in Ehrwald

Mehrere Gräber aus römischer Zeit belegen die frühe Besiedelung. Zur Zeit der Salzstraße lebten viele Ehrwalder von der Herstellung von Tauben für die Haller Salzfässer. Im 19 Jh. war in der größten Gemeinde der Region die Heimindustrie der Kamm-, Pfeifenmacher und Pfeifenspitzdreher verbreitet. Eine neue wirtschaftliche Blüte begann mit der Tiroler Zugspitzbahn. Ein Spezifikum von Ehrwald, ist der besonders weitläufige Kirchplatz. Ehrwald genießt auch den Ruf eines Künstlerdorfes. Ludwig Ganghofer, der Dirigent Clemens Kraus, seine Gattin, die Opernsängerin Viorica Ursuleac und der Maler Rudolf Schramm-Zittau lebten zeitweise in der Gemeinde. Ihre Grabdenkmäler befinden sich ebenso im Friedhof, wie das des Historikers und Unterrichtsministers Heinrich v. Srbik. Am Friedhof befinden sich auch zahlreiche der kunstvollen Grabkreuze des tirolweit anerkannten Kunstschmiedes Franz Guem.

## Bergbauort Biberwier

Auf der Wiese nordöstlich des Ortes lag die letzte römische Raststation vor dem Fernpass. Wagenspuren im Fels unterhalb der ersten Kurve, Richtung Lermoos, stammen aus späterer Zeit. Da die Erhaltung der Prügelstraße nicht mehr zu bewerkstelligen war, führte die Salzstraße kurvig am Hang entlang. Der kleinste der drei Orte im Becken war auch bedeutendster Bergbauort im Außerfern. Auf der Silberleithe oberhalb von Biberwier wurden Fahlerze abgebaut, mit denen in Schwaz aus dem Gestein das Silber gewonnen wurde. Bis 1921 war der Bergbau aktiv.

## Special: Heiterwanger See

Heiterwang verdankt den vielen Fischen im See seine erste Erwähnung im Jahre 1288. Auch Kaiser Maximilian I. fischte und jagte gern in der Gegend. Der ursprünglich 68 cm höher gelegene Heiterwanger See ist heute über einen Kanal mit dem Plansee verbunden, der auf den Gemeindegebieten von Reutte bzw. Breitenwang liegt. Beide Seen besitzen eine hohe Wasserqualität, die nicht nur die Fische schätzen. Mit ihrer großen Sichttiefe sind die 60 – 77 Meter tiefen Seen auch bei Tauchern sehr beliebt. Mit einem der höchst gelegenen kommerziellen Schifffahrtslinien in Österreich sind beide auch über Wasser zu erleben.   Fischer am See 1, 6611 Heiterwang, +43 (0)5674 5116, Abfahrtszeiten: 10:10, 11:00, 13:10, 14:00, 15:10, 16:00. www.fischeramsee.at

## Special: Römische Prügelstrasse durchs Moos

46 n. Chr. ließ Claudius die einzige Kaiserstraße über die Alpen errichten. Tausende Pioniere und  Sklaven waren damit beschäftigt. Eine ihrer Meisterleistungen war der schnurgerade Prügelweg durch das Moor zwischen Lermoos und Biberwier. Mit Pionieräxten fällten sie Tausende Bäume für den Unterbau, der die Straße auf dem weichen Untergrund tragen sollte. Darauf wurde mit Körben der Schotter aufgeschüttet. Auch die Straßengräben wurden nur mit Spaten gegraben. Im Sommer die Mücken, im Herbst nasse, eiskalte Füße - trotz des herrschenden Pioniergeistes dürften die Soldaten Claudius und seine Baumeister nicht nur einmal verdammt haben. Die Straße hätte ja auch - wie heute - den Hang entlang führen können! Aber die römische Straßenbauphilosophie war nun einmal geradeaus ohne Kompromisse. Die laufende Instandhaltung war Aufgabe der Bevölkerung - eine große Belastung, vor allem als die Straße mangels militärischer Priorität mehr als 100 Jahre nicht generalsaniert wurde. Verständlich, dass man damals nicht gerade gut auf Rom zu sprechen war. Eine Meisterleistung vollbrachten auch die Archäologen, die 1992 bis 1995 - wie die Römer mit dem Grundwasser ringend - Schicht für Schicht der einzigartigen insgesamt 1,8 Meter hohen Moorstraße freilegten und erforschten. Zur Konservierung im Moor musste die Originalstraße wieder zugeschüttet werden. Vielleicht gelingt es aber, ein Stück nachzubauen.

## Special: Zugspitze – Römerstraße aus 2962 m

In der Tiroler Zugspitz Arena berührt die Via Claudia Augusta den Fuß von Deutschlands höchstem Berg. Die große Höhe erlaubt einen herrlichen Blick in alle Richtungen – auf die Bergwelt, aber auch auf das Gebiet, das die Römerstraße im bayerischen Alpenvorland durchquert, auf die historische Trasse durch das Becken unterhalb des markanten Berggipfels und auf den Fernpass. Mit der Tiroler Zugspitzbahn, die in den 30er-Jahren ein Meilenstein in der Entwicklung zur Tourismusregion und einer neuen wirtschaftlichen Perspektive darstellte, gelangt man in wenigen Minuten auf den Berg mit Aussichtsplattform und Gastronomie auf deutscher und österreichischer Seite sowie dem Museum „Faszination Zugspitze", das u. a. die Geschichte des Baus der Bergbahn erzählt. ■ Talstation Tiroler Zugspitzbahn, Obermoos 1, 6632 Ehrwald, 0043(0)5673 2309, Betriebszeiten: 24. Mai – 2. Nov, 8:40 – 16.40 Uhr, www.zugspitze.at

**Regionale Küche wie vor 2000 Jahren**

■ Restaurant Bauernstube
6631 Lermoos, Innsbrucker Str. 4, 0043(0)5673 3131
■ Gasthof Panorama
6632 Ehrwald, Ebne 32, 0043(0)5673 3393
■ Hotel Gasthof Löwe
6633 Biberwier, Kirchplatz 1, 0043(0)5673 2293

**Übernachtungs- und Camping-Möglichkeiten im Anhang und in den Karten**

**Fragen und Auskunft zum Teilabschnitt**

■ Touristinfo 6631 Lermoos
Unterdorf 15, 0043(0)5673 20000–300
■ Touristinfo 6632 Ehrwald
Kirchplatz 1, 0043(0)5673 20000–200
■ Touristinfo 6633 Biberwier
Fernpaßstr. 27, 0043(0)5673 20000–600
■ Hotline Via Claudia Augusta 0043(0)664 27 63 555

Radroute zwischen Heiterwang und Bichlbach

Erfrischung am Lussbach. Foto: Anton Vorauer.

Im Zunftmsuem

Das „Moos" zwischen Lermoos, Ehrwald und Biberwier. Rechts die Zugspitze

Der besonders weitläufige Kirchplatz von Ehrwald

Römische Straßenstation und Prügelstraße. Fotos: Pöll

Der Fernpass ist ein Bergsturz, der sich den Reisenden vor 4.000 bis 5.000 Jahren in den Weg legte. Fauna und vor allem Flora mussten sich die Landschaft mühsam zurückerobern. Auch heute ist die Humusschicht noch bescheiden und man sieht es der Vegetation an, die trotz relativ geringer Höhe des Passes hochalpin anmutet (aktuelle Passhöhe 1216 Meter, römische Passhöhe 1260 Meter). Die faszinierende Landschaft wird von Pfaden und Straßen aus vorrömischer und römischer Zeit durchquert, aus der frühen Neuzeit, aus dem 19 Jh. und aus heutiger Zeit. Aktuell wird eine Untertunnelung diskutiert. Die Römerstraße Via Claudia Augusta führte von Biberwier kerzengerade auf die alte Fernpasshöhe. Ihre Trasse deckt sich in dem Bereich weitgehend mit jener der Starkstromleitung. Vom höchsten Punkt ging es, mit stetigem Gefälle am Hang entlang, zum Sameranger See hinunter. Ab dem späten Mittelalter führte die Fernpass-Straße über die heute noch aktuelle Fernpass-Höhe.

## Die Route über den Fernpass

Auf der alten Landstraße führt die Reiseroute parallel zur römischen Trasse zum Weißensee. Dort folgt sie der Fernpass-Bundesstraße, während die Römerstraße kerzengerade zur höheren alten Fernpasshöhe führt. Zur Römerzeit reisten die meisten zu Fuß. Deshalb war Steigung kein Problem. Es zählte, der kürzeste Weg. Die römische Trasse weist durch ganz Tirol nur 4 Kehren auf. 1540 bis 1543 ließ der Ehrenberger Pfleger eine neue Straße bauen, die die Bundesstraße auf der aktuellen Passhöhe quert. Schautafeln erklären die faszinierende Natur. Auf der Fahrt von der Passhöhe hinunter ist auf halbem Weg zu einer Kehre links ein Weg zu sehen, der der Römerstraße entspricht. Hoch oberhalb der Kehre liegt die alte Fernpasshöhe.

## Sieben smaragdgrüne Seen

Rund um den Fernpass liegen insgesamt sieben Seen, die nicht nur mit ihrer Farbe bestechen. Der Blindsee ist ein beliebter alpiner Badesee. Ein Sträßchen, das etwas vor der Blindseekehre von der Bundesstraße abzweigt, führt zu einem gebührenpflichtigen Parkplatz unweit des Seeufers. Ist der Schranken am Beginn der Straße geschlossen, ist kein Parkplatz mehr frei. Eine Alternative sind der Parkplatz am Weißensee und eine relativ kurze Wanderung zum See. Den Fernsteinsee genießen Kenner auf einer Bootsfahrt oder einem Spaziergang um den See.

## In die Felssturznische

Auf der Passhöhe kann der Interessierte, auf dem geschotterten Sträßchen aus der frühen Neuzeit, das heute die Via Claudia Augusta Rad- und Wanderroute ist, in die vermutete Felssturznische Afrigal spazieren. Dort befindet sich der größte Spirkenbestand der Ostalpen. Schautafeln erklären die Besonderheiten.

## Ensemble Schloss Fernstein

Am Fernsteinsee liegt das Ensemble aus Schloss Fernstein, Hotel-Restaurant, Rasthaus, Kapelle und kleiner schlosseigenen Landwirtschaft. Der Fernsteinsee ist auf einem Spaziergang zu umrunden. Über eine Brücke am Südostufer erreicht der Interessierte eine Insel mit im Wald versteckten Resten eines Lustschlosses. Herzog Siegesmund der Münzreiche hat es für seine Frau, die schottische Königstochter Eleonore, errichten lassen.

**Regionale Küche wie vor 2000 Jahren**
■ Hotel Restaurant Schloss Fernstein
6465 Nassereith, Fernstein, 0043(0)5265 5210

**Übernachtungs- und Camping-Möglichkeiten im Anhang und in den Karten**

**Fragen und Auskunft zum Teilabschnitt**
■ Touristinfo 6633 Biberwier
Fernpaßstr. 27, 0043(0)5673 20000–600
■ Touristinfo 6465 Nassereith
Postplatz 28, Tel. 0043(0)5412 6910–41
■ Via Claudia Augusta Info 0043(0)664 27 63 555

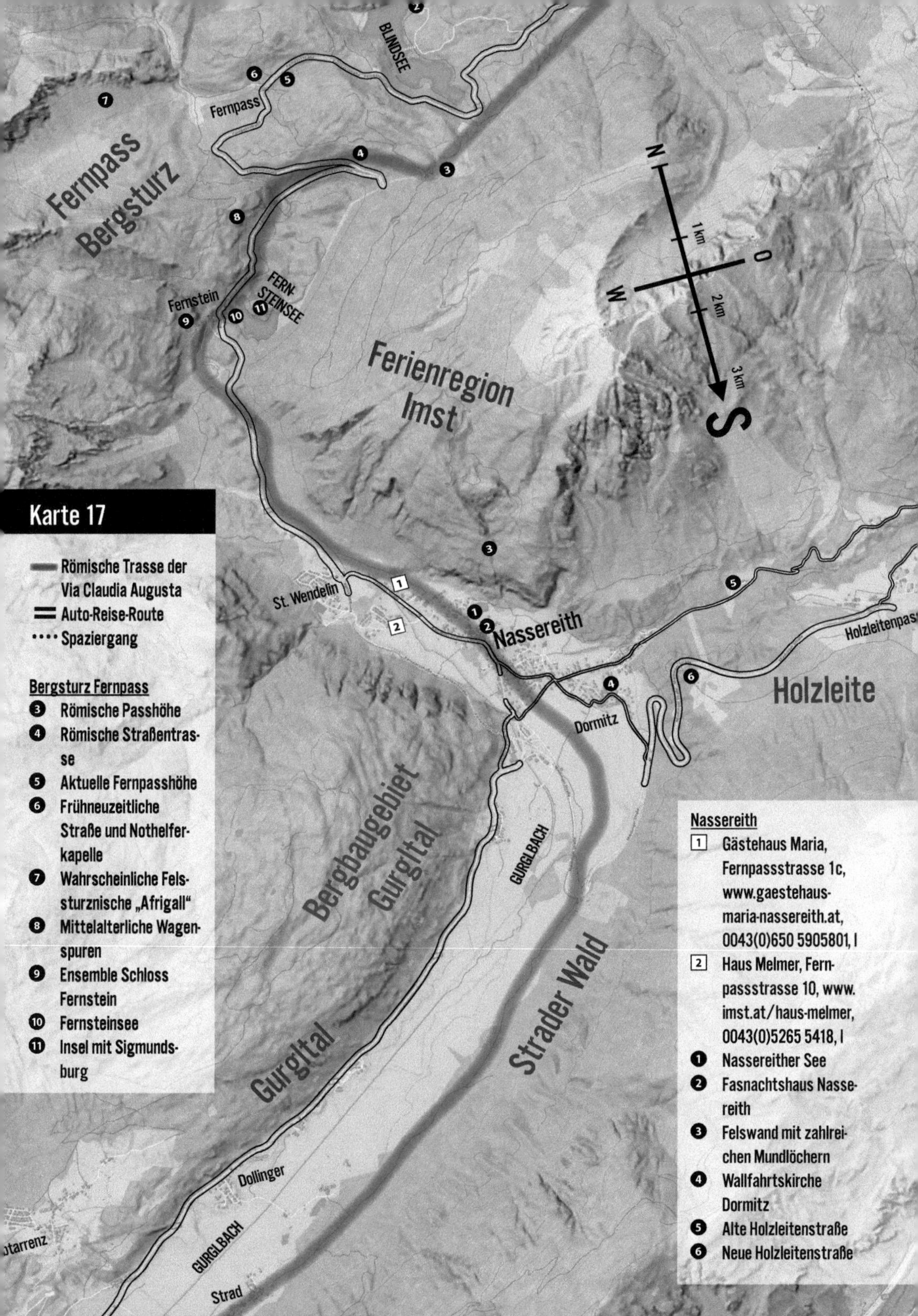

BLINDSEE
Fernpass
Fernpass Bergsturz
FERNSTEINSEE
Fernstein
Ferienregion Imst
N
O
W
S
1 km
2 km
3 km
Karte 17
Römische Trasse der Via Claudia Augusta
Auto-Reise-Route
Spaziergang
Bergsturz Fernpass
3  Römische Passhöhe
4  Römische Straßentrasse
5  Aktuelle Fernpasshöhe
6  Frühneuzeitliche Straße und Nothelferkapelle
7  Wahrscheinliche Felssturznische „Afrigall"
8  Mittelalterliche Wagenspuren
9  Ensemble Schloss Fernstein
10  Fernsteinsee
11  Insel mit Sigmundsburg
St. Wendelin
Nassereith
Dormitz
Holzleitenpass
Holzleite
Bergbaugebiet Gurgltal
Gurgltal
Gurgltal
GURGLBACH
Strader Wald
Dollinger
GURGLBACH
Strad
Nassereith
1  Gästehaus Maria, Fernpassstrasse 1c, www.gaestehaus-maria-nassereith.at, 0043(0)650 5905801, I
2  Haus Melmer, Fernpassstrasse 10, www.imst.at/haus-melmer, 0043(0)5265 5418, I
1  Nassereither See
2  Fasnachtshaus Nassereith
3  Felswand mit zahlreichen Mundlöchern
4  Wallfahrtskirche Dormitz
5  Alte Holzleitenstraße
6  Neue Holzleitenstraße

Der Fernsteinsee mit der Fernpassstraße und dem Ensemble Schloss Hotel Fernstein. Foto Schloss Fernstein

Fernpass mit Blindsee

Frühneuzeitliche Fernpassstraße

Fasnachtshaus Nassereith

Knappenwelt Gurgltal

Blick von Dormitz in das Gurgltal

Das Gurgltal ist ein Landschaftsidyll, das ideal für Naherholungswochenenden ist und Touristen in seinen Bann zieht. Schon früh war das malerische Tal besiedelt, wovon ein Heiligtum in Dollinger-Lager am Nordhang zwischen Nassereith und Tarrenz zeugt, das wahrscheinlich von der Hallstatt bis in die Römerzeit genutzt wurde. Die Römerstraße führte von Fernstein kommend sehr steil zur Pfarrkirche von Nassereith und dann auf der südlichen Talseite weiter, um der sonnenseitigen Steinschlaggefahr auszuweichen. Zwischen Strad und Tarrenz querte sie aber das Tal und führte, dem Sonnenhang entlang, Richtung Imst. Nassereith war schon in der Urgeschichte und Römerzeit ein Verkehrsknoten, an dem sich Straßen durch das Gurgltal und über das Mieminger Plateau trafen. Etwas abseits der Römerstraße Via Claudia Augusta, in Dormitz, ist eine römische Siedlung nachgewiesen. Im Strader Wald ein römischer Straßengasthof. Außerdem wird im Bereich Dormitz eine römische Straßenstation angenommen. Das Gebiet zwischen Fernpass und Imst war auch eines der bedeutendsten Bergbaugebiete Tirols, wovon in Tarrenz ein authentisch nachgebautes Bergbaudorf erzählt, die „Knappenwelt Gurgltal". Abgebaut wurden vor allem Bleiglanz, der zur Gewinnung des Schwazer Silbers benötigt wurde, und Zink. In der Bezirksstadt Imst befand sich das Berggericht, dessen Gebiet bis ins Ausserfern, zum Reschenpass und nach Vorarlberg reichte. Die Via Claudia Augusta wurde also auch als Transportweg für den Bergbau genutzt. Nicht zuletzt verbindet die große Tradition der Fasnacht die drei Gurgltaler Gemeinden Nassereith, Tarrenz und Imst.

## Die Route von Fernstein nach Imst

Der ausgedehnte Dorfkern rund um die nazarenische Pfarrkirche und den stattlichen Postplatz zeugen von der großen Zeit der Bergbaugemeinde Nassereith am Knoten der Straßen Richtung Innsbruck, Imst und Fernpass. Wie viele Orte entwickelte sich Nassereith an der Nachfolgestraße der Römerstraße. Die Reiseroute präsentiert die alte Straße auf den Holzleitensattel hinauf, Richtung Innsbruck, führt über die neue Straße wieder die Holzleite hinunter und zweigt auf halber Höhe in den Nikolaus-Wallfahrtsort Dormitz. Dort wird eine römische Straßenstation vermutet. Richtung Imst durchquert die Reiseroute Tarrenz mit zahlreichen ehemaligen oder noch aktiven alten Gasthöfen. Neben den Verdienstmöglichkeiten der Straße und dem Bergbau war Tarrenz einst der Ort der Nagelschmiede. Im Zentrum der „Tarreter Fasnacht" stehen die Hexen.

## Fasnachtshaus Nassereith

Das Fasnachtshaus begeistert mit einem Film und lebensgroßen Puppen in den Kostümen des bekannten „Schellerlaufens". Da das Museum auch Vereinshaus ist, sind auch alle Masken zu sehen. ■ Sachsengasse 81a, 0043(0)680 3131184, www.fasnacht-nassereith.at.

## „Knappenwelt Gurgltal" und „Heilerin" in Tarrenz

Die Knappenwelt ist ein Erlebnis-Dorf, das die Bevölkerung mit kundiger Anleitung entwickelt und mit Leben füllt. Es besteht aus Gebäuderekonstruktionen, Einrichtungen zur Erzgewinnung und einem Stollen. Es gibt sogar ein Knappen-Schlaflager, in dem Reisende übernachten können. Am Areal befindet sich außerdem die Ausstellung zur „Heilerin vom Gurgltal". Sie wurde als Hexe verbrannt. ■ Tschirgant 1, 0043(0)5412 63023, geöffnet 1. Mai – 31. Okt. Di – So 10 – 17 Uhr oder nach Vereinbarung.

## Biermythos auf Schloss Starkenberg (Tarrenz)

Wo einst die Ritter von Starkenberg residierten, wird seit gut 200 Jahren eines der köstlichsten Biere Tirols gebraut. Durch die Räumlichkeiten des 700 Jahre alten Schlosses führt die Erlebniswelt Starkenberger Biermythos mit Bierschwimmbad..Griesegg 1, 0043(0)5412 66 201–0, www.starkenberg.at



**Übernachtungs- und Camping-Möglichkeiten im Anhang und in den Karten**

**Fragen und Auskunft zum Teilabschnitt**
■ Touristinfo 6633 Biberwier
Fernpaßstr. 27, 0043(0)5673 20000–600
■ Touristinfo 6465 Nassereith
Postplatz 28, Tel. 0043(0)5412 6910–41
■ Via Claudia Augusta Info 0043(0)664 27 63 555

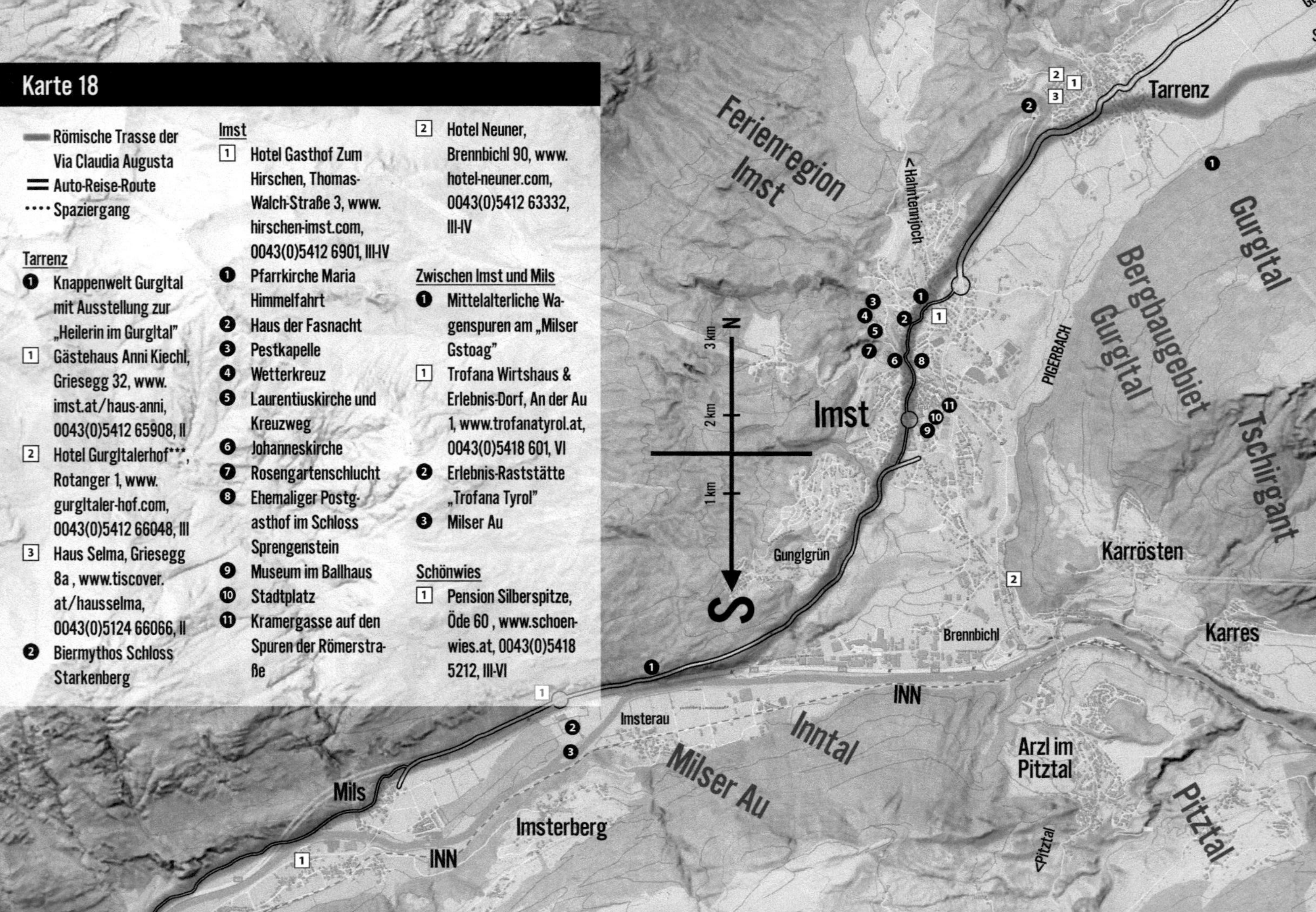

Karte 18

Römische Trasse der Via Claudia Augusta
Auto-Reise-Route
Spaziergang

Tarrenz
1 Knappenwelt Gurgltal mit Ausstellung zur „Heilerin im Gurgltal"
1 Gästehaus Anni Kiechl, Griesegg 32, www.imst.at/haus-anni, 0043(0)5412 65908, II
2 Hotel Gurgltalerhof***, Rotanger 1, www.gurgltaler-hof.com, 0043(0)5412 66048, III
3 Haus Selma, Griesegg 8a , www.tiscover.at/hausselma, 0043(0)5124 66066, II
2 Biermythos Schloss Starkenberg

Imst
1 Hotel Gasthof Zum Hirschen, Thomas-Walch-Straße 3, www.hirschen-imst.com, 0043(0)5412 6901, III-IV
1 Pfarrkirche Maria Himmelfahrt
2 Haus der Fasnacht
3 Pestkapelle
4 Wetterkreuz
5 Laurentiuskirche und Kreuzweg
6 Johanneskirche
7 Rosengartenschlucht
8 Ehemaliger Postgasthof im Schloss Sprengenstein
9 Museum im Ballhaus
10 Stadtplatz
11 Kramergasse auf den Spuren der Römerstraße

2 Hotel Neuner, Brennbichl 90, www.hotel-neuner.com, 0043(0)5412 63332, III-IV

Zwischen Imst und Mils
1 Mittelalterliche Wagenspuren am „Milser Gstoag"
1 Trofana Wirtshaus & Erlebnis-Dorf, An der Au 1, www.trofanatyrol.at, 0043(0)5418 601, VI
2 Erlebnis-Raststätte „Trofana Tyrol"
3 Milser Au

Schönwies
1 Pension Silberspitze, Öde 60 , www.schoenwies.at, 0043(0)5418 5212, III-VI

Ferienregion Imst
Hahntennjoch
Tarrenz
Gurgltal
Bergbaugebiet Gurgltal
Tschirgant
PIGERBACH
Imst
N
3 km
2 km
1 km
S
Gunglgrün
Karrösten
Karres
Brennbichl
INN
Imsterau
Inntal
Arzl im Pitztal
Milser Au
Mils
Imsterberg
INN
Pitztal

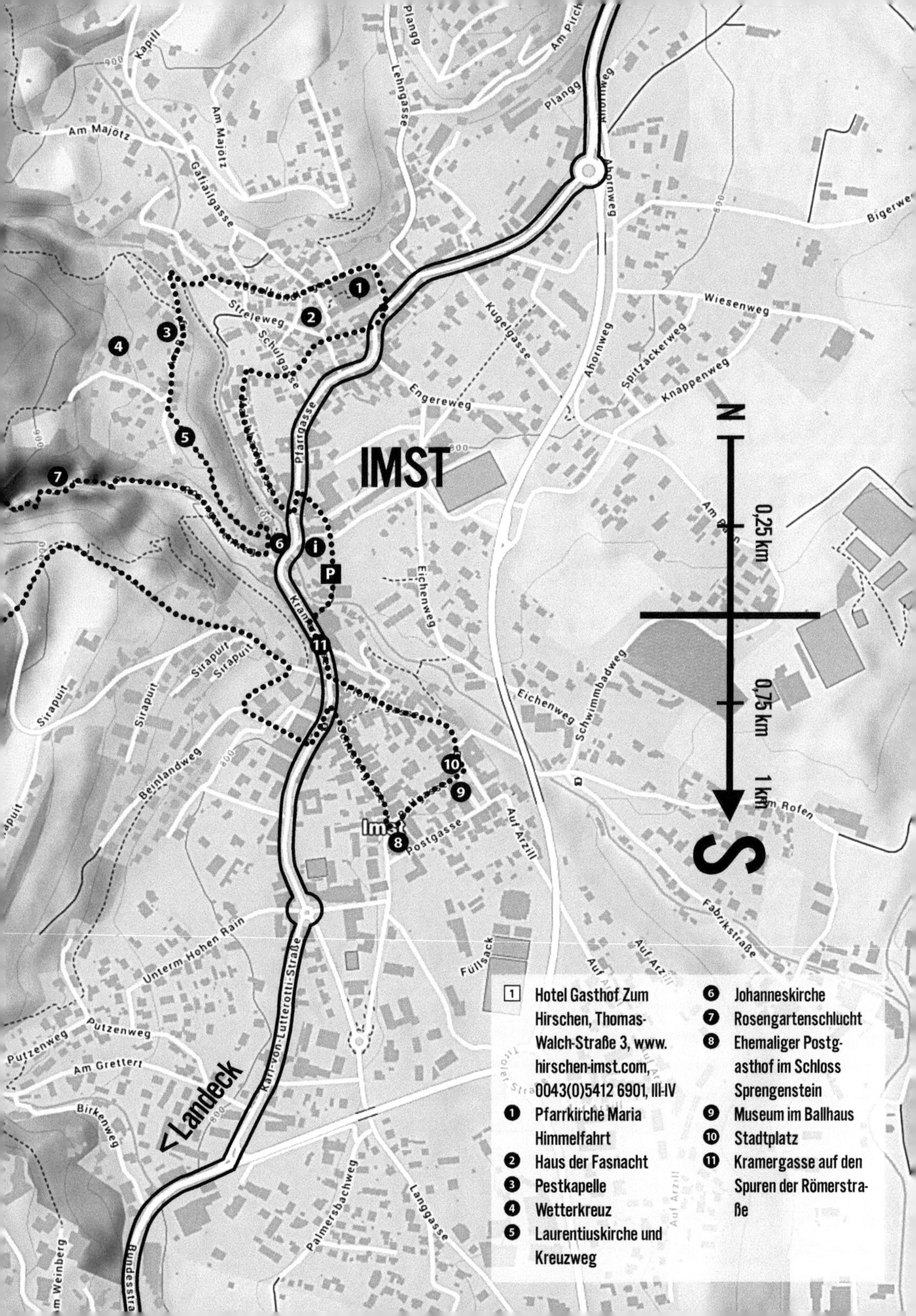

IMST
Imst
Landeck

N
0,25 km
0,75 km
1 km Rofen
S

Am Majötz
Am Majötz
Kapill
Gafalalgasse
Streleweg
Schulgasse
Pfarrgasse
Kramer
Sirapuit
Sirapuit
Sirapuit
Sirapuit
Beinlandweg
Unterm Hohen Rain
Putzenweg
Putzenweg
Am Grettert
Birkenweg
Am Weinberg
Bundesstra
Karl-von-Lutterotti-Straße
Palmersbachweg
Langgasse
Füllsack
Postgasse
Auf Arzill
Auf Arzill
Auf Arzill
Auf Arzill
Fabrikstraße
Schwimmbadweg
Eichenweg
Eichenweg
Engereweg
Kugelgasse
Lehngasse
Plangg
Plangg
Am Pirch
Ahornweg
Ahornweg
Am P
Wiesenweg
Spitzäckerweg
Knappenweg
Bigerwe
Tiroler Straße

Hotel Gasthof Zum Hirschen, Thomas-Walch-Straße 3, www.hirschen-imst.com, 0043(0)5412 6901, III-IV
Pfarrkirche Maria Himmelfahrt
Haus der Fasnacht
Pestkapelle
Wetterkreuz
Laurentiuskirche und Kreuzweg
Johanneskirche
Rosengartenschlucht
Ehemaliger Postgasthof im Schloss Sprengenstein
Museum im Ballhaus
Stadtplatz
Kramergasse auf den Spuren der Römerstraße

Imst am Sonnenhang.

Die Rosengartenschlucht. Foto: Imst Tourismus / Martin Lugger

Das älteste Stück Imst, das Laurentiuskirchlein

Die Kramergasse

Das Weltkulturerbe Imster Schemenlaufen

763 n. Chr. wird von einem „Oppidum Humiste" geschrieben. Mit an Sicherheit grenzender Wahrscheinlichkeit handelt es sich dabei um Imst, das auch eine Straßenstation an der Via Claudia Augusta war. „Oppidum" deutet sogar auf eine befestigte Siedlung aus vorrömischer Zeit hin. Die Bezirksstadt dürfte von der Zeit der Räter über die Römer bis zum 7. Jh. durchgehend besiedelt gewesen sein. Das Laurentiuskirchlein am markanten „Bergl" oberhalb des Stadtzentrums, das seine Wurzeln im 5. Jh. nach Christus hat, zeigt, dass die Siedlung ziemlich groß gewesen sein dürfte. Man geht davon aus, dass Imst auch damals die größte Siedlung zwischen Füssen und Meran war. Das römische Imst liegt allerdings unter der Altstadt begraben. In späterer Zeit war die Bezirksstadt Sitz des Berggerichts, dessen Zuständigkeit bis ins Ausserfern, zum Reschenpass und nach Vorarlberg reichte. Ausserdem zogen nach dem Niedergang des Bergbaus Vogelhändler von Imst in alle Himmelsrichtungen. Einer davon wird in der Operette „Der Vogelhändler" besungen. Der ganze Stolz der Imster ist ihre Fasnacht, die alle vier Jahre stattfindet. Ihr ist auch ein Museum gewidmet, das Haus der Fasnacht.

## Die Route nach Imst

Zwischen Tarrenz und Imst liegt die Trasse der Römerstraße leicht oberhalb der Straße. Im Stadtgebiet verlässt sie den Hang und steuert geradewegs auf die Pfarrkirche zu. Danach führt sie ungefähr unterhalb der alten Hauptstraße durch die Stadt, über die auch die Reiseroute führt. Da es im Stadtzentrum kaum Parkplätze gibt, ist es ratsam, das Auto während eines Spaziergangs am großen Parkplatz abzustellen.

## Ein Spaziergang durch Imst

Schon nach wenigen Metern des Spaziergangs durch die Stadt entdeckt man die ersten Brunnen. Ihre Vielzahl ist eine Besonderheit der Stadt, die in einem Brunnenführer aufbereitet wurde. Die Pfarrkirche Maria Himmelfahrt hat mit 84,5 Metern den höchsten Kirchturm Tirols. Vom weitläufigen Friedhof aus kommt die spätgotische Architektur gut zur Geltung, der mit der Regotisierung der Außenkirche in den Jahren 1909 und 1912 Rechnung getragen wurde. An der Außenwand sind gotische Fresken zu entdecken, u. a. eine Bergbauszene aus 1478, die an die große Zeit erinnert, in der Imst Sitz der Berghauptmannschaft war. Der Grundstein für die Kirche wurde 1462 gelegt. Die Bergknappen halfen später den heutigen Langbau zu errichten. Innen wurde die Kirche im barocken Stil belassen. Durch den Friedhof geht es zum Mesnerhaus, das heute Haus der Fasnacht ist. Der Spaziergang zeigt einige der alten Gassen der Imster Oberstadt, darunter die Vogelhändlergasse, die an die berühmten Vogelhändler von Imst erinnert. Beim großen Brand von Imst (1822) wurden von den damals 220 Häusern bis auf 14 alle zerstört. Am Weg zum Bergl liegt die Pestkapelle. Nicht weit davon entfernt befindet sich die Laurentiuskirche. Bei ihrer Restaurierung traten Reste einer Apsidenkirche aus der späten Römerzeit zutage. Vom Bergl bietet sich ein herrlicher Blick auf das Stadtzentrum und die Trasse der Römerstraße. Sie führt geradewegs von der Pfarrkirche zu den Füßen des Bergls. Ab dort ist sie praktisch ident mit der Kramergasse. Vom Bergl abwärts — entlang eines Kreuzweges — gelangt man zur Johanneskirche. Der Schutzengelbrunnen neben dieser Kirche markiert den Eingang zur Rosengartenschlucht. Über zahlreiche Steige, Brücken und Stege führt der Weg hoch bis zur „Blauen Grotte". Ist die Zeit dafür zu kurz, folgt der Stadtspaziergang gleich der Kramergasse. Das Hotel Post im Schloss Sprengenstein, das Ballhaus oder auch der Hauptplatz zeugen davon, dass die Straße in späterer Zeit etwas weiter südlich durch die Unterstadt führte. Gegenüber dem Postgasthof sind noch heute die Stallungen für den Pferdewechsel zu entdecken, die später zur Garage umfunktioniert wurden. Das Ballhaus war, wie der Name sagt, das Haus, in dem ab dem Ende des Mittelalters entlang der alten Straße transportierte Waren zu Ballen gebunden, gelagert und umgeladen wurden. Heute beherbergt es das Museum im Ballhaus, das die Geschichte und die kulturellen Besonderheiten der Stadt dokumentiert. ■ Ballgasse 1, 0043(0)5412 6980 – 0, geöffnet Di, Do, Fr 14 – 18 und Sa 9 – 12 Uhr., nicht an Feiertagen, www.kultur-imst.at

## Ausstellung im „Haus der Fasnacht"

Hier treffen sich regelmäßig die Fasnachtler, die alle vier Jahre das große „Schemenlaufen" begehen. Jeweils zwei Jahre davor zelebrieren die Jungen, die Buben, die „Buabe-Fasnacht". Nur männliche Imster Bürger sind zugelassen. Die Imsterinnen sind für das Nähen der Gewänder verantwortlich. Der Tanz folgt strengen Regeln, die teilweise seit Jahrhunderten gelten. Die weitum bekannten Fasnachtsumzüge ziehen mit ihrem magischen Schauspiel Zaungäste aus nah und fern in den Bann. Kaum jemand vermag sich der mythischen Strahlkraft dieses jahrhundertealten Spektakels zu entziehen. Im Jahr 2010 hat die UNESCO das Imster Schemenlaufen sogar zum immateriellen Kulturerbe erklärt. In einem großartigen Ensemble hunderter Masken zelebrieren die teilnehmenden Gruppen den Triumph des Frühlings über den Winter. Die zentralen Gestalten des Imster Schemenlaufens sind Roller und Scheller: Der jugendliche Roller tänzelt während des „Gangls" dem Scheller mit seinem imposanten Schnurrbart voraus. Die Ordnungsmasken Sackner, Spritzer und Kübelemajen (wehe, wer ihnen im Wege steht!) ebnen den beiden Hauptmasken den Weg durch die Menschenmenge. Dem Aufzug der beiden vornehmsten Figuren des Schemenlaufens folgt eine Vielzahl weiterer Figuren. Am Tag nach dem Schemenlaufen, am „Fasnachtsmontag", ziehen alle Teilnehmer noch einmal durch die Stadt. Kostümiert, aber ohne Masken. So findet das noble Treiben vom Vortag eine etwas ungezügelte Fortsetzung. Das Haus der Fasnacht ist Vereinshaus, Archiv für Kostüme, Masken und beherbergt auch eine Ausstellung. Die zahlreichen Masken und ein sehr beeindruckender Film lassen die große Fasnachtstradition auch erleben, wenn gerade nicht Fasnacht ist. 6460 Imst, Streleweg 6, 0043(0)5412 6910–0, geöffnet jeden Fr von 16 – 19 Uhr und nach Vereinbarung, www.fasnacht.at.

## Auf den Spuren der Römer aus der Stadt hinaus

Kurz nach der historischen Kramergasse zweigt man rechts ab, Richtung Hoch-Imst. Dort wartet eine Fahrt mit dem Alpine Coaster, der längsten Alpen-Achterbahn der Welt. ■ Imster Bergbahnen, Hoch-Imst 19, 0043(0)5412 66322, www.imster-bergbahnen.at. Der weitere Verlauf der historischen römischen Trasse ist weitgehend ident mit der Bundesstraße Richtung Landeck. Oberhalb liegt die Siedlung Sonnberg, in der sich das erste SOS-Kinderdorf der Welt befindet. Die Idee Hermann Gmeiners, Kindern ein neues Zuhause zu schenken, ging um die ganze Welt. In bereits 130 Ländern der Welt gibt es heute SOS Kinderdörfer. ■ Sonnberg, 6460 Imst, 0043(0)5412 66234–0, www.sos-kinderdorf.at.

## Special:  Klettern auf den Spuren der Bergknappen

Wahrscheinlich schürften schon die Römer entlang der Via Claudia Augusta nach Erz. Später war das Gebiet zwischen Fernpass und Imst eine Bergbau-Hochburg. Um an die Schätze in der steilen Bergwand hinter Nassereith zu kommen, kletterten die Knappen über ausgedehnte Systeme aus Steigen und Leitern zu den Mundlöchern hinauf, die aufmerksame Beobachter noch heute erkennen können. Neben den Klettergärten und -steigen in dieser Wand gibt es zahlreiche weitere Kletterparadiese entlang der Römerstraße. Ob Bouldern, Sportklettern, alpine Mehrseillängen-

touren oder familienfreundliche Klettergärten und -steige – vom zweistündigen Zeitvertreib bis zu mehrtägigen Alpin-Touren. Von bizarren Eisformationen und Wasserfällen im Winter bis zu idyllisch gelegenen Klettergärten und Boulderfelsen im Sommer. Die meisten Routen sind sehr gut abgesichert. Unerfahrene können sich auf gut ausgebildete, erfahrene Kletterführer verlassen. Für weniger schöne Tage gibt es zahlreiche Indoor-Kletterhallen sowie erlebnisreiche Alternativprogramme. Alle Topos und Infos zu Zustieg, Absicherung, etc. finden Sie auf www.climbers-paradise.com

## Special:  Brunnenstadt Imst

Wenn die Ferienregion Imst etwas nahezu im Überfluss hat, dann ist es Wasser. Kluge Politik hat es verstanden, die Quellen nutzbar zu machen. Es gibt zahlreiche künstlerisch gestaltete Brunnen in Imst. Der Großteil besteht aber seit alters her. Früher holten die meisten Haushalte das kostbare und nützliche Nass zum Kochen und Waschen vom nahen Brunnen. Große Wäschestücke wurden dort gewaschen, Erdäpfel in den kleinen Becken geputzt. Die Kühe tränkte man an großen Becken und tauschte inzwischen Neuigkeiten aus. So waren die Brunnen auch Kommunikationszentren. Die Nutzungsberechtigten bildeten Brunnengemeinschaften, die sich um Sauberkeit und Funktionsfähigkeit kümmerten. Manche dieser Gemeinschaften sind heute noch intakt. Eine ihrer Aufgaben ist es, bei Prozessionen die Brunnen feierlich zu schmücken. Die Heiligen, die die Brunnen zieren, gaben oft dem Platz den Namen.

Mit dem Brunnenführer von Imst-Tourismus (zum Blättern oder zum Download auf   www.imst.at) erleben Sie den oberen und unteren Brunnenkreis.

Die Kronburg auf einem Felssporn, hoch über dem Inntal. Foto: Anton Vorauer

Mittelalterliche Wagenspuren am „Milser Gstoag". Foto: Tschaikner

Die Milser Au. Foto: Imst Tourismus / Wenzler

Mils bei Imst

Die Via Claudia Augusta führte einst am Sonnenhang von Imst bis nach Starkenbach, querte dort unmittelbar hintereinander den Bach und den Inn und führte dann am südlichen Talrand weiter,. Damals wie heute besticht dieser Teil des Inntals mit tollen Blicken auf die umliegende Bergwelt – besonders reizvoll der Blick zurück, auf den Tschirgant und der hoch aufragende Fels, auf dem seit dem Mittelalter die Kronburg thront. Mit der Milser Au blieb in dem Abschnitt eine von wenigen Aulandschaften am Inn erhalten. Darüber hinaus warten mit Mils und Schönwies zwei beschauliche Dörfer darauf entdeckt zu werden. Etwas vor Mils wartet mit dem Erlebnisdorf „Trofana Tyrol" außerdem eine Raststation, die alle Funktionen erfüllt, die auch die Raststationen für die Reisenden hatten, die die Römer in regelmäßigen Abständen entlang der Via Claudia Augusta einrichteten, und noch einiges mehr.

## Die Route von Imst nach Landeck

Nach Imst geht es zunächst am Sonnenhang – auf der Bundesstraße Richtung Landeck – über eine Anhöhe. Die Trasse der Römerstraße liegt vorerst unter der aktuellen Straße, im Bereich der Anhöhe, etwas oberhalb und dann am Hang unterhalb. Wieder im Tal sind links neben den Leitplanken Wagenspuren zu entdecken. Etwas weiter biegt die Route in den Ort Mils. Im Ort geht es geradeaus weiter, über ein Sträßchen nach Starkenbach. Bis dorthin führt die Reise auf oder ganz nahe an der Trasse der Römerstraße. Bei Starkenbach querte die Römerstraße erst den Starkenbach und dann gleich den Inn. Nach der Brücke über den Bach steht ein Gebäude, das einst ein Gasthof an der alten Straße war. Vis-a-vis der Bachmündung ist am gegenüberliegenden Innufer noch der Brückenkopf einer bis ins 19. Jh. bestehenden Brücke zu sehen. Die Reiseroute führt weiter auf der orografisch linken Flussseite nach Zams.

## Ruine und Wallfahrtskirche Kronburg

Auf einem Felssporn, hoch oberhalb des Inntals, liegt die Kronburg, die zu Fuß – von der gleichnamigen Wallfahrtskirche aus – erreichbar ist. Um dorthin zu gelangen, verlassen Sie vor Mils die Route und fahren über den Inn nach Schönwies. Am Ende der Ortsdurchfahrt geht es links Richtung Kronburg.

## Raststation - in der Traditon antiker Stationen

Entlang der Via Claudia Augusta waren in regelmäßigen Abständen Raststationen eingerichtet. Dort konnten sich im öffentlichen Auftrag Reisende stärken und übernachten. Es gab Unterstellmöglichkeiten für Wagen und Pferde und meist auch eine kleine Therme sowie ein Heiligtum. Eine solche „Mansio" gab es z. B. in Imst, Landeck oder Nauders. Für Privatreisende entwickelten sich aufgrund des Bedarfs ähnliche Raststätten. Archäologen entdeckten eine solche im Wald, zwischen Nassereith und Tarrenz. Auch die Erlebnisraststätte „Trofana Tyrol" entstpricht laut Archäologen in ihrer Funktion diesen antiken Einrichtungen. Sie ist als Dorf im Stil eines Tiroler Bergdorfes konzipiert, in dem sich der Reisende stärken, aber auch übernachten kann. Die Hitte-Hatte-Au im Außenbereich umfasst einen Teich, eine Kneippstation und einen großen Spielplatz. Sogar eine Kapelle wurde eingerichtet. Ein glasüberdachter Marktplatz mit Tiroler Köstlichkeiten bildet das Herz des Trofana Tyrol, das sich auch als zentraler Treffpunkt für Einheimische etabliert hat. Die Cafeteria Tirolino hat 24 h geöffnet. An der Au 1, 5493 Mils bei Imst, 0043(0)5418 601–0. www.trofanatyrol.at.

## Abenteuer am Fluss – Schon die Römer „rafteten"

Mit dem Wachsen der Städte im Alpenvorland im 12. Jh. stieg der Holzbedarf und die Flüsse aus den Alpen wurden genutzt, um große Mengen Holz heranzuschaffen. Der Inn zählte zu den meistgenutzten Flüssen. Auch die Römer nahmen mit hoher Wahrscheinlichkeit seine Kraft zu Hilfe, um schwere Lasten zu transportieren. Die ungezähmten Flussläufe waren dabei natürlich immer eine Herausforderung und ein Abenteuer. Heute wird der Inn von Imst durch die Imster Schlucht nach Roppen mit Schlauchbooten befahren. Mit erfahrenen Bootsführern und allen Sicherheitsvorkehrungen ein geringes Risiko, aber ein unvergessliches Abenteuer auf den Spuren der Geschichte und mit tollen Eindrücken von der Schluchtlandschaft.
0049(0) (0)821 343 464–0, www.lemmingtours.com

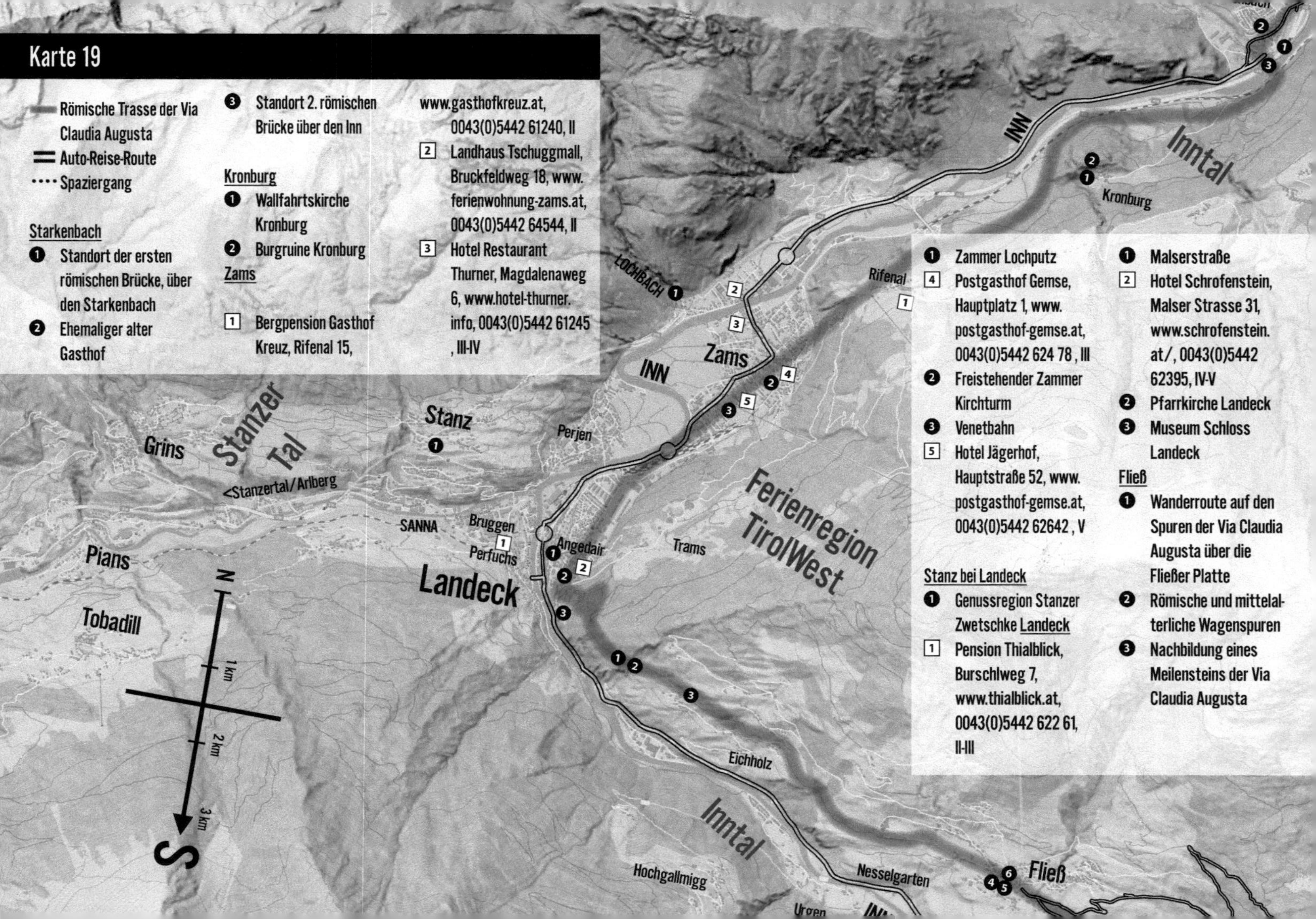

Karte 19

Römische Trasse der Via Claudia Augusta
Auto-Reise-Route
Spaziergang

Starkenbach
1 Standort der ersten römischen Brücke, über den Starkenbach
2 Ehemaliger alter Gasthof

Kronburg
1 Wallfahrtskirche Kronburg
2 Burgruine Kronburg

Zams
1 Bergpension Gasthof Kreuz, Rifenal 15,

3 Standort 2. römischen Brücke über den Inn

www.gasthofkreuz.at, 0043(0)5442 61240, II
2 Landhaus Tschuggmall, Bruckfeldweg 18, www.ferienwohnung-zams.at, 0043(0)5442 64544, II
3 Hotel Restaurant Thurner, Magdalenaweg 6, www.hotel-thurner.info, 0043(0)5442 61245, III-IV

1 Zammer Lochputz
4 Postgasthof Gemse, Hauptplatz 1, www.postgasthof-gemse.at, 0043(0)5442 624 78, III
2 Freistehender Zammer Kirchturm
3 Venetbahn
5 Hotel Jägerhof, Hauptstraße 52, www.postgasthof-gemse.at, 0043(0)5442 62642, V

Stanz bei Landeck
1 Genussregion Stanzer Zwetschke Landeck
1 Pension Thialblick, Burschlweg 7, www.thialblick.at, 0043(0)5442 622 61, II-III

1 Malserstraße
2 Hotel Schrofenstein, Malser Strasse 31, www.schrofenstein.at /, 0043(0)5442 62395, IV-V
2 Pfarrkirche Landeck
3 Museum Schloss Landeck

Fließ
1 Wanderroute auf den Spuren der Via Claudia Augusta über die Fließer Platte
2 Römische und mittelalterliche Wagenspuren
3 Nachbildung eines Meilensteins der Via Claudia Augusta

Inntal
INN
Kronburg
LOCHBACH
Rifenal
Zams
INN
Ferienregion TirolWest
Stanzer Tal
Grins
Stanz
Perjen
Trams
Pians
Tobadill
<Stanzertal/Arlberg
SANNA
Bruggen
Perfuchs
Angedair
Landeck
N
S
1 km
2 km
3 km
Eichholz
Inntal
Hochgallmigg
Nesselgarten
Fließ
Urgen
INN

Die Sonnenhänge rund um Landeck sind schon seit vorrömischer und römischer Zeit besiedelt. Davon zeugen zahlreiche Funde: In Fließ, in Stanz, Grins oder auch bei der Kronburg. Seit Kurzem weiß man auch, dass Landecks Pfarrkirche frühchristliche Wurzeln hat, was auf eine größere Siedlung schon in der Römerzeit hindeutet. Archäologen gingen schon vorher von einer römischen Straßenstation in der heutigen Bezirksstadt aus, da die Römerstraße dort vom Hang ins Tal führt. Ein weiterer Grund dürfte die Kreuzung der Via Claudia Augusta mit einer Römerstraße über den Arlberg gewesen sein. Landeck wird von zahlreichen Festungsanlagen umgeben, von denen der ehemalige Gerichtssitz Schloss Landeck der Besterhaltene und Bedeutendste ist. Die Stadt entwickelte sich vor allem im Zuge des Baus der Arlbergbahn. Die Sonnenhänge begünstigen nicht nur die Besiedelung, sondern auch die Landwirtschaft. Die Genussregion lädt ein, ihre Früchte zu kosten.

## Die Route durch Zams, Landeck und Fließ

Kurz vor Zams quert die Bundesstraße den Inn. Unmittelbar davor geht es rechts zum Zammer Lochputz. Die Route führt durch Zams, vorbei am markanten freistehenden Kirchturm. An der Straße nach Landeck liegt die Talstation der Venetbergbahn. In Landeck am Kreisverkehr geht es leicht links in die Malserstraße, der historischen Hauptstraße der Stadt, mit Geschäften und Einkehrmöglichkeiten. Oberhalb liegen Schloss Landeck und die Pfarrkirche. Die Straße führt geradewegs nach Süden, über Urgen und Nesselgarten in den Fließer Ortsteil Neuer Zoll. Dort zweigt die Straße nach Fließ ab, wo sich das Dokumentationszentrum der Via Claudia Augusta Tirol befindet. Etwas vor dem Ortszentrum zweigt links ein Sträßchen ab, das zum Naturparkhaus Kaunergrat führt. Von dort geht es an den Eingang des Kaunertals und nach Prutz.

## Der Lochputz – Tirols mystische Klamm

Das beliebte Ausflugsziel bietet schwindelerregende Einblicke in eines der schönsten wilden Wasser Tirols. Ein ganz besonderes Erlebnis. 6511 Zams, Lötz 38, 0043(0)5442 65 600, Öffnungszeiten: 1. Mai bis 30 Sept. täglich 9:30 – 17:30 Uhr, 1. Okt. – 31. Okt. täglich 10 – 17 Uhr. 25. 12 – 25. 2. Jeden Mi im Juli und August geführte Abendwanderung von 20 – 21.30 Uhr. www.zammer-lochputz.at.

Ein Ausblick auf die Via Claudia Augusta von oben

Mit der Venetseilbahn geht's in 8 Minuten von 780 m auf 2.208 m Höhe. Der Genussberg Venet begeistert mit seinem traumhaften Panoramablick auf die umliegende Bergwelt, mit der Genussroute „Tiroler Edle", dem "Weg der Aussicht", zahlreichen Einkehrmöglichkeiten, …. 6511 Zams, Hauptstraße 38, 0043(0)5442 62 663. 6. 6. – 28. 9. und 2. 10. – 5. 10. jeweils von 8:30 – 17 Uhr, www.venet.at

## Schloss Landeck und Pfarrkirche

Ein Heimatmuseum der anderen Art lässt die Gäste in der Burg aus dem 13. Jh. in die Geschichte unserer Vorfahren eintauchen, in ihren Kampf ums Überleben. Die Geschichten dieser Zeit werden im Schloss Landeck erzählt. 6500 Landeck, Schlossweg 2, 0043(0)5442 63 202, Öffnungszeiten: 13. April – 26. Okt. täglich 10 – 17 Uhr.

## Eine kleine Wanderung und ein Spaziergang

Eine kleine Wanderung von ca. 2 Stunden führt mit herrlichen Ausblicken von Schloss Landeck über den Hang ins Dorf Fließ mit dem Via Claudia Augusta Dokumentationszentrum Tirol und dem Archäologischen Museum Fließ. Der Weg führt über die Fließer Trockenhänge, einem faszinierenden Lebensraum, der u. a. 1000en Schmetterlingsarten Heimat gibt. Auf der sogenannten Fließer Platte findet man Wagenspuren aus verschiedenen Zeitaltern. Am Sonnenhang zwischen Stanz und Grins gibt es einen Spazierweg, den die Einheimischen, wegen der starken Frequenz und der laufenden Notwendigkeit zurückzugrüßen, „Grüß-Gott-Weg" nennen. Der Weg führt auf den Spuren der bekannten Stanzer Zwetschken von einer Hochburg der Schnapsbrennkultur zur nächsten. Der sonnenbegünstigte Hang ist schon seit Jahrtausenden besiedelt und bietet ein herrliches Panorama aufs Tal.

## Museum Fließ und DokuZ Via Claudia Augusta

Im Ort Fließ befindet sich das Dokumentationszentrum der Via Claudia Augusta Tirol, mit Funden von der römischen

Kaiserstraße, einer Kopie der gesamten römischen Straßenkarte Tabula Peuteringiana und einem unterhaltsamen Film, in dem ein Römer seiner Geliebten von einer Reise entlang der Römerstraße berichtet. Im gegenüberliegenden Archäologischen Museum sind die bedeutenden bronzezeitlichen und eisenzeitlichen Funde von Fließ ausgestellt. Dokumentationszentrum Via Claudia Augusta und Museum Fließ, 6521 Fließ Nr. 89, 0043(0)5449 200 65, Öffnungszeiten: Mai – Okt., Di-So 10 – 12 und 15 – 17 Uhr. www.museum.fliess.at

Hoch über Fließ, am historischen Übergang über den Piller ins Pitztal, gibt es einen Brandopferplatz zu entdecken. Unweit davon wartet der schwindelerregende „Gache Blick", über den steilen Abgrund ins Obere Gericht und das Naturparkhaus Kaunergrat mit Naturausstellung und einem Restaurant mit Panorama-Terrasse, 6521 Fließ, Gachen Blick 100, 0043(0)5449 6304, Restaurant Gachenblick 0043(0)664 4408552

und die Gemeinde Fließ. Er erschließt mit zahlreichen Wanderungen eine wunderschöne Landschaft mit zahlreichen Tier- und Pflanzenarten. Der Naturpark zeigt alle Höhenstufen von den Inauen auf 750 Metern hinauf zu den markanten Dreitausendern der Ötztaler Alpen. Er besticht mit dem höchsten Anteil an ursprünglich erhaltener Natur Tirols: Allein 1.200 Steinböcke und 1.100 Schmetterlingsarten leben darin. Zwischen Brandopferplatz am Piller Sattel und dem „Gachem Blick" wartet das Naturparkhaus mit multimedialer Ausstellung „3000 m VERTIKAL" und Panorama-Restaurant mit atemberaubenden Ausblick.

6521 Fließ, Gachblick 100, +43 (0)5449 6304, geöffnet Juni – Sept. Mo – So 10 – 18 Uhr, Okt. – Mai Mo – So 10 – 17 Uhr (Sa über Automat), www.kaunergrat.at.

## Special: Genussregion TirolWest

In der Ferienregion TirolWest gibt's auch für Feinschmecker vieles zu entdecken. Ganz egal, wofür das Genießer-Herz schlägt - der Magen kommt mit Sicherheit nicht zu kurz. Von selbst gebrannten hochprozentigen Obstbränden aus der Genussregion Stanzer Zwetschke, über frische, bäuerliche Produkte aus der Region auf dem Landecker Frischemarkt, bis hin zu Tonis Sprossengarten, dem Landecker Brot „Tiroggl" und edlen Schokoladenspezialitäten aus Tirol können Sie Ihren Gaumen in der Urlaubsregion Tirol so richtig verwöhnen. Die weitläufigen Obstgärten in den Gemeinden Grins und Stanz gehören nicht nur zu den höchstgelegenen Obstplantagen Europas, hier gedeihen auch einige der besten Früchte Tirols. Nicht umsonst werden aus der berühmten Stanzer Zwetschke die bekanntesten Obstbrände der Region erzeugt. Die hochprozentigen und hochwertigen Edelbrände brachten der Region auch den Titel Genussregion Österreichs ein. Probieren Sie selbst ein kleines Tiroler „Schnapserl" nach dem Essen und genießen Sie die wohltuende Wirkung des fruchtigen Edelbrandes. Genussregion TirolWest +43 (0)5442 65 600.

## Special: Naturpark Kaunergrat

Der Naturpark erstreckt sich vom Oberen Inntal bis zu den Ötztaler Alpen und umfasst dabei das Pitztal, das Kaunertal

Schloss Landeck. Foto (2): Albin Niederstrasser

Archäologisches Museum Fließ

Hochklassige Edelbrennereien

Zammer Lochputz. Foto: TirolWest / guenterstandl.de

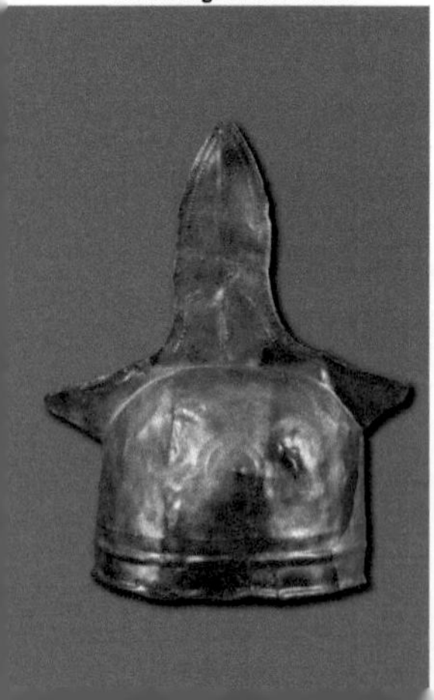

Das „Obere Gericht" reicht von Landeck bis Nauders und hat seinen Namen vom Gerichtssitz, der sich zuerst im Schloss Laudegg, oberhalb Prutz und dann ab dem 17. Jh. in Schloss Siegmundsried befand. Es handelt sich um einen der ursprünglichsten Abschnitte der Via Claudia Augusta, in dem man sieht, welchen Einfluss die wichtige Straße auf die Siedlungsentwicklung hatte. In weiten Bereichen entspricht die alte Landesstraße, die heute als Hauptstraße großteils durch die parallel führende B180 ersetzt wurde, der Römerstraße. Malerische Orte und Weiler, Schlösser und Festungen, stattliche Häuser, Gasthöfe, Bauernhöfe und Sakralbauten sowie einige alte Brücken begleiten sie. Die beeindruckendste Brücke ist sicherlich jene bei der im Mittelalter errichteten Zollstation Altfinstermünz am „jungen Inn", wo auch die Römerstraße den Fluss querte.

### Durch das Obere Gericht bis Altfinstermünz

Vom „Gachen Blick" führt die Route nach Kauns am Eingang des Kaunertals. Dort hat der Reisende die Wahl, gleich talauswärts nach Prutz zu fahren oder einen Ausflug zum Kaunertaler Gletscher zu unternehmen. Am Weg dorthin begrüßt nach wenigen hundert Metern die vorbildlich renovierte Burg Berneck. Sie diente der Sicherung der Straße über den Piller ins Pitztal. Heute ist sie im Privatbesitz, aber in Führungen Juli — Sept. Sa, So 10 — 11Uhr zu erleben, 0043(0)5472)6332. Auf der Prutz gegenüberliegenden Innseite lockt ein Abstecher zur öffentlich zugänglichen Sauerbrunnquelle, dessen Wasser bei Magen- und Darmerkrankungen hilft. Seine Heilkraft ist seit 800 Jahren bekannt und wurde bis ins 20. Jh. von Fürsten, Bischöfen, Äbten und anderen Persönlichkeiten genutzt. Heute noch wird das Wasser in Flaschen abgefüllt und ist auch teilweise in der Gastronomie erhältlich. Auf dem Weg zur Quelle quert der Reisende die denkmalgeschützte Prutzer Innbrücke. Wie aus dem Felsen gewachsen thront oberhalb Burg Laudegg. Der Wohnturm stammt aus dem 13. Jh. und ist heute ebenfalls in Privatbesitz. Die Reiseroute führt auf der alten Landesstraße weiter, die bis Pfunds grob dem Verlauf der Römerstraße entspricht. Zwischen Prutz und Ried verlockt ein Badesee mit Insel und Wasserrutsche zum ruhigem Ausspannen oder Badespass. Den Ort Ried im Oberinntal prägt Schloss Siegmundsried. Es wurde Ende des 15. Jh. errichtet und hat seinen Namen von Siegesmund dem Münzreichen. Zu besichtigen ist Siegmundsried in regelmäßigen Führungen, +0043(0)50 225 100. In einer Kurve in St. Christina führt die Reiseroute an einer alten Schmiede vorbei, während in Steinbrücken für die Gegend seltene Malerei auf einem mächtigen alten Hof zu entdecken ist. Auf der Tösens gegenüberliegenden Innseite erblicken Aufmerksame am Fels eine Steinbrücke, einer Nebenstraße nach Serfaus. Der Volksmund hat ihr den Namen „Römerbrücke" gegeben. Tatsächlich ist sie eine der drei ältesten mittelalterlichen Steinbogenbrücken Tirols. Auch die bald folgende Innbrücke steht unter Denkmalschutz. Aufgefädelt an der Via Claudia Augusta folgen die malerischen Weiler Tschuppbach, Schönegg, Stein, Lafairs und Birkach. Früher fuhren die Reisewagen auf der alten Straße mitten durch die Gasthöfe Tschuppbach und Traube in Pfunds-Stuben.

### Malerisches Pfunds, beidseits des Inns

Die beiden Ortsteile Pfunds-Dorf und Pfunds-Stuben rechts und links des Inns, haben besonders viele gotisch geprägte Häuser. Neben gemauerten Außenstiegen zeichnen sie romanische oder gotische Torbögen aus. Am Kirchplatz in Pfunds-Dorf befindet sich ein Heimatmuseum. Durch das „Loch" im Turm aus dem 11. Jh. und über den Inn wechselt die Route nach Pfunds-Stuben, an deren Dorfstraße vor allem die Liebfrauenkirche mit einem Altar vom süddeutschen Meister Jörg Lederer und schönen Fresken zu erwähnen ist, sowie der Richterhof mit drei Gedenktafeln an der Giebelfassade. Museum, Dorf 103, 0043(0)5474 5229, Führungen im Sommer So 10 — 12 Uhr und 13.30 — 16 Uhr, Mi 13.30 — 15.30 Uhr

### Historische Zollstation Altfinstermünz

Bevor es über die Kajetansbrücke Richtung Nauders geht, ist ein Abstecher zum Ensemble der historischen Zollstation Altfinstermünz ein Muss. Vom gut beschilderten Parkplatz gleich unterhalb der Engadinerstraße ist mit 25 Minuten Fußweg zu rechnen. So abgelegen Altfinstermünz heute scheint — einst war es ein von mehreren Seiten erreichbarer wichtiger Verkehrsknoten. Neben der Via Claudia Augusta auf den Reschenpass führte auch eine Straße ins Unterengadin. Vom 9. bis zum 11. Jh. war Altfinstermünz Gerichts- und Mallstelle (Mühlstelle) für die Region Unterengadin, Nauders und Pfunds. Der 1159 erstmals urkundlich erwähnte Name bedeutet übersetzt „bedrohlich emporragender Fels".

Die Befestigungsbauten, wie der Brückenturm und das Schloss Siegmundseck wurden 1472 zum Schutz vor Einfällen aus dem Engadin errichtet und mussten sich schon 1499 im Engadinerkrieg bewähren. Der mächtige fünfgeschossige Torturm mit Pechnasen und Wehrplatte stammt aus dem frühen 16. Jh. Ab 1652 war Finstermünz dann Grenze zwischen Tirol und Graubünden. 1779 wurde das Zollamt nach Martinsbruck verlegt und das Ensemble kam in Privatbesitz. Bis 1855 quälte sich aber der gesamte Verkehr Richtung Süden durch das enge Tor im Brückenturm der ehemaligen Zollstation. Auf einem Rundgang erfährt der Besucher, unterstützt durch einen Dokumentarfilm, ihre Funktion und Geschichte. +0043(0)5474 200 43 oder 0043(0)664 39 59 471, geöffnet 1. Juni – 15. Okt. 11 – 17 Uhr, Mo Ruhetag, Führungen, Imbisse und Getränke auf Anfrage von Ostern bis Nov. www.altfinstermuenz.com.

## Special: Prutzer Sauerbrunn

In der Ur- und Frühgeschichte hatten die Menschen eine enge Beziehung zur Natur. Quellen mit besonderem Wasser zählten zu den besonderen Orten, an denen sie Kraft schöpften. Um solche zu finden, achtete man darauf, an welchen Quellen Tiere gern tranken und verweilten, vor allem auch wenn sie krank waren. Man probierte, hörte auf seinen Körper und beobachtete die Wirkung auf andere. Auch Mystik und Religion spielten eine wichtige Rolle. In der Antike verfügte man erstmals über Möglichkeiten, Inhaltsstoffe und Wirkung wissenschaftlich zu ergründen. Vielleicht wusste man schon damals, dass das Wasser des „Prutzer Sauerbrunnen" wichtige Mineralstoffe wie Eisen, Kalzium, Magnesium sowie Schwefel enthält, und sogar ein wenig natürliche Kohlensäure, was es spritzig und frisch macht. Mit dem Untergang des römischen Reiches ging vieles an Wissen verloren, das im Mittelalter durch Gefühl und Glauben ersetzt wurde. Die Prutzer bemerkten den außergewöhnlichen Geschmack des Wassers. Sie beobachteten auch, dass es ihnen gut tat – vor allem bei Problemen mit den Verdauungsorganen. Seither kommen viele, um sich vom Wasser zu holen – ein Impuls für einen frühen Fremdenverkehr. Heute wissen wir sehr viel und manch einer glaubt sogar alles zu wissen. Was mitunter etwas zu kurz kommt, ist die Fähigkeit beständig und geduldig zu beobachten, zuzuhören, zu spüren und auch ganz einfach zu glauben. Wenn wir etwas nicht wissen oder verstehen, heißt das nicht, dass es nicht existiert. In dem Sinne: „Gesundheit!"

## Special: Höhepunkte – Rechts und links der Straße

Im Oberen Gericht locken auch zahlreiche spannende Ausflüge rechts und links des Inntals und der Römerstraße. Die Kaunertaler Gletscherstraße ist eine der schönsten Panoramastraßen der Alpen. Sie führt vorbei am Gepatsch-Speichersee bis zum Weißseeferner (2750 m). Vom Bergdorf Fendels geht es mit der Bergbahn in ein Wanderparadies mit herrlichem Panorama. Zu Fuß entlang der Radurschlklamm, wo eine alte Mühle und Säge warten, oder mit dem Auto gelangt man von Pfunds in das Hochtal Tschey, das an Romantik und Naturbelassenheit kaum zu überbieten ist. Von der Kajetansbrücke geht es nach Spiss, in die höchstgelegene Gemeinde Österreichs (1628 m). Oberhalb von Nauders locken im Westen das Naturdenkmal Schwarzer See und der Grüne See. Im Osten gelangt man mit der Bergbahn in die Alpine Wasser-Erlebnis-Welt Goldwasser, wo Kinder und Erwachsene greifbare und unmittelbare Erfahrungen machen sowie Spass und Spannung finden können. www.nauders.com, www.tiroler-oberland.com, www.kaunertal.com

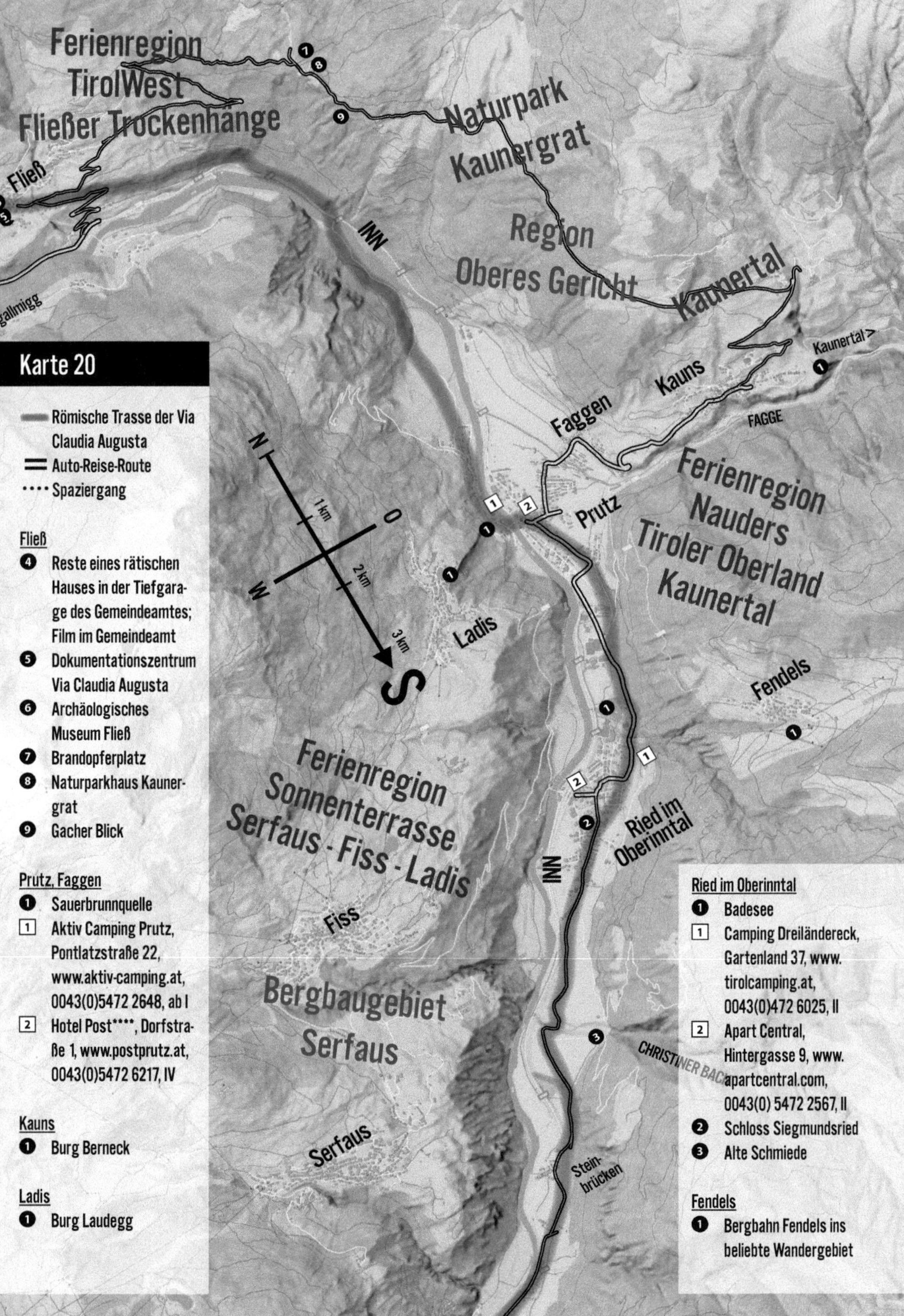

Ferienregion
TirolWest
Fließer Trockenhänge
Fließ
Naturpark
Kaunergrat
Region
Oberes Gericht
Kaunertal
INN
Kaunertal
Kauns
Faggen
FAGGE
Prutz
Ferienregion
Nauders
Tiroler Oberland
Kaunertal
Ladis
Fendels
N
O
W
S
1 km
2 km
3 km
Ferienregion
Sonnenterrasse
Serfaus - Fiss - Ladis
Fiss
Bergbaugebiet
Serfaus
Serfaus
Ried im
Oberinntal
INN
CHRISTLINER BACH
Stein-
brücken

Karte 20
Römische Trasse der Via
Claudia Augusta
Auto-Reise-Route
Spaziergang

Fließ
4  Reste eines rätischen
   Hauses in der Tiefgarage des Gemeindeamtes;
   Film im Gemeindeamt
5  Dokumentationszentrum
   Via Claudia Augusta
6  Archäologisches
   Museum Fließ
7  Brandopferplatz
8  Naturparkhaus Kauner-
   grat
9  Gacher Blick

Prutz, Faggen
1  Sauerbrunnquelle
1  Aktiv Camping Prutz,
   Pontlatzstraße 22,
   www.aktiv-camping.at,
   0043(0)5472 2648, ab I
2  Hotel Post****, Dorfstraße 1, www.postprutz.at,
   0043(0)5472 6217, IV

Kauns
1  Burg Berneck

Ladis
1  Burg Laudegg

Ried im Oberinntal
1  Badesee
1  Camping Dreiländereck,
   Gartenland 37, www.
   tirolcamping.at,
   0043(0)472 6025, II
2  Apart Central,
   Hintergasse 9, www.
   apartcentral.com,
   0043(0) 5472 2567, II
2  Schloss Siegmundsried
3  Alte Schmiede

Fendels
1  Bergbahn Fendels ins
   beliebte Wandergebiet

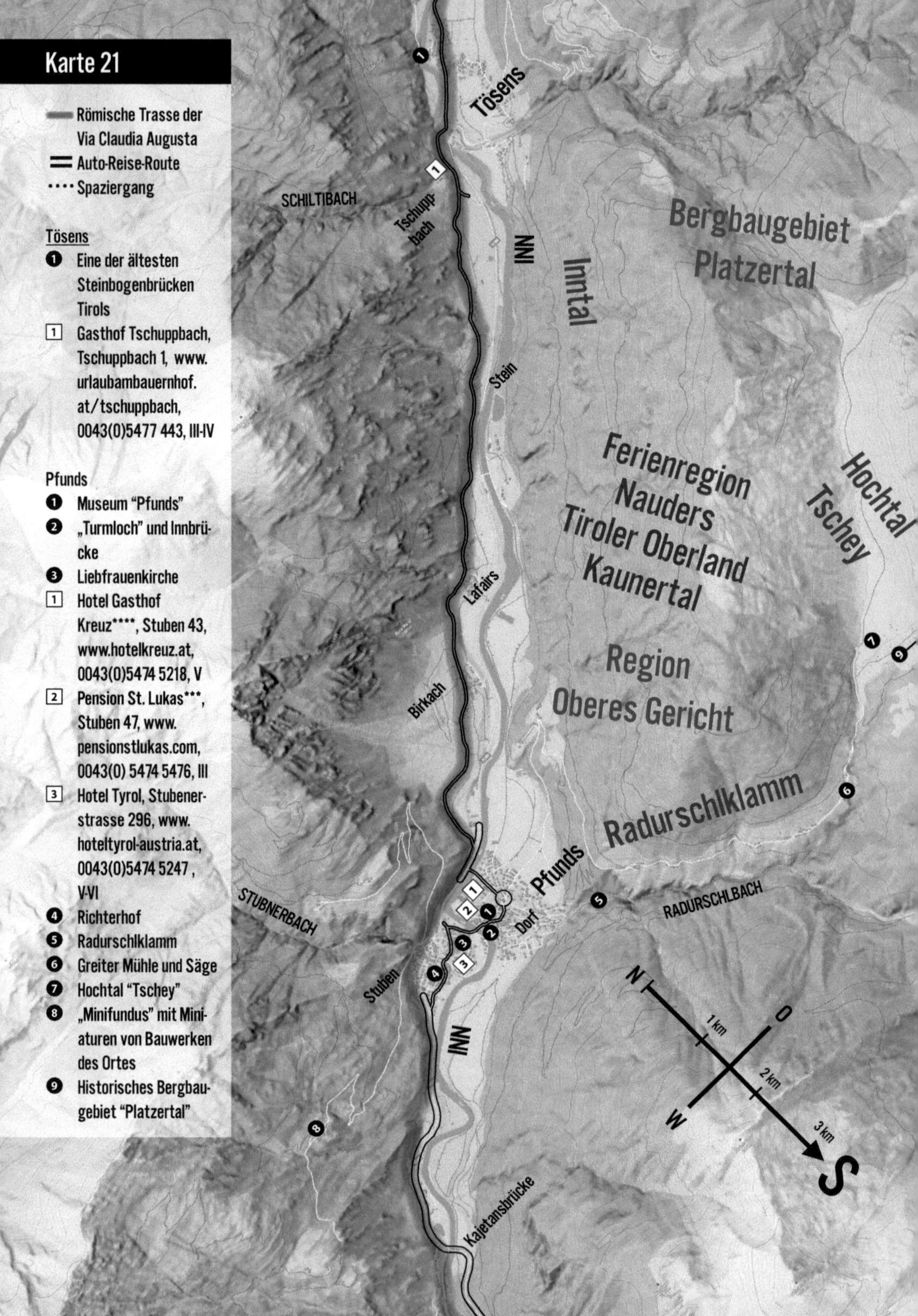

Karte 21

Römische Trasse der
Via Claudia Augusta
Auto-Reise-Route
Spaziergang

Tösens
1 Eine der ältesten
Steinbogenbrücken
Tirols
1 Gasthof Tschuppbach,
Tschuppbach 1, www.
urlaubambauernhof.
at/tschuppbach,
0043(0)5477 443, III-IV

Pfunds
1 Museum "Pfunds"
2 "Turmloch" und Innbrü-
cke
3 Liebfrauenkirche
1 Hotel Gasthof
Kreuz****, Stuben 43,
www.hotelkreuz.at,
0043(0)5474 5218, V
2 Pension St. Lukas***,
Stuben 47, www.
pensionstlukas.com,
0043(0) 5474 5476, III
3 Hotel Tyrol, Stubener-
strasse 296, www.
hoteltyrol-austria.at,
0043(0)5474 5247 ,
V-VI
4 Richterhof
5 Radurschlklamm
6 Greiter Mühle und Säge
7 Hochtal "Tschey"
8 "Minifundus" mit Mini-
aturen von Bauwerken
des Ortes
9 Historisches Bergbau-
gebiet "Platzertal"

SCHILTIBACH
Tschuppbach
Tösens
INN
Inntal
Stein
Bergbaugebiet
Platzertal
Ferienregion
Nauders
Tiroler Oberland
Kaunertal
Hochtal
Tschey
Region
Oberes Gericht
Lafairs
Birkach
Radurschlklamm
STUBNERBACH
Pfunds
RADURSCHLBACH
Stuben
Dorf
INN
Kajetansbrücke
N
O
W
S
1 km
2 km
3 km

Das Obere Gericht.

Eine der ältesten Steinbrücken Tirols in Tösens

Das „Turmloch" und die Brücke über den Inn zwischen Pfunds und Stuben

Schloss Siegmundsried in Ried

Altfinstermünz

Die Pässe waren in historischer Zeit eine große Herausforderung. Deshalb richteten die Römer bevorzugt vor, nach und auf den Passhöhen Raststationen ein. Der Reschenpass ist mit 1507 Metern der höchste Punkt der Via Claudia Augusta. Die Passhöhe liegt auf italienischem Staatsgebiet. Etwas nördlich, im österreichischen Nauders, befand sich die einzige schriftlich überlieferte römische Straßenstation Tirols, Inutrium. Heute rasten im Hochtal viele Urlauber. Sie genießen im Winter wie im Sommer die Bergwelt rund um Nauders, Reschen, Graun und St. Valentin. Die vier Orte liegen in zwei Staaten und Tourismusregionen, gehören aber geografisch alle zum Vinschgau. Die Gäste schätzen auch die Seen, die auf der Passhöhe aufgestaut wurden. Aus dem Reschensee ragt mit dem Altgrauner Kirchturm eines der bekanntesten Fotomotive der Route.

## Die Route nach Nauders am Reschensee

Ab der Kajetansbrücke über den Inn steigt die Reschen-Bundesstraße den Felshang hinauf. Die Straße stammt aus dem Jahre 1856. Vor ihrem Bau wurde Jahrzehnte lang diskutiert, ob die bestehende Direttissima auf den Spuren der Römerstraße von Altfinstermünz hinauf nach Nauders verbessert oder eine „neumodische" gleichmäßig ansteigende Straße mit Galerien und Tunneln gebaut werden sollte. Entlang der schließlich doch realisierten Straße bieten sich immer wieder sagenhafte Blicke auf den Gegenhang und  das Ensemble Altfinstermünz in der Innschlucht. Am Straßenrand fristet die Ruine des ehemaligen Hotel Hochfinstermünz, das einst ein nobles Hotel war, einen Dornröschenschlaf. Von seinem Parkplatz führt ein Wandersteig in die Innschlucht, über den nach ca. 20 Minuten Fußmarsch Altfinstermünz zu erreichen ist. Oberhalb der Innschlucht führt die Reschenbundesstraße durch eine Engstelle, die die geografische Grenze zwischen dem Inntal und dem Vinschgau bildet, das dort mit einem Hochtal beginnt. Über die Engstelle wacht die Festung Nauders. Der sich eng an den Fels schmiegende Bau war die nördlichste Festungsanlage der österreichisch-ungarischen Monarchie gegen Italien. Heute beherbergt sie eine Ausstellung zum Verkehr über den Reschenpass. 0043(0)50225400, Öffnung auf Anfrage.

## Inutrium & Schloss Naudersberg

In das Zentrum des Tourismusortes Nauders am Reschenpass, der einst Raststation an der Römerstraße war, gelangt der Interessierte am besten gleich am Ortseingang. Er ist auch in der Ptolomäuskarte erwähnt, die 150 n. Chr. in Alexandria entstand. Die Pfarrkirche St. Valentin hat ihre Wurzlen im 4. Jh. und ist dem Apostel der römischen Provinz Rätien geweiht. Sie wurde später im barocken bzw. neuromanischen Stil umgestaltet, hat aber noch ihren originalen gotischen Turm aus dem Jahr 1509. Die kleine spitztürmige Spitalkirche Hl. Geist im unteren Dorfbereich gehörte zu einem 1140 entstandenen Hospiz für mittellose Reisende. Die Ortsstraße säumen einige Gebäude, denen man ansieht, dass sie alte Gasthöfe sind. Das auf einem Hügel im nördlichen Teil des Dorfes thronende Schloss Naudersberg ist eine Festungsanlage aus dem 13./14. Jh., die im 15./16. Jh. erweitert wurde. Am östlichen Fuß des Hügels führt die Römerstraße vorbei, die vor nicht allzulanger Zeit noch die Reschen-Bundesstraße war. Heute ist sie Anrainern und Radfahrern vorbehalten. Von Naudersberg ist das komplette Grenztal zu überblicken. Das Gebiet des einstigen Gerichtssitzes umfasste den oberen Vinschgau.  Heute beherrbergt das Schloss ein Museum und ein Restaurant. Die St. Leonhardskapelle im Süden des Schlosses fasziniert mit einer der bedeutendsten romanischen Fresken. 0043(0)50225400, Führungen entsprechend aktuellem Aushang und nach Vereinbarung.

## Der Reschenpass, der Reschen- und Haidersee

Die unschwer an den ehemaligen Grenzstationen erkennbare Staatsgrenze liegt noch vor der Passhöhe bzw. Wasserscheide, die etwas danach folgt. Im Ort Reschen, durch das die Reiseroute als erstes Dorf auf italienischem Staatsgebiet durchquert, wurde im 19 Jh. der letzte Bär Südtirols geschossen, weshalb dessen Bewohner gerne „Bärenschießer" genannt werden. Der Reschensee ist wegen der guten Windverhältnisse das Top-Kite- und Snow-Kite-Revier der Alpen. Jährlich werden nationale und internationale Kite-Events ausgetragen. Es ist auch spannend, am Ufer zu beobachten wie die Kite-Surfer mit ihren Lenkdrachen über den See gleiten. Der 1950 aufgestaute See vereinte den Reschen- und den Mittersee zu einer einzigen 6 km langen Wasserfläche, welcher der alte Ort Graun weichen musste. Sein Kirchturm ragt noch heute als einer der bekanntesten Postkartenmotive am Ostufer aus dem See. Neben dem denkmalgeschützten romanischen Kirchturm erinnert auch die spätgotische Kapelle aus 1521, auf einem kleinen Hügel unweit des neuen Ortszentrums, an die frühen Zeiten von Graun. Vor St. Valentin auf der Haide führt die Reiseroute an der imposanten Staumauer vorbei. Der nachfolgende Haidersee ist der einzige der ursprünglich drei Seen, der naturbelassen blieb. Das Gemeindemuseum Graun dokumentiert die Aufstauung des Reschensees, den Untergang und Wiederaufbau des Dorfes Graun. 39027 Graun, 0039 0473 633 127.

## Geschichte(n):

In der Ur- und Frühgeschichte hatten die Menschen eine enge Beziehung zur Natur. Quellen mit besonderem Wasser zählten zu den besonderen Orten, an denen sie Kraft schöpften. Um solche zu finden, achtete man darauf, an welchen Quellen Tiere gern tranken und verweilten, vor allem auch wenn sie krank waren. Man probierte, hörte auf seinen Körper und beobachtete die Wirkung auf andere. Auch Mystik und Religion spielten eine wichtige Rolle. In der Antike verfügte man erstmals über Möglichkeiten, Inhaltsstoffe und Wirkung wissenschaftlich zu ergründen. Vielleicht wusste man schon damals, dass das Wasser des „Prutzer Sauerbrunnen" wichtige Mineralstoffe wie Eisen, Kalzium, Magnesium sowie Schwefel enthält, und sogar ein wenig natürliche Kohlensäure, was es spritzig und frisch macht. Mit dem Untergang des römischen Reiches ging vieles an Wissen verloren, das im Mittelalter durch Gefühl und Glauben ersetzt wurde. Die Prutzer bemerkten den außergewöhnlichen Geschmack des Wassers. Sie beobachteten auch, dass es ihnen gut tat — vor allem bei Problemen mit den Verdauungsorganen. Seither kommen viele, um sich vom Wasser zu holen — ein Impuls für einen frühen Fremdenverkehr. Heute wissen wir sehr viel und manch einer glaubt sogar alles zu wissen. Was mitunter etwas zu kurz kommt, ist die Fähigkeit beständig und geduldig zu beobachten, zuzuhören, zu spüren und auch ganz einfach zu glauben. Wenn wir etwas nicht wissen oder verstehen, heißt das nicht, dass es nicht existiert. In dem Sinne: „Gesundheit!"

# Karte 22

**Legende:**

— Römische Trasse der Via Claudia Augusta

═ Auto-Reise-Route

•••• Spaziergang

**Finstermünz**

❶ Historische Zollstation Altfinstermünz

**Nauders am Reschenpass**

❶ Festung Nauders

1. Haus Sonneck, Hinterdorf 267, www.haus-sonneck.at, 0043(0)5473 87541, I

2. Pension Amontara, Spitzwiesenweg 243, www.amontanara.at, 0043(0) 5473 87323, II

3. Ferienhaus Auer, Dr. Tschiggfreystr. 446, www.ferienhaus-auer.at, 0043(0)5473 86158, I

4. Apart-Bauernhof Rosenhof, Kleinhansgasse 93, www.rosenhof-nauders.at, 0043(0)5473 86165, II

5. Apart-Pension Haus Arina, Dr. Tschiggfreystr. 392, www.arina.at, 0043(0)5473 87765, I-II

6. Gästehaus Vergissmeinnicht, Nauders 357, www.zimmer-ferienwohnungen.at, 0043(0)5473 87426, I

7. Haus Jung, Kleinhansgasse 78, www.haus-jung.at, 0043(0)5473 87360, I

8. Gasthof Zum Goldenen Löwen***, Postplatz 36, www.loewen-nauders.com, 0043(0)5473 87208, III-IV

**Nauders am Reschenpass**

❷ Pfarrkirche Sankt Valentin

9. Hotel Post ****, Dr.-Tschiggfrey-Str. 37, www.post-nauders.com, 0043(0)5473 872020, III-IV

10. Aktivhotel Schwarzer Adler ****, Dr.-Tschiggfrey-Str. 33, www.adler-hotel.at, 0043(0)5473 872540, III-IV

11. Hotel Central ****, Unterdorfstraße 196, www.hotel-central.at, 0043(0)5473 872210, IV-V

12. Haus Ferienglück, Sandbichl 455, www.haus-ferienglueck.at, 0043(0)650 6543455, II-III

13. Pension Garni Alpenhof, Nauders 229, www.alpenhof-nauders.at, 0043(0)5473 87263, IV-V

14. Hotel Restaurant Mein Almhof****, Dr.-Tschiggfrey-Str. 314, www.meinalmhof.at, 0043(0)5473 387313, IV-V

❸ Schloss Naudersberg

15. Hotel Neue Burg****, Alte Strasse 370, www.neue-burg.at, 0043(0)5473 87700, V

16. Gasthof Martha***, Nauders 296, http://www.gasthofmartha.at, 0043(0)5473 87338, III

17. Apart Bergkastelblick, Bundesstraße 287, www.bergkastelblick.at, 0043(0)676 9369873, III

❹ Goldwasser

❺ Schwarzer See

Nauders am Reschenpass, das erste Dorf im Hochtal. Foto: Nauders am Reschenpass / Manuel Baldauf

Festung Nauders.

Schloss Naudersberg. Foto: Daniela Zangerl

Der Turm Altgrauns im Reschensee.

Top-Kite-Revier Reschensee

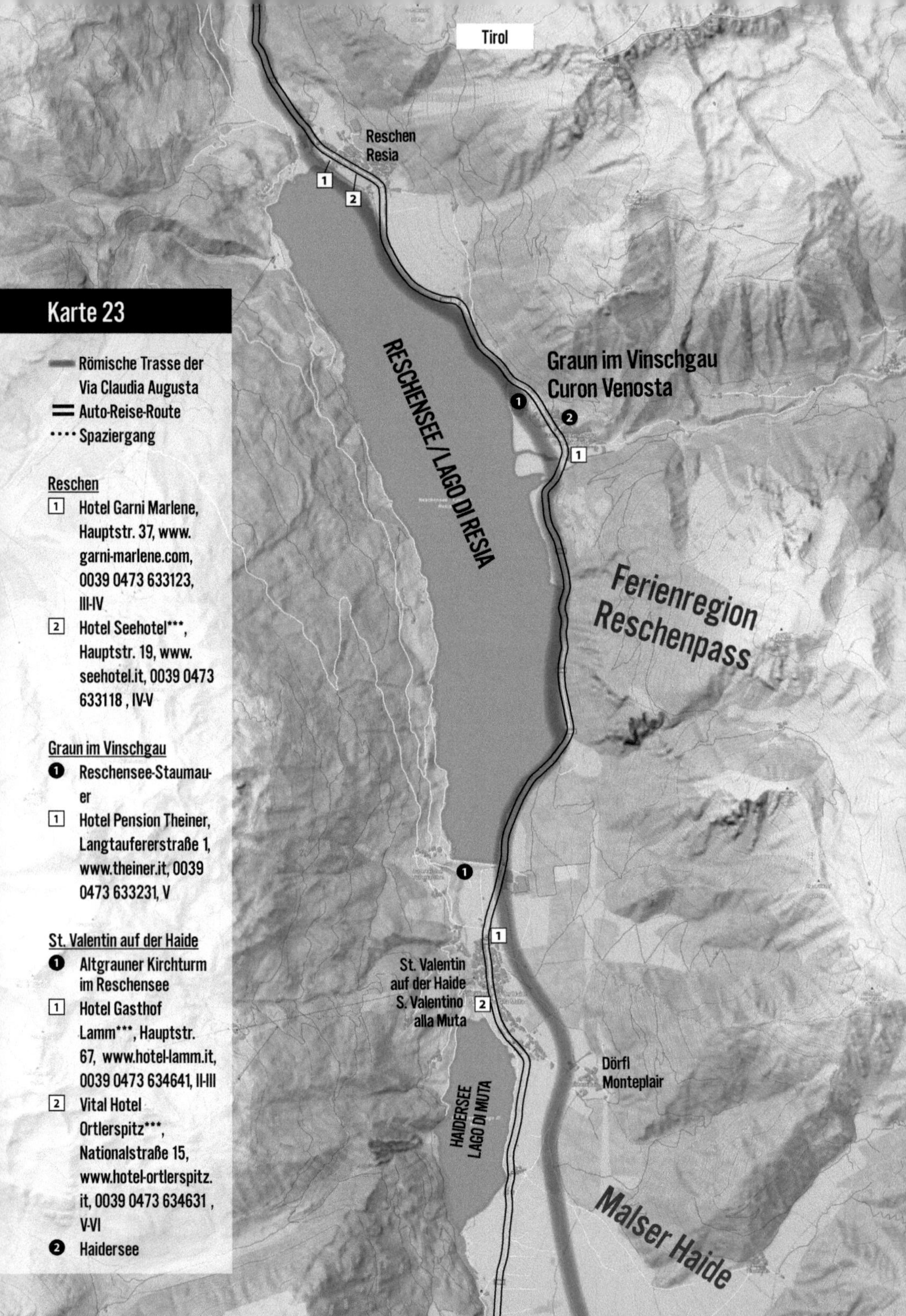

Tirol
Reschen
Resia
RESCHENSEE / LAGO DI RESIA
Graun im Vinschgau
Curon Venosta
Ferienregion
Reschenpass
St. Valentin
auf der Haide
S. Valentino
alla Muta
Dörfl
Monteplair
HAIDERSEE
LAGO DI MUTA
Malser Haide


Karte 23

Römische Trasse der
Via Claudia Augusta
Auto-Reise-Route
Spaziergang

Reschen
1  Hotel Garni Marlene,
   Hauptstr. 37, www.
   garni-marlene.com,
   0039 0473 633123,
   III-IV
2  Hotel Seehotel***,
   Hauptstr. 19, www.
   seehotel.it, 0039 0473
   633118 , IV-V

Graun im Vinschgau
1  Reschensee-Staumau-
   er
1  Hotel Pension Theiner,
   Langtaufererstraße 1,
   www.theiner.it, 0039
   0473 633231, V

St. Valentin auf der Haide
1  Altgrauner Kirchturm
   im Reschensee
1  Hotel Gasthof
   Lamm***, Hauptstr.
   67, www.hotel-lamm.it,
   0039 0473 634641, II-III
2  Vital Hotel
   Ortlerspitz***,
   Nationalstraße 15,
   www.hotel-ortlerspitz.
   it, 0039 0473 634631 ,
   V-VI
2  Haidersee

Kaum eine Region an der Via Claudia Augusta hat so viele historische Ortskerne und Gebäude. Schon lange vor den Römern war der klimatisch begünstigte Vinschgau als Siedlungsplatz entdeckt. Seinen Namen hat er vom rätischen Stamm der Venosten, die z. B. auf dem Tartscher Bichl oder am Ganglegg oberhalb Schluderns siedelten. Die historische Trasse der Via Claudia Augusta führte über die Malser Haide, wo Archäologen eine römische Straßenstation orten konnten, und dann ab Mals am Sonnenhang entlang. Dichter besiedelt und urbar gemacht wurde die Gegend ab dem 10. Jh. durch romanische Bauern. Ab dem 12. Jahrhundert wurden sie dabei vom Kloster Marienberg unterstützt. Von dieser Zeit zeugen mehrere Burgen, das mittelalterlich geprägte Städtchen Glurns mit seiner noch vollständig erhaltenen Stadtmauer, aber auch die Dorfkerne der Dörfer rundum. Der Vinschgau baut auf dieses reiche Erbe und präsentiert sich als geschichtsträchtige Kulturregion Südtirols.

## Die Malser Haide, Burgeis und Mals

Über die markante Malser Haide, dem größten Schuttkegel der Alpen mit seinen Waalen, führt die Route hinunter nach Mals. Auf halbem Weg liegen die Fürstenburg und der bereits im 12. Jh. erwähnte Ort Burgeis mit malerischen engen Gassen und besonders vielen Häusern mit Fresken, Portalen, Freitreppen und Erkern. Am Hang oberhalb thront Marienberg, Europas höchstgelegenes Benediktinerkloster. Ein Museum mit einem Film lässt die 900jährige Geschichte und das Leben hinter Klostermauern lebendig werden. ■ 39024 Burgeis, Schlinig 1, +39 0473 843 980, geöffnet 15. März – 31. Okt. Mo – Sa 10 – 17 Uhr und 27. Dez. – 5. Jan. Mo – Sa 10 – 17 Uhr. Unweit davon liegt das Kirchlein St. Stefan, das seine Wurzeln schon im 5. Jh. hat. Sehenswert ist auch die barocke Prati-Orgel aus dem 17. Jh. in der Pfarrkirche. Mals taucht sogar schon im 11. Jh. in den Urkunden auf. Jüngste Grabungen im Bereich der aus dem 9. Jh. stammenden Benedikt-Kirche im Norden des ausgedehnten alten Ortskerns bestätigten, dass Mals schon auf die Römerzeit zurückgeht. Im 12. Jh. wurde es Gerichtssitz und 1642 Marktgemeinde. Noch heute zählt der Ort auffällig viele Kirchtürme, obwohl es früher sogar noch zwei mehr waren. Unweit des Ortes befindet sich der markante Tartscher Bichl, der als Wahrzeichen des Vinschgaus gilt und auf dem sich der Sage nach eine reiche Siedlung befand, die wegen des lasterhaften Lebens ihrer Bewohner versunken ist.

## Das Städtchen Glurns

Das etwas südlicher gelegene Städtchen Glurns mit seinen noch komplett erhaltenen Stadtmauern ist mit knapp 900 Einwohnern eine der kleinsten Städte der Alpen. Strategisch günstig gelegen und von den Tiroler Landesfürsten gefördert gelangte sie zu beachtlichem Reichtum, geriet aber dann mehr und mehr ins Abseits. Besonders sehenswert sind die Laubengassen.

## Schluderns und Prad

Der ebenfalls von engen Gassen mit sehenswerten alten Häusern geprägte Ort Schluderns liegt am Sonnenhang unterhalb der teilweise rekonstruierten rätischen Höhensiedlung am Ganglegg und der Churburg aus dem 13. Jh., die als best-erhaltener Wehrbau des Landes gilt. Seit 1504 ist die Burg im Besitz der Grafen von Trapp, die dort eine sehenswerte Rüstungssammlung präsentieren und regelmäßig ein Mittelalter-Fest ausrichten. ■ 39020 Schluderns, Churbug 1, +39 0473 615 241, Führungen vom 20. März bis 31. Okt, Einlasszeiten 10 – 12 und 14 – 16:30, Montag Ruhetag, ausgenommen Feiertag, www.churburg.com. Im Ortszentrum befindet sich das sehenswerte Vinschgermuseum, das die Geschichte des Tales dokumentiert. ■ 39020 Schluderns, Meranerstraße 1, +39 0473 615 590, geöffnet 20. März – 31. Okt. 10 – 12 und 15 – 18 Uhr. Montag Ruhetag, ausgenommen Feiertag, www.vintschgermuseum.com. Im Zentrum des Ortes Prad am Stilfserjoch gibt es schließlich die Dauerausstellung „Unter Fischen – eine Reise in fremde Welten" im Nationalpark-Haus „aquaprad" mit 12 Aquarien Einblicke in die Fischfauna des Nationalparks Stilfserjoch – von den Hochgebirgsseen über Gebirgsbäche bis zum Fluss. ■ 39026 Prad am Stilfserjoch, Kreuzweg 4/c, +39 0473 618 212, geöffnet Di – Fr 9 – 12 und 14:30 – 18 Uhr, Sa, So und Feiertag 14:30 – 18 Uhr, Montag Ruhetag. www.aquaprad.com

---

**Übernachtungs- und Camping-Möglichkeiten im Anhang und in den Karten**

**Fragen und Auskunft zum Teilabschnitt**

■ Hotline Gästeinformation Vinschgau,
0039 0473 620480
■ Hotline Via Claudia Augusta, 0043 664 27 63 555

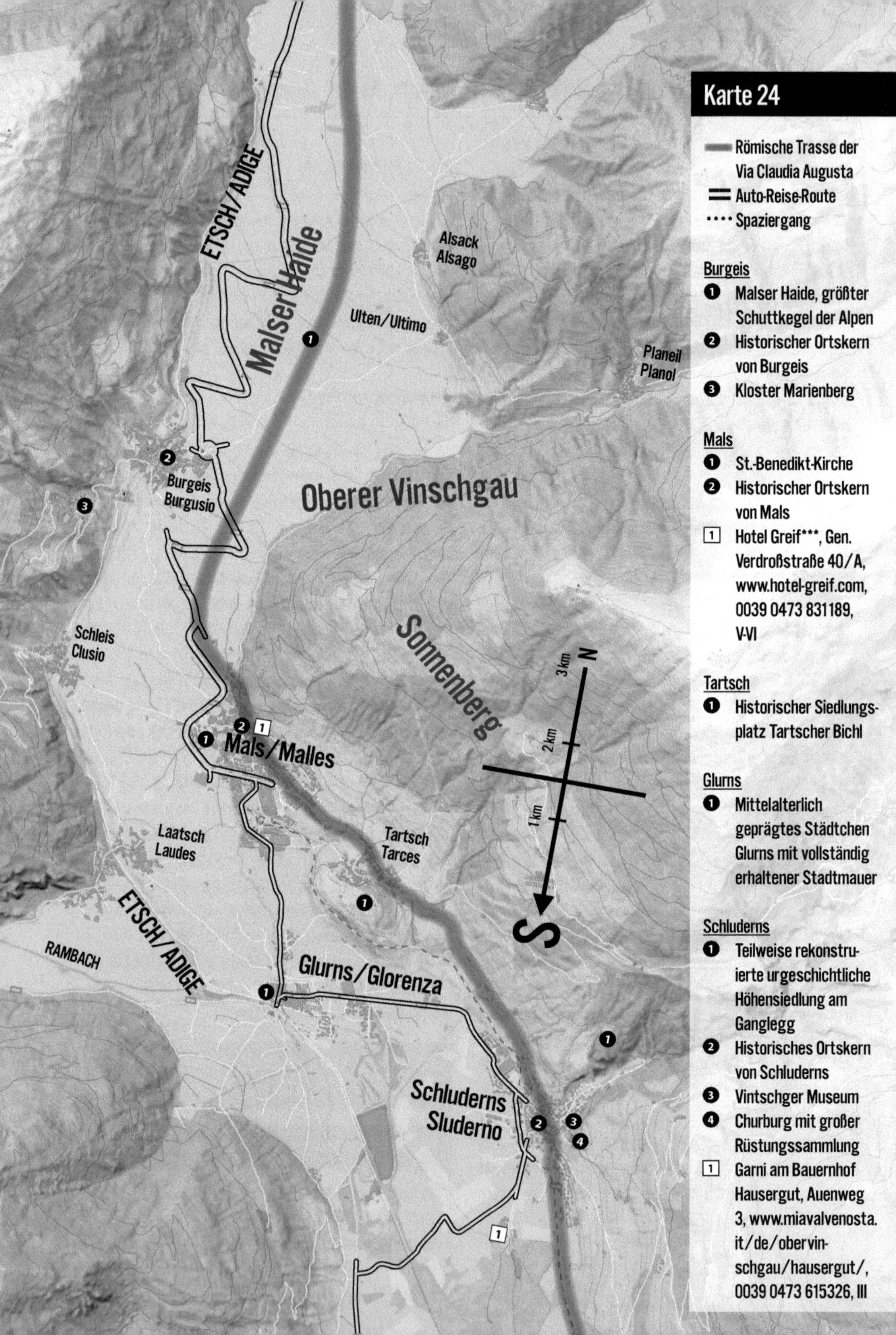

ETSCH/ADIGE
Malser Haide
Alsack
Alsago
Ulten/Ultimo
Planeil
Planol
Oberer Vinschgau
Burgeis
Burgusio
Schleis
Clusio
Sonnenberg
Mals/Malles
Laatsch
Laudes
Tartsch
Tarces
RAMBACH
ETSCH/ADIGE
Glurns/Glorenza
Schluderns
Sluderno
3 km
2 km
1 km
N
S


Karte 24

Römische Trasse der
Via Claudia Augusta
Auto-Reise-Route
Spaziergang

Burgeis
1 Malser Haide, größter
  Schuttkegel der Alpen
2 Historischer Ortskern
  von Burgeis
3 Kloster Marienberg

Mals
1 St.-Benedikt-Kirche
2 Historischer Ortskern
  von Mals
1 Hotel Greif***, Gen.
  Verdroßstraße 40/A,
  www.hotel-greif.com,
  0039 0473 831189,
  V-VI

Tartsch
1 Historischer Siedlungs-
  platz Tartscher Bichl

Glurns
1 Mittelalterlich
  geprägtes Städtchen
  Glurns mit vollständig
  erhaltener Stadtmauer

Schluderns
1 Teilweise rekonstru-
  ierte urgeschichtliche
  Höhensiedlung am
  Ganglegg
2 Historisches Ortskern
  von Schluderns
3 Vintschger Museum
4 Churburg mit großer
  Rüstungssammlung
1 Garni am Bauernhof
  Hausergut, Auenweg
  3, www.miavalvenosta.
  it/de/obervin-
  schgau/hausergut/,
  0039 0473 615326, III

Malser Haide. Foto: Frieder Blickle

Im Städtchen Glurns. Foto: Vinschgau Marketing / Frieder Blickle

Marienberg und die Fürstenburg.

Das Vintschgermsueum dokumentiert die Geschichte des Tales.

Churburg. Foto (2): Frieder Blickle

Ganglegg.

Acquaprad gibt Einblicke in die Wasserwelt des Naturparks.

Im Herzen des „Obstgartens Vinschgau", am Fuße des Sonnenberges – über den auch vermutlich die Römerstraße verlief – liegen das Marmordorf Laas und der Hauptort des Vinschgaus, die Marktgemeinde Schlanders. Schon in der Jungsteinzeit hielten sich in der sonnenreichen und wegen den hohen Bergketten im Norden und Süden sehr niederschlagsarmen Gegend nomadisierende Hirten und Jäger auf. Zumindest seit der Römerzeit wird der bekannte Laaser bzw. Göflaner Marmor abgebaut, wie der Meilenstein der Via Claudia Augusta von Rabland belegt. In den Urkunden tauchen Schlanders und Laas Ende 11. / Anfang 12. Jh. erstmals auf. Im 14. Jh. wurde Schlanders Gerichtssitz.

### Laas – Ort des Marmors und der Marille

Auf einem kleinen Hügel am Dorfeingang liegt malerisch das uralte St.-Sisinus-Kirchlein. In der romanischen Pfarrkirche Hl. Johannes dem Täufer ist eine frühmittelalterliche Altarmensa mit einem Relief der Märtyrer Sisinus, Alexander und Martyrius zu bewundern. Eine Besonderheit ist auch der Kandl-Waal, der auf hohen Steinpfeilern über die Etsch führte, von dem aber nach einem Brand 1907 nur mehr Reste zeugen. Seit Menschengedenken wird am südlich gelegenen Nörderberg in Laas weißer Marmor abgebaut, der besonders hart, widerstandsfähig und wetterbeständig ist. Er wird u. a. über einen Schrägaufzug zu Tal gebracht. Auf dem Werksgelände von Lasa Marmo (Laas Marmor) werden die Blöcke gelagert. Im Ort gibt es auch einige weiterverarbeitende Betriebe. Der Ortsplatz ist ganz in weißem Marmor gehalten. Nicht zuletzt ist Laas auch das Zentrum des Anbaugebietes der Vinschger Marille. Marmor und Marille ist jedes Jahr ein Fest gewidmet.

### Das Bezirkszentrum Schlanders

Die Fraktion Kortsch hat ein sehenswertes bäuerlich geprägtes Zentrum, über dem – von Weitem sichtbar – das Ägidus-Kirchlein thront. Man könnte meinen, der Name Schlanders stamme von „Schländern". Zumindest lässt es sich in der Fußgängerzone der Marktgemeinde herrlich schlendern, einkaufen, Kaffee trinken, … Im ehemaligen Garnisonsort warten auch schöne Gassen und zahlreiche alte Bauten, die die Entwicklung vom 13. bis ins 20. Jh. er-

zählen – z. B. Schloss Schlandersburg, die gotische Pfarrkirche Mariä Himmelfahrt, die noch ältere Michaelskapelle am Friedhof, Kapuzinerkirche und -kloster und einige Herrschaftssitze. Am Sonnberg oberhalb der Marktgemeinde thront das im 13. Jh. errichtete Schloss Schlandersberg.



**Übernachtungs- und Camping-Möglichkeiten im Anhang und in den Karten**

**Fragen und Auskunft zum Teilabschnitt**

■ Touristinfo Laas, 39023 Laas, Bahnhofstraße 3 0039 0473 730 155
■ Touristinfo Schlanders, 39028 Schlanders, Kapuzinerstraße 10, 0039 0473 730 155
■ Hotline Via Claudia Augusta, 0043664 27 63 555

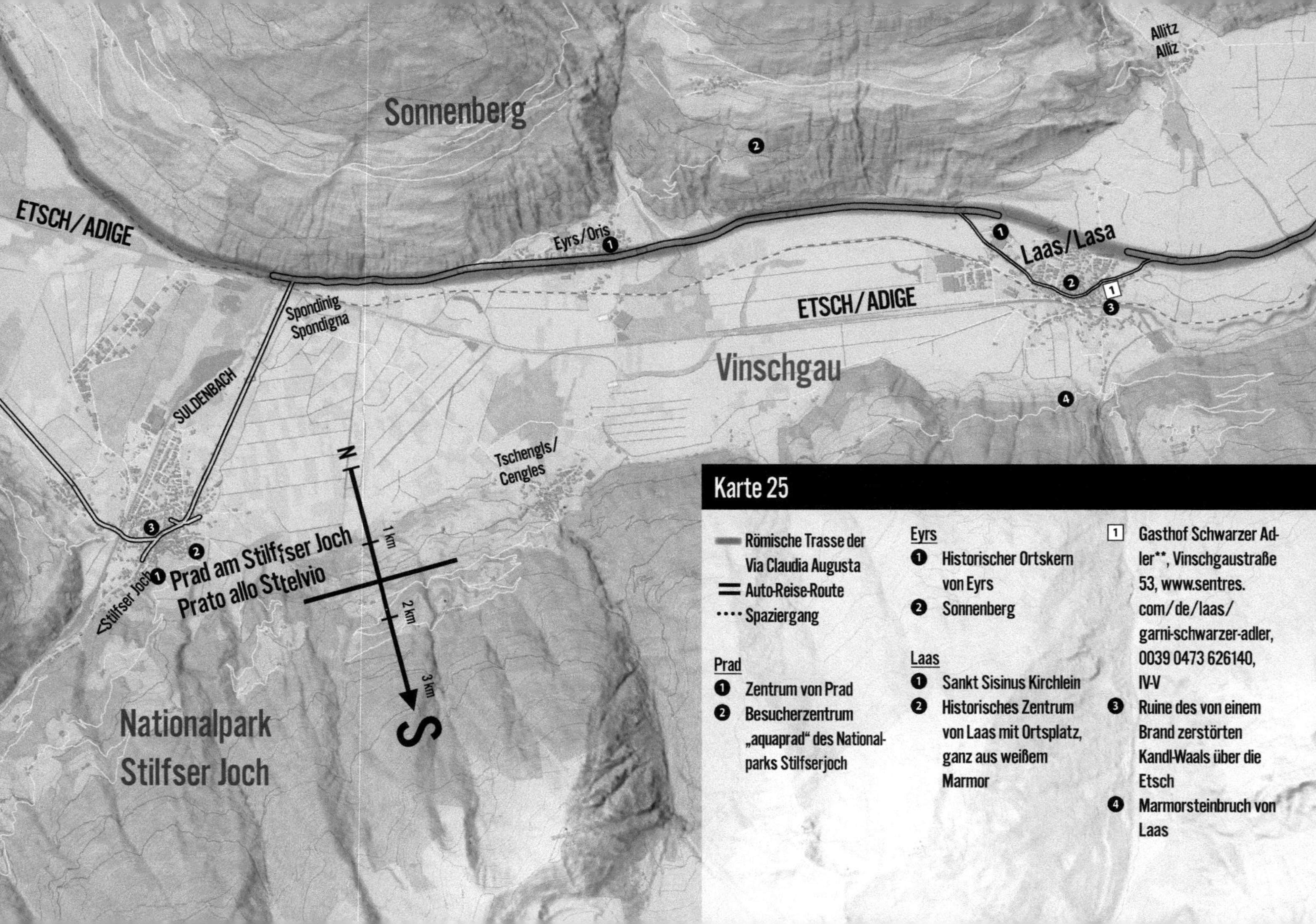


## Karte 25

— Römische Trasse der Via Claudia Augusta
= Auto-Reise-Route
···· Spaziergang

**Prad**
1 Zentrum von Prad
2 Besucherzentrum „aquaprad" des Nationalparks Stilfserjoch

**Eyrs**
1 Historischer Ortskern von Eyrs
2 Sonnenberg

**Laas**
1 Sankt Sisinus Kirchlein
2 Historisches Zentrum von Laas mit Ortsplatz, ganz aus weißem Marmor

1 Gasthof Schwarzer Adler**, Vinschgaustraße 53, www.sentres.com/de/laas/garni-schwarzer-adler, 0039 0473 626140, IV-V
3 Ruine des von einem Brand zerstörten Kandl-Waals über die Etsch
4 Marmorsteinbruch von Laas

Schloss Goldrain.

Laaser Bildhauer. Foto: SMG / Alex Filz

Schlanders und Laas sind auch Zentren des Apfelanbaus. Foto: Frieder Blickle

Laaser Bildhauer. Foto: SMG / Alex Filz

Kastelbell. Fotos: Frieder Blickle, Christoph Tschaikner

Schlanders

**Karte 26**

— Römische Trasse der
Via Claudia Augusta
= Auto-Reise-Route
···· Spaziergang

Schlanders
1 Historischer Ortskern
von Kortsch
2 Ägidius-Kirchlein
3 Historischer Kern des
Marktes Schlanders
mit Fußgängerzone

4 Schlandersburg
1 Bio-Landhotel Anna
und Bio-Reiterhof Vill,
Hauptstraße 27, www.
vill.it, 0039 0473
621267, V

Göflan
1 Marmor-Steinbruch
Göflan

Goldrain
1 Volksbildungshaus
Schloss Goldrain

Morter
1 Ober- und Untemontani
mit Burgkapelle

Latsch
1 Mehir von Latsch

2 Historischer Ortskern
von Latsch mit
Lederer-Altar in der
Spitalkirche
1 Pension Tannenhof,
Montaniweg 8, www.
pension-tannenhof.eu,
0039 0473 623373,
III-V

An der Engstelle in der Mitte des geografischen Vinschgaus, der bis zur Töll reicht, gibt es rund zehn Burganlagen und Ansitze auf engem Raum, die zum Teil auch dazu dienten, den strategisch wichtigen Punkt zu sichern. Die bedeutendsten sind sicherlich Schloss Goldrain, das Bildungs- und Kulturzentrum des Vinschgaus, Kastelbell mit Dauerausstellung zur Via Claudia Augusta und Reinhold Messners Sommerresidenz Juval hoch oben am Berg. Das vielfältige Microklima mit viel Sonne, geringen Niederschlägen und frischer Brise in der Nacht, begünstigt einen relativ jungen, vielfältigen und qualitätsvollen Weinbau. Kastelbell-Tschars ist mit 25,5 ha der größte Weinbauort im Vinschgau, in dem Chardonnay, Weißburgunder, Rauländer, Gewürztraminer, Riesling, Vernatsch, Zweigelt und Blauburgunder reifen.

## Schloss Goldrain und Latsch

Die Marktgemeinde Latsch besteht aus dem Hauptort und den zwei Fraktionen Goldrain und Morter am Talboden und Tarsch, das auf einem Murkegel sitzt. In Latsch ist der Flügelaltar von Jörg Lederer in der Spitalkirche besonders sehenswert. Die Burgkapelle St. Stefan bei Ober- und Untermontani in Morter gilt wegen ihrer Wandbemalungen als Sixtinische Kapelle Südtirols. Schloss Goldrain, das in mehreren Bauabschnitten ab 1475 errichtet wurde, besticht vor allem mit seiner rechteckigen Umfassungsmauer, Portalen, Freitreppen und der Loggiengalerie. Alle wesentlichen Werkstücke sind übrigens aus weißem Marmor. Erwähnenswert ist auch der 5000 Jahre alte Menhir (Hinkelstein) von Latsch, der montags in der Bichlkirche nahe dem Ortseingang zu besichtigen ist, wo er gefunden wurde.

## Kastelbell und Tschars

Die Lage an der engsten Stelle des Tales gibt dem Straßendorf mit der gleichnamigen Burg am Felssporn direkt an der Straße ein besonderes Erscheinungsbild. ■ 39020 Kastelbell, Staatsstraße 5, +39 0473 624 193, Führungen 17. Juni – 14. Sept. Di – So 11, 14, 15 und 16 Uhr. Mindestteilnehmerzahl: 4 Personen, www.schloss-kastelbell.com. Sehenswert ist auch der Waalweg. Das 1928 mit Kastelbell vereinte Tschars liegt auf einem Schuttkegel auf der Sonnenseite des wieder etwas weiteren Tales. Reinhold Messners Sommerresidenz Juval, oberhalb des Eingangs ins Schnallstal, lockt mit der Tibetika-Sammlung im Messner Mountain Museum. ■ Kastelbell, Juval 3, +39 348 443 38 71, geöffnet vom 4. So im März bis 30. Juni und vom 1. Sept. bis zum 1. So im Nov. 10 – 16 Uhr, Mittwoch Ruhetag, www.messner-mountain-museum.it (in der übernächsten Karte zu finden!)



**Übernachtungs- und Camping-Möglichkeiten im Anhang und in den Karten**

**Fragen und Auskunft zum Teilabschnitt**

■ Hotline Gästeinformation Vinschgau, 0039 0473 620480
■ Hotline Via Claudia Augusta, 0043664 27 63 555

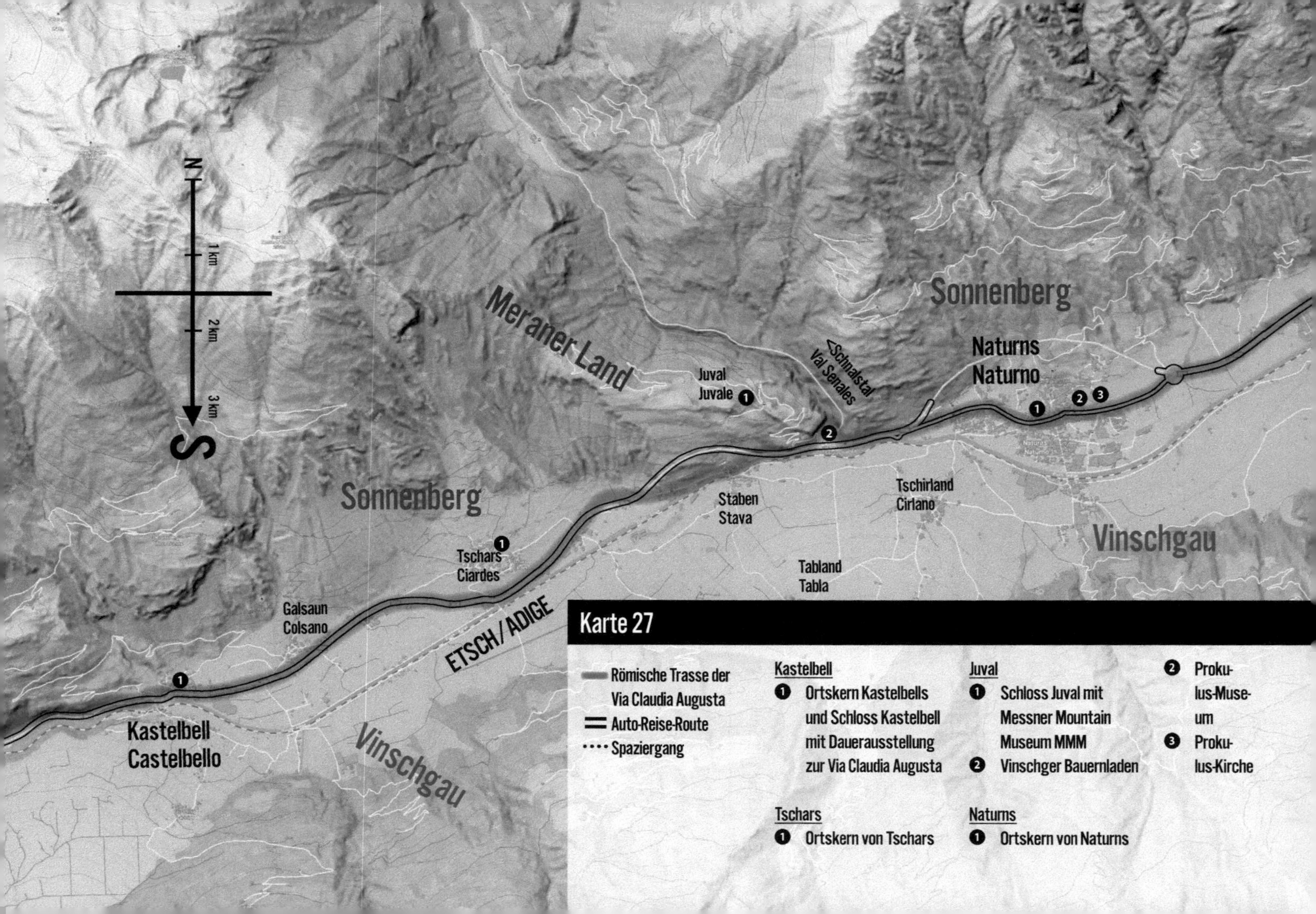

N
1 km
2 km
3 km
S
Meraner Land
Sonnenberg
Sonnenberg
Naturns
Naturno
Schnalstal
Val Senales
Juval
Juvale
Staben
Stava
Tschirland
Cirlano
Vinschgau
Tschars
Ciardes
Tabland
Tabla
Galsaun
Colsano
ETSCH / ADIGE
Kastelbell
Castelbello
Vinschgau
Karte 27
Römische Trasse der Via Claudia Augusta
Auto-Reise-Route
Spaziergang
Kastelbell
1 Ortskern Kastelbells und Schloss Kastelbell mit Dauerausstellung zur Via Claudia Augusta
Tschars
1 Ortskern von Tschars
Juval
1 Schloss Juval mit Messner Mountain Museum MMM
2 Vinschger Bauernladen
Naturns
1 Ortskern von Naturns
2 Prokulus-Museum
3 Prokulus-Kirche

Die Gemeinden Naturns, Plaus und Partschins bis zur Töll gehören zwar geografisch zum Vinschgau, sind aber Teil der Bezirksgemeinschaft Burggrafenamt und des Tourismusverbandes Meraner Land. Erste Siedlungsspuren am südlich gelegenen Joch stammen aus dem Mesolithikum. Der Name Naturns stammt aus keltischer Zeit und heißt so viel wie „Siedlung in der Au". Die Gegend war durchgehend besiedelt. Einer der beiden Meilensteine der Via Claudia Augusta wurde in Rabland gefunden. Die Wurzeln des Prokuluskirchleins im östlichen Teil von Naturns gehen auf das 7. Jh. zurück. Fresken im Inneren dürften aus dem 8. Jh. stammen und damit die ältesten im deutschsprachigen Kulturraum sein. Die Geschichte der Gegend ist mit multimedialer Unterstützung im Prokulusmuseum vis-a-vis zu erleben.

## Naturns, Plaus

Naturns ist ein pulsierendes Tourismus- und Handelszentrum, in dem es sich gut flanieren, einkaufen und einkehren lässt. An der Straße im Zentrum sind u. a. die alten Straßengasthöfe erkennbar. Geschichtlich kulturelles Highlight sind die Prokuluskirche und das Prokulusmuseum. ■ Naturns, St.-Prokulus-Straße, +39 0473 673 139, geöffnet 1. April – 2. Nov., Di – So und Feiertag 10 – 12:30 und 14:30 – 17:30 Uhr, Mo Ruhetag, www.naturns.it.prokulus. Etwas talabwärts liegt – am anderen Etschufer – die erstmals im 13 Jh. erwähnte kleine Gemeinde Plaus.

## Rabland, Partschins, Töll (Gemeinde Partschins)

In Rabland, beim Eingang des Hotel Hanswirt, wurde einer der beiden Meilensteine gefunden, die die Via Claudia Augusta schriftlich überliefern. Dort befindet sich heute eine Nachbildung. Das Original ist im Stadtmuseum Bozen zu besichtigen. Ums Eck liegt die größte Modelleisenbahnanlage Südtirols. Partschins ist die Vinschger Gemeinde mit dem größten Höhenunterschied zwischen 525 m im Tal und den 3337 m des Rotecks. Im malerischen Dorfkern sind vor allem die spätgotische Pfarrkirche St. Peter und Paul, das Schlossweingut aus dem 13. Jh. und das Schreibmaschinen-Museum zu erwähnen, das dem Partschinser Peter Mitterhofer, Erfinder der Schreibmaschine, gewidmet ist. ■ Partschins, Kirchplatz 10, +39 0473 967 581, geöffnet

April – Okt. Mo 14 – 18, Di – Fr 10 – 12 und 14 – 18, Sa 10 – 12 Uhr, www.schreibmaschinenmuseum.com.

**Regionale Küche wie vor 2000 Jahren**

Hier könnte ein Gastbetrieb stehen, der zumindest ein Gericht wie vor 2000 Jahren laufend auf der Karte führt.

**Übernachtungs- und Camping-Möglichkeiten im Anhang und in den Karten**

**Fragen und Auskunft zum Teilabschnitt**

■ Touristinfo Touristinfo Naturns
39025 Naturns, Rathausstraße 1, 0039 0473 666 077
■ Touristinfos Rabland & Partschins
39020 Partschins, 0039 0473 967 157
■ Hotline Via Claudia Augusta, 0043664 27 63 555

Prokuluskirche. Fotos (2): Lois Lammerhuber

Bergbauernhöfe oberhalb von Naturns. Foto: Tschaikner

Prokulusmuseum.

Nachbau des Meilensteins der Via Claudia Augusta am Fundort in Rabland.

Schreibmaschinen-Museum

Über die 200 Meter hohe Geländestufe bei Töll gelangt der Reisende vom Vinschgau hinunter ins mediterrane „Gartendorf Algund". Die geringere Höhe und die geschützte Lage machen die Gegend zu einer der wärmsten Italiens und lassen — neben Birke und Ahorn — Palmen, Zypressen oder Olivenbäume wachsen. In zahlreichen Gärten sind südländische Pflanzen zu entdecken. Sie verstärken noch den Eindruck, dass man hier die Brücke zwischen alpinem und mediterranem Raum quert. Schon die Römer querten im Bereich des Schlosses Forst die Etsch. Bis heute führen zwischen Algund und Marling Brücken über die Etsch. Dem historischen Fluss-Übergang ist das „Museum Brückenkopf" in Algund gewidmet. Die Gegend besticht nicht nur mit einer malerischen Kulturlandschaft zwischen Wein und Äpfeln, durch das mit dem Algunder und Marlinger Waal zwei der schönsten Waalwege führen. In und rund um Meran befinden sich auch die einzige Wellness-Therme entlang der Via Claudia Augusta, die Gärten von Schloss Trauttmansdorf oder Schloss Tirol. Die Region ist eine ganzheitliche Wohlfühlregion, in der auch herrlich die Früchte der Natur zu genießen sind.

## Gartendorf Algund an der alten Etschbrücke

An der Etsch-Schleuse bei Töll zweigt die Reiseroute links auf die alte Landstraße ab, die im Bereich der römischen Trasse nach Algund hinunter führt. Gleich nach der Abzweigung liegt ein Parkplatz, an dem der Algunder Waalweg beginnt. Von diesem bieten sich herrliche Ausblicke auf das Gartendorf und die Stadt Meran — genauso wie von einem malerischen Rastplatz an der Straße, an der die Gemeinde die überdimensionalen „Trauttmansdorfer Thronsessel" aufgestellt hat. Algund hat eine sehenswerte moderne Kirche. Auch wenn viele Häuser renoviert und neu gebaut wurden, ist der Fortsetzung der Alten Landstraße durch den Ort anzumerken, dass sie die alte Verbindung zur Kurstadt ist. Am Etsch liegt das neue Museum Brückenkopf, das den historischen Straßen gewidmet ist, die allesamt dort den Fluss querten. Auch heute gibt es eine Brücke, auf der der Besucher zu Fuß in den Ortsteil Forst mit Schloss und Privatbrauerei gleichen Namens gelangt.

## Kurstadt Meran

Nach Meran, in der sich in der Spätantike das befestigte Castrum Maiense befand, lockt nicht nur die sehenswerte Altstadt mit den bekannten Lauben. Auf einer ca. zweistündigen Runde ab dem Parkplatz beim Frauenmuseum sind fast alle Besonderheiten zu sehen, inkl. dem neuen Wellness-Tempel „Therme Meran" und den Sisi-Gärten. Oberhalb der Stadt thronen die Stammburg der Grafen von Tirol und die berühmten Gärten von Schloss Trauttmansdorf.

## Panoramadorf Marling am Westhang über Meran

Der malerisch am Hang gelegene Ort verfügt noch über einen gut erhaltenen Kern. Vom Dorf und vor allem vom mit 12 km längsten Waalweg Südtirols, oberhalb des Ortes, hat man einen herrlichen Ausblick auf die Kurstadt. Schloss Lebenberg ist eines der schönsten Schlösser Südtirols. Es ist in Privatbesitz aber teilweise zu besichtigen.

---

**Regionale Küche wie vor 2000 Jahren**

Hier könnte ein Gastbetrieb stehen, der zumindest ein Gericht wie vor 2000 Jahren laufend auf der Karte führt.

---

**Übernachtungs- und Camping-Möglichkeiten im Anhang und in den Karten**

---

**Fragen und Auskunft zum Teilabschnitt**

■ Touristinfo 39022 Algund, Hans-Gamper-Platz 3, 0039 0473 448 600
■ Touristinfo 39020 Marling, Kirchplatz 5, 0039 0473 447 147
Via Claudia Augusta Hotline, 0043664 27 63 555

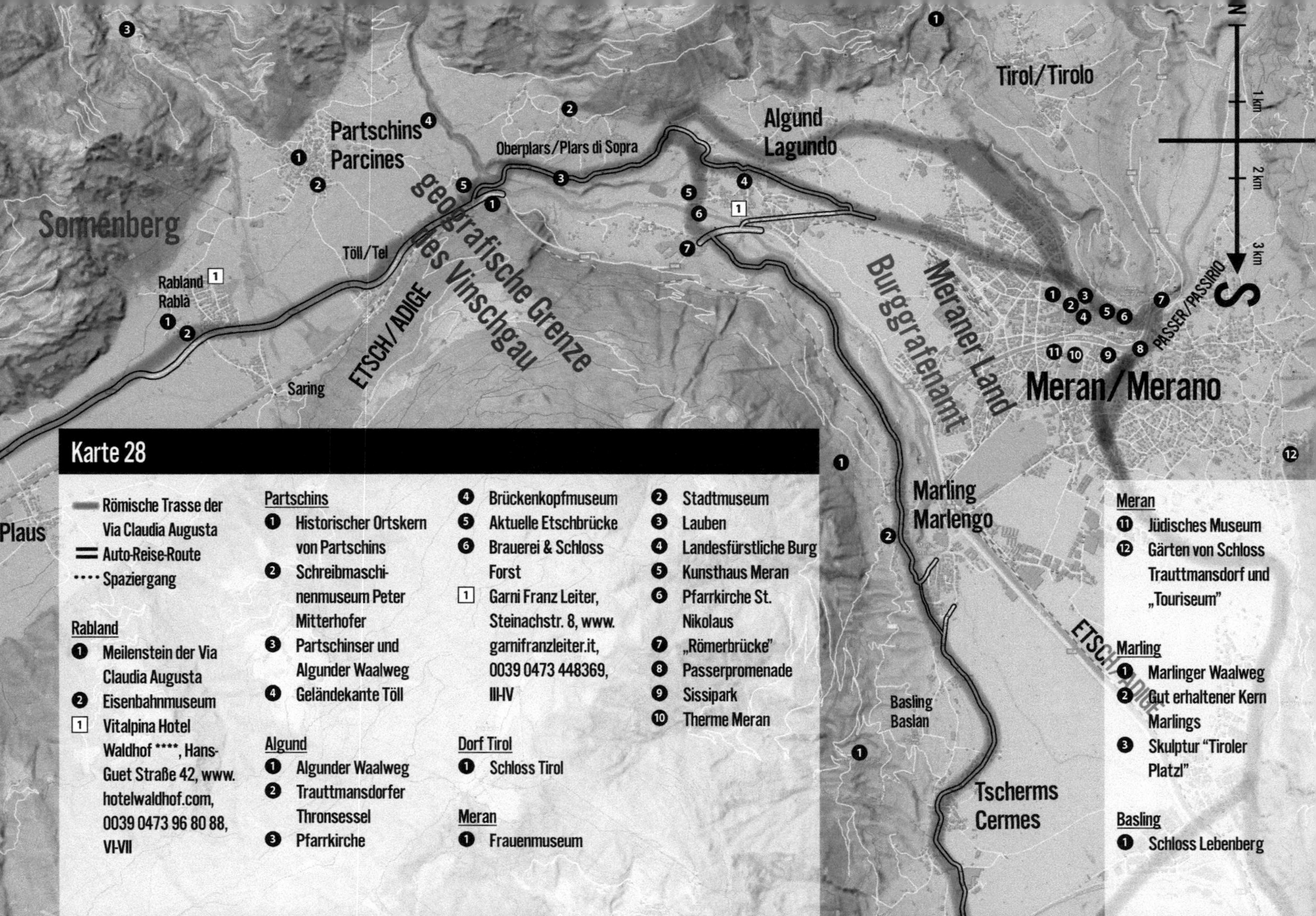

N
1 km
2 km
3 km
S
Tirol/Tirolo
Algund
Lagundo
Partschins
Parcines
Oberplars/Plars di Sopra
Meraner Land
Burggrafenamt
Meran/Merano
PASSER/PASSIRIO
Sonnenberg
Töll/Tel
geografische Grenze des Vinschgau
ETSCH/ADIGE
Saring
Rabland
Rablà
Plaus
Marling
Marlengo
ETSCH/ADIGE
Basling
Basian
Tscherms
Cermes

Karte 28

Römische Trasse der Via Claudia Augusta
Auto-Reise-Route
Spaziergang

Rabland
1 Meilenstein der Via Claudia Augusta
2 Eisenbahnmuseum
1 Vitalpina Hotel Waldhof ****, Hans-Guet Straße 42, www.hotelwaldhof.com, 0039 0473 96 80 88, VI-VII

Partschins
1 Historischer Ortskern von Partschins
2 Schreibmaschinenmuseum Peter Mitterhofer
3 Partschinser und Algunder Waalweg
4 Geländekante Töll

Algund
1 Algunder Waalweg
2 Trauttmansdorfer Thronsessel
3 Pfarrkirche

4 Brückenkopfmuseum
5 Aktuelle Etschbrücke
6 Brauerei & Schloss Forst
1 Garni Franz Leiter, Steinachstr. 8, www.garnifranzleiter.it, 0039 0473 448369, III-IV

Dorf Tirol
1 Schloss Tirol

Meran
1 Frauenmuseum

2 Stadtmuseum
3 Lauben
4 Landesfürstliche Burg
5 Kunsthaus Meran
6 Pfarrkirche St. Nikolaus
7 „Römerbrücke"
8 Passerpromenade
9 Sissipark
10 Therme Meran

Meran
11 Jüdisches Museum
12 Gärten von Schloss Trauttmansdorf und „Touriseum"

Marling
1 Marlinger Waalweg
2 Gut erhaltener Kern Marlings
3 Skulptur "Tiroler Platzl"

Basling
1 Schloss Lebenberg

Das Panoramadorf Algund und das Gartendorf Algund an der Römerstraße ,südlich und nördlich der römischen Brücke über die Etsch. Foto: Tschaikner

Der historische Brückenkopf in Algund.

Überdimensionale Trauttmansdorffer Thron-Sessel im Gartendorf Algund

Heutige Etschbrücke zwischen Algund und Forst mit der Brauerei.

Kurstadt Meran

Die Therme Meran.

Panoramadorf Marling

Durch das Etschtal zwischen Meran und Bozen führte die Römerstraße am Westhang. Auf den zahlreichen Hügeln befanden sich schon urgeschichtliche Siedlungen. In Nals entdeckten Archäologen ein spätantikes Haus mit Bodenheizung, Badeanlage und einer Apsis. Der Aschbach in Gargazon bildete die Grenze zwischen den römischen Provinzen Rätien I und Rätien II. Die Gegend war immer Grenzgebiet und ist es bis heute. Ab dem 13. Jahrhundert entstanden zahlreiche Festungen, die sie zur burgenreichsten Europas machten. Die Wurzeln der beiden Kirchen St. Georg und St. Margareten in Lana im 9. Jh. zeigen, dass einige Orte bereits sehr alt sind. Die Bevölkerung lebte von dem, was der Boden hergab, von der Straße und einige auch vom Bergbau. In Nals und in Terlan befanden sich bedeutende Silberminen. Im 15. Jh. schürften alleine in Terlan 1000 Knappen in mehr als 30 Gruben nach Erz. Ab Andrian war die Etsch schiffbar und das Silber konnte auf dem Wasserwege Richtung Süden gebracht werden.

## Tscherms, Lana, Burgstall, Gargazon

Das Grenzgebiet war schon früh besiedelt. Die Großgemeinde Lana entstand aber erst durch Zusammenlegung der Gemeinden Vill, Oberlana und Niederlana im Jahr 1850. Sehenswert sind neben den Burgen, Schlössern und Ansitzen vor allem die Pfarrkirche Mariä Himmelfahrt von Niederlana, mit dem Schnatterbeckaltar und das Südtiroler Obstbaumuseum. Die römische Provinzgrenze Aschbach lockt mit gleich mehreren Wasserfällen in die Natur.

## Das Wein- und Rosendorf Nals und Adrian

Nals ist heute eine relativ kleine Gemeinde, verfügt aber über einen ausgedehnten Kern, der von der geschichtlichen Bedeutung zeugt. Wegen der zahlreichen Rosen gilt es als „Rosendorf". Andrian, eine der kleinsten Gemeinden Südtirols, wurde 1928 vom König in Nals eingemeindet, ist aber seit 1953 wieder selbständig. Mit dem Ansitz Stachelburg, Schloss Payrsberg und Schwanburg mit Schlosskellerei , Burg Wolfsthurn und der Burgruine Festenstein, finden sich gleich fünf Kastelle in den zwei kleinen Orten.

## Alter Bergbauort und heutiger Spargelort Terlan

Terlan, zu dem auch Vilpian im Norden und Siebeneich im Süden gehört, war einst ein bedeutender Bergbauort. Von dieser Zeit zeugt die gotische Pfarrkirche Maria Himmelfahrt aus dem 14. Jh., deren Turm mit mehrfärbigen Schindeln gedeckt ist. Als Wahrzeichen thront die Burgruine „Maultasch" über dem Ort. Er ist heute vor allem durch seinen Spargel bekannt.

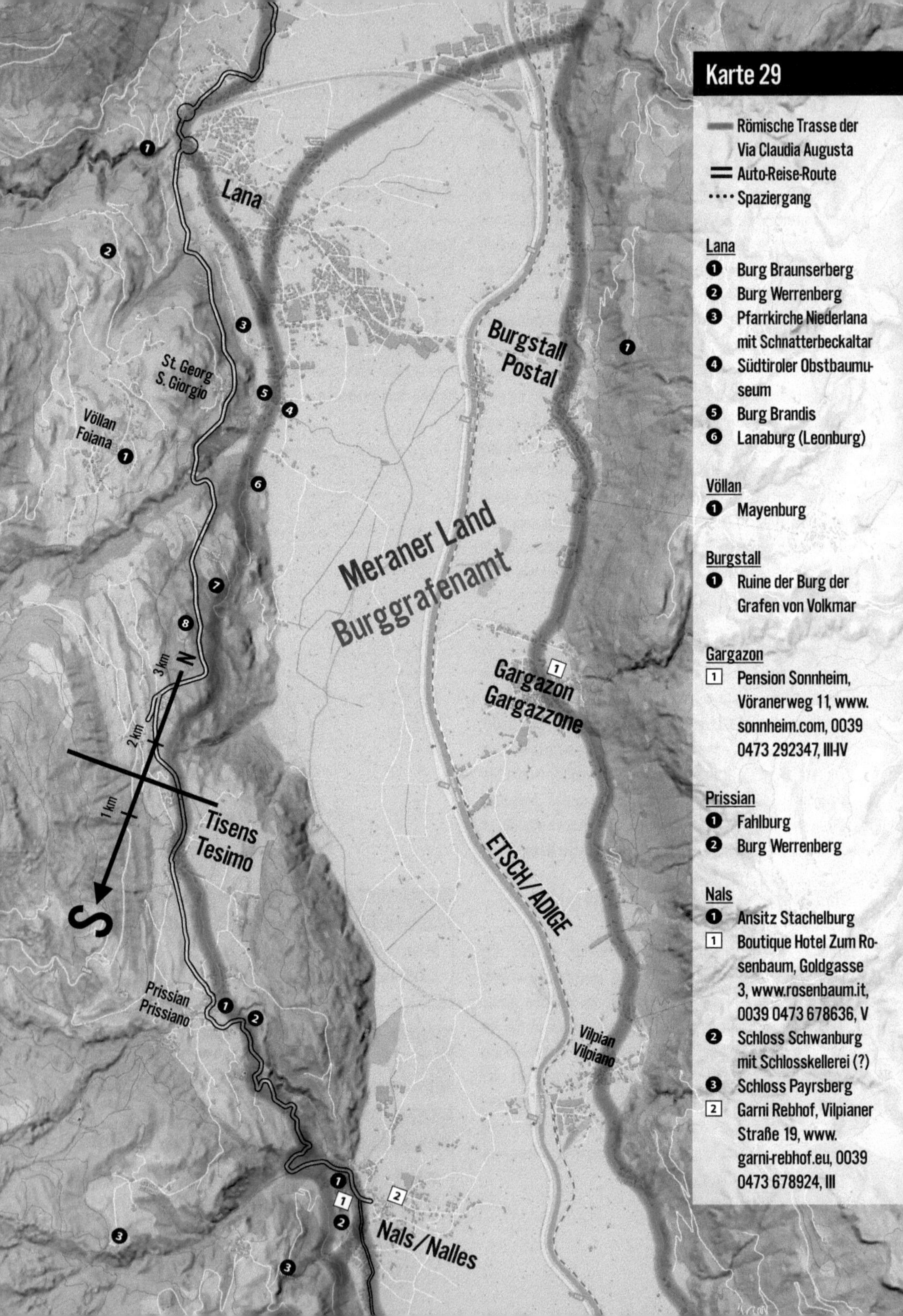

Karte 29

Römische Trasse der
Via Claudia Augusta
Auto-Reise-Route
Spaziergang

Lana
1 Burg Braunserberg
2 Burg Werrenberg
3 Pfarrkirche Niederlana
mit Schnatterbeckaltar
4 Südtiroler Obstbaumu-
seum
5 Burg Brandis
6 Lanaburg (Leonburg)

Völlan
1 Mayenburg

Burgstall
1 Ruine der Burg der
Grafen von Volkmar

Gargazon
1 Pension Sonnheim,
Vöranerweg 11, www.
sonnheim.com, 0039
0473 292347, III-IV

Prissian
1 Fahlburg
2 Burg Werrenberg

Nals
1 Ansitz Stachelburg
1 Boutique Hotel Zum Ro-
senbaum, Goldgasse
3, www.rosenbaum.it,
0039 0473 678636, V
2 Schloss Schwanburg
mit Schlosskellerei (?)
3 Schloss Payrsberg
2 Garni Rebhof, Vilpianer
Straße 19, www.
garni-rebhof.eu, 0039
0473 678924, III

Lana
Burgstall
Postal
St. Georg
S. Giorgio
Völlan
Foiana
Meraner Land
Burggrafenamt
Gargazon
Gargazzone
3 km
N
2 km
1 km
S
Tisens
Tesimo
Prissian
Prissiano
ETSCH / ADIGE
Vilpian
Vilpiano
Nals / Nalles

Das Gebiet zwischen Meran und Bozen ist das an Burgen reichste Gebiet Europas. Im Bild die Burg Festenstein in Andrian.

St. Leonburg im Grenzgebiet bei Lana. Foto: Tschaikner

Das Südtiroler Obstbaumuseum in Lana

Der Schnatterbeckaltar in der Pfarrkirche in Niederlana.

Im Rosendorf Nals.

Zeugnis der Bergbauvergangenheit. Foto: Tourismusverein Terlan

Man vermutet, dass sich die überlieferte Pons Drusi der Römerstraße dort befand, wo heute in Bozen die Drusus-Brücke, kurz vor der Mündung in den Eisack-Fluss, über die Talfer führt. Zuvor musste sie am Fuße von Schloss Siegmundskron die Etsch und den Talkessel queren, der heute fast komplett von der Hauptstadt der autonomen Provinz ausgefüllt wird. Sie wurde 1170 – 1180 als planmäßige Marktsiedlung mit einer zentralen Gasse und einem Marktplatz (Kornplatz) errichtet, und in der Folge mehrfach erweitert.

## Auf der Drususallee in die Stadt

Im Stadtteil Frangart, am Fuße von Schloss Siegmundskron, wo heute das Messner Mountain Museum Firmian zur Auseinandersetzung mit der Beziehung Mensch-Berg ruft, biegen die historische Trasse und die Reiseroute Richtung Stadtzentrum ab. Sie queren die Etsch und den weiten Talkessel. Die Allee und die Brücke zur Altstadt sind nach Drusus benannt, der einst die Römer über die Alpen führte und mit dem Ausbau der bestehenden Pfade zur Straße begann. ■ MMM Firmian, Bozen, Sigmundskronerstraße 53, +43 0471 631 264, geöffnet vom 1. So im März bis zum dritten So im Nov., 10 – 18 Uhr, Do Ruhetag, letzter Einlass 17 Uhr, www.messner-mountain-museum.it.

## Ein Spaziergang durch die Stadt

Sein Auto lässt der Reisende während eines Spaziergangs durch die Stadt in der Parkgarage P8 hinter dem Bahnhof, in der kleinen Parkgarage bei der Rittner Seilbahn oder in der Tiefgarage am Waltherplatz, wo der beschriebene Spaziergang startet. Der Waltherplatz und das Denkmal in der Platzmitte sind dem Minnesänger Walther von der Vogelweide gewidmet. Ab dort gibt es auch einen Shuttle zur „Bilderburg" Schloss Runkelstein im Norden der Stadt, mit einigen der bedeutendsten profanen Fresken des Alpenraumes. Am Kornplatz fand früher der Korn- und Getreidemarkt statt. In der Mitte der malerischen Laubengasse befindet sich das Merkantilmuseum, das in der ehemaligen Handelskammer die Wirtschaftsgeschichte des Landes erzählt. Am Ostende der Prachtstraße liegt das Rathaus. Etwas weiter wartet das Naturmuseum Südtirol. Wer einen schönen Blick auf die Stadt genießen möchte, der fährt am besten mit der Rittner Seilbahn auf das Hochplateau Ritten, die nur wenige Gehminuten entfernt liegt. Die Franziskanerstraße führt zur Franziskanerkirche, dem Franziskanerkloster und schließlich an die Ostseite der Laubengasse. Etwas westlich liegen das Südtiroler Archäologiemuseum mit „Ötzi" und das Stadtmuseum mit einem der zwei originalen Meilensteine, die die Via Claudia Augusta schriftlich überliefern, und das Südtiroler Archäologiemuseum mit „Ötzi". Über die Talferbrücke erreicht man das Siegesdenkmal, eines der letzten verbliebenen Monumente, die in der faschistischen Zeit errichtet wurden. Über die neue Rad- und Fußgängerbrücke quert die Route wieder die Talfer und führt direkt zum „Museion", das moderne und zeitgenössische Kunst präsentiert. Stadttheater und Konzerthaus bilden eine Einheit nahe dem Eisack-Fluss. Den würdigen Abschluss der Stadtrunde bildet der gotische Dom Maria Himmelfahrt aus dem 12. Jh., mit der Domschatzkammer. Er stand einst außerhalb der Stadtmauer.

■ Stadtmuseum Bozen, +39 0471 997 960, Di – So 10 – 18 Uhr.

■ Südtiroler Archäologiemuseum, +39 0471 320 100, im Juli, Aug. und Dez. täglich 10 – 18 Uhr, in den übrigen Monaten Mo Ruhetag, letzter Einlass um 17:30 Uhr, www.iceman.it.

■ Naturmuseum Südtirol, +39 0471 412 964, geöffnet Di – So 10 – 18 Uhr, www.naturmuseum.it.

■ Rittner Seilbahn, ganzjährig in Betrieb, www.ritten.com.

■ Merkantilmuseum, +39 0471 945 702, Mo – Sa, 10 – 12:30 Uhr.

■ Domschatzkammer, +39 0471 978 676, Di – Sa 10 – 12 Uhr.

■ Museion, +39 0471 223 413, geöffnet Di – So 10 - 18 Uhr, letzter Einlass: 17:30 Uhr, Do 10 – 22 Uhr, freier Eintritt 18 – 22 Uhr, Gratisführung: 19 Uhr, letzter Einlass: 21:30 Uhr, www.museion.it.

■ Schloss Runkelstein, +39 0471 329 808, Di – So, bis 15. März 10 – 17 Uhr (letzter Einlass 16:30 Uhr), ab 16. März 10 – 18 Uhr (letzter Einlass 17:30 Uhr), www.runkelstein.info.

## Weiter in Richtung Süden

Die Reiseroute führt über die Loretobrücke und dann – auf den Spuren der Römerstraße – Richtung Leifers, der südlichsten Stadt Südtirols.

Karte 30

Römische Trasse der Via Claudia Augusta
Auto-Reise-Route
Spaziergang

Andrian
1 Hotel Gasthof Schwarzer Adler***, St.-Urban-Platz 4, www.schwarzeradler-andrian.net, 0039 0473 510288, IV-V
1 Burg Wolfsthurn
2 Burgruine Festenstein

Terlan
1 Pfarrkirche Maria Himmelfahrt in Terlan
2 Burgruine „Maultasch"

Missian
1 Burg Hocheppan

Bozen
1 Drususallee
2 Drususbrücke
3 Waltherplat30mit

Walther-von-der-Vogelweide-Denkmal
4 Kornplatz
5 Laubengasse
6 Merkantilmuseum
7 Rathaus
8 Naturmuseum Südtirol
9 Rittner Seilbahn
10 Franziskanerkirche und -kloster
11 Südtiroler Archäologiemuseum
12 Stadtmuseum mit Meilenstein der Via Claudia Augusta
13 Talferbrücke
14 Siegesdenkmal
15 Talfer-Rad- und Fußgängerbrücke
16 Museion, Museum für moderne und zeitgenössische Kunst
17 Stadttheater und Konzerthaus
18 Gotischer Dom Maria Himmelfahrt mit Domschatzkammer
19 Schloss Runkelstein

Andrian
Andriano
Terlan
Terlano
Missian
Missiano
ETSCH / ADIGE
Siebeneich
Settequerce
N
S
3 km
2 km
1 km
Frangart
Frangarto
Girlan
Cornaiano
Bozen / Bolzano
EISACK / ISARCO

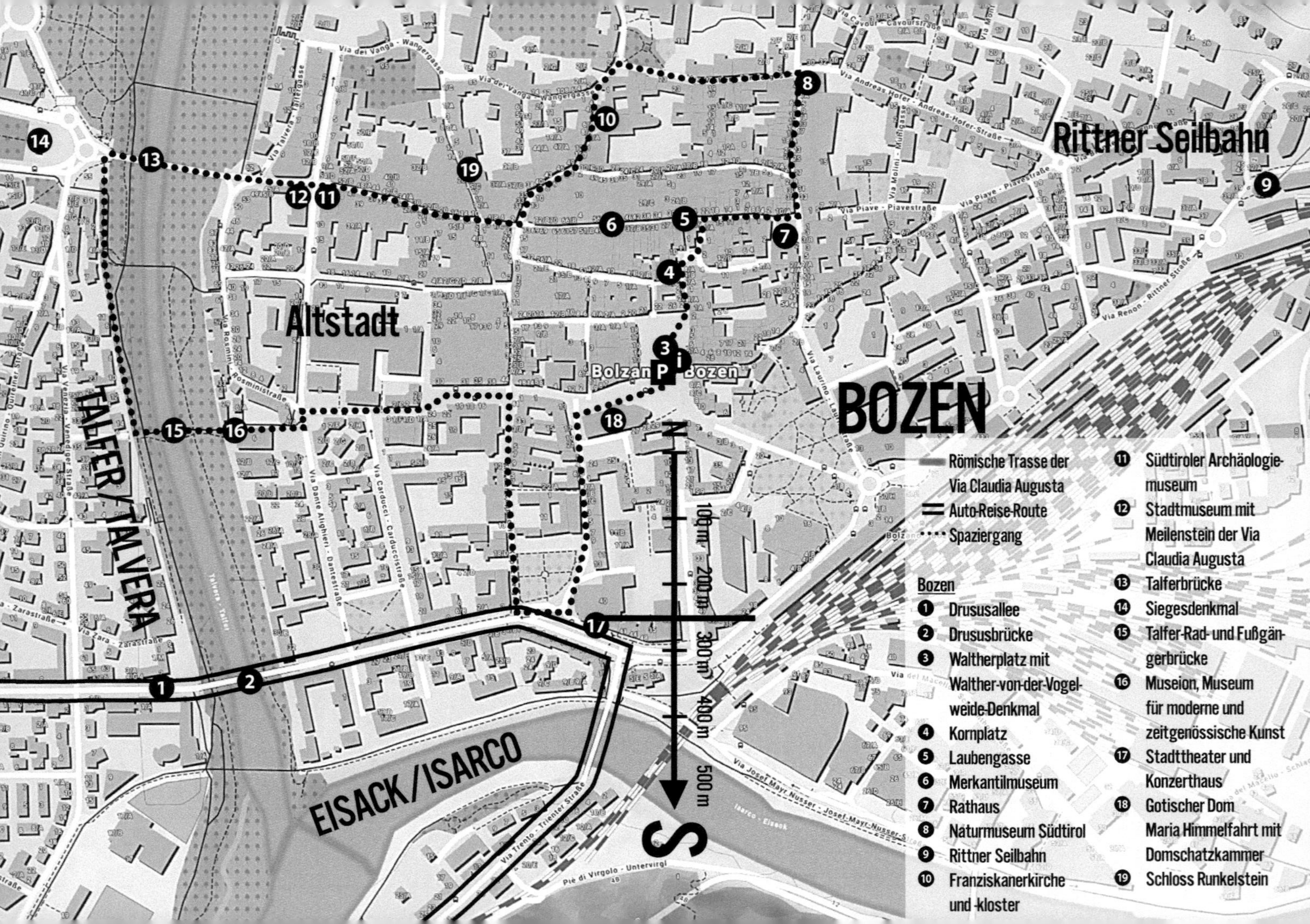

BOZEN
Rittner Seilbahn
Altstadt
Bolzan P i Bozen
TALFER / TALVERA
EISACK / ISARCO
N
S
100 m  200 m  300 m  400 m  500 m

Römische Trasse der Via Claudia Augusta
Auto-Reise-Route
Spaziergang

Bozen
1 Drususallee
2 Drususbrücke
3 Waltherplatz mit Walther-von-der-Vogelweide-Denkmal
4 Kornplatz
5 Laubengasse
6 Merkantilmuseum
7 Rathaus
8 Naturmuseum Südtirol
9 Rittner Seilbahn
10 Franziskanerkirche und -kloster
11 Südtiroler Archäologie-museum
12 Stadtmuseum mit Meilenstein der Via Claudia Augusta
13 Talferbrücke
14 Siegesdenkmal
15 Talfer-Rad- und Fußgängerbrücke
16 Museion, Museum für moderne und zeitgenössische Kunst
17 Stadttheater und Konzerthaus
18 Gotischer Dom Maria Himmelfahrt mit Domschatzkammer
19 Schloss Runkelstein

Walther-Platz, Walther-Denkmal und gotischer Dom Maria Himmelfahrt in Bozen. Foto: Verkehr-

Meilenstein der Via Claudia Augusta im Stadtmuseum. Foto: SMG

Bozen. Foto: Luca Ognibeni

„Ötzi" im Archäologiemuseum. Foto: Verkehrsamt Bozen / Ochsenreiter

Talfer-Brücke und Museion. Foto: Seehauser

Die Laubengasse

Brücken waren teuer und aufwändig zu errichten bzw. zu erhalten. Deshalb gab es wenige und es war notwendig beidseits des Flusses am Hang entlang eine Straße zu führen. Eine Römerstraße dürfte ungefähr dort verlaufen sein, wo heute die Südtiroler Weinstraße durch die bekannten Weindörfer St. Pauls, St. Michael, Kaltern am See, Tramin, Kurtatsch, Margreid und Kurtinig führt. Die eigentliche Via Claudia Augusta, dürfte dem Osthang entlang südwärts geführt haben, am Fuß des bereits Jahrtausende besiedelten markanten Berges „Castelfeder" in Auer, zur nachgewiesenen römischen Straßenstation Endidae im heutigen Neumarkt nach Salurn, wo sich einst die viel besungene „Salurner Klaus" befand. Ab Branzoll bei Südtirols südlichster und zugleich jüngster Stadt Leifers war übrigens die Etsch floßbar und war bis zum Bau der Eisenbahn der wichtigste Wirtschaftsfaktor von Südtirol und dem Trentino.

## Leifers, Branzoll und Pfatten

Leifers, Branzoll und Pfatten sind – abgesehen von Bozen – eine der wenigen Orte, die mehrheitlich von italienischsprachigen Südtirolern bewohnt werden. Das Zentrum des erst 1985 zur Stadt erhobenen Leifers versprüht auch schon ein wenig italienisches Flair. Im langgezogenen Ort Pfatten rechts und links der Etsch entdeckten Archäologen bedeutende spätbronzezeitliche und früheisenzeitliche Gräberfelder. Schon 860 wurde er erstmals als Vatina erwähnt.

## Auer und Castelfeder

Auer liegt am Fuße des historisch und biologisch interessanten Hügels Castelfeder. Die markante Anhöhe bietet auch einen guten Überblick über das Tal, bot Schutz und war deshalb schon lange vor Christi Geburt und auch in der Römerzeit besiedelt. Der großteils hangaufwärts gelegene Marktkern Auers hat zahlreiche kopfsteingepflasterte Gassen mit übermannshohen Steinmauern.

## Neumarkt und Laag

Lange Zeit war die römische Straßenstation Endidae im Norden von Neumarkt die einzige nachgewiesene Station Südtirols. Ein Teil der Ausgrabungen im heutigen Wohngebiet sind noch geöffnet und zu besichtigen. Der ausgedehnte historische Ortskern der Marktgemeinde mit seinen Lauben geht hauptsächlich auf das 16. Jahrhundert zurück. Der 1189 von den Bischöfen von Trento gegründete Ort verdankte den sichtbaren Wohlstand vor allem dem florierenden ganzjährigen Handel, entlang der wichtigen Straße und am Etschfluss. Der südlich gelegene Ort Laag dürfte seinen Namen von einem See haben, zu dem das Geschiebe des Noceflusses die Etsch aufgestaut hatte. Das historische Zentrum von Laag ist kleiner, als jenes von Neumarkt, aber auch sehenswert.

## Salurn an der viel besungenen Klause

Bei Salurn verengt sich das Etschtal zur Salurner Klause, die das Südtiroler Unterland von der anschließenden Piana Rotaliana trennt. Die Orte Salurn und Buchholz gehen auf römerzeitliche Siedlungen zurück. Schon 575 v. Chr. wird Salurn erstmals urkundlich erwähnt. Ihre Bedeutung verdankte die Gemeinde ihrer strategischen Lage. An der Talenge befand sich nicht nur eine Talsperre. Dort begann auch der Weg über den Sauchsattel ins Cembratal. Salurn besticht mit einem malerischen alten Dorfkern, über dem die Haderburg thront.

## Eppan an der Weinstraße

Mehrere Orte bilden gemeinsam die Großgemeinde Eppan im Norden des sogenannten „Überetsch", einer über dem Talboden erhobenen Hügellandschaft. Gräber, Wallburgen und eine spätbronzezeitliche Siedlung zeigen, dass sie schon früh besiedelt war. Historiker vermuten, dass der Name Eppan vom römischen Gutsbesitzer Appius herstammt. 2005 entdeckten Archäologen in St. Pauls Reste einer römischen Villa mit Fußbodenmosaiken aus dem 4. Jh. und einer Thermenanlage, von der sie annehmen, dass sie der Ansitz des Appius gewesen sein könnte. Schon 590 wurde die Gemeinde erstmals erwähnt. Im Hochmittelalter kämpften die Grafen von Eppan mit jenen von Tirol um die Vorherrschaft in Südtirol. Heute ist das Gebiet das an Burgen und Ansitzen reichste Gebiet Europas. Der heutige Hauptort St. Michael und auch der ursprüngliche Hauptort

St. Pauls mit einem der höchsten Kirchtürme des Landes, verfügen über einen malerischen historischen Ortskern. Eppan ist die größte Weinbaugemeinde Südtirols.

## Kaltern am See

Das Weindorf Kaltern am See mit seinem malerischen verkehrsberuhigten Zentrum liegt am Hangfuß des Mendelkammes im südlichen Teil des „Überetsch" und ist durch den Mitterberg vom Fluss getrennt. Südlich des Hauptortes sinkt die vom Weinbau geprägte Landschaft zum Naturjuwel Kalterer See ab, der als wärmster Badesee südlich der Alpen gilt. Als größter natürlicher See Südtirols und wichtigstes Feuchtgebiet der Region bietet er das ideale Habitat für eine Vielzahl von Arten. Die Biotope des Kalterer Sees und der Eislöcher sind im Schutzgebiet-Netzwerk „Natura 2000" eingebunden, einer Initiative der Europäischen Union.

## Tramin, Kurtatsch, Margreid und Kurtinig

Tramin ist berühmt für die Rebsorte Gewürztraminer. Es verfügt über einen ausgedehnten alten Ortskern mit prächtigen Kirchen, der sich an den Hang schmiegt. Kurtatsch war schon im Mesolithikum besiedelt, was Archäologische Funde bezeugen. Schon im 4. Jh. wurde der Ort zum christlichen Glauben gebracht, vom Hl. Vigilius, dem eine romanische Wallfahrtskirche aus dem 1300 Jh. gewidmet ist. Margreid sieht man an, dass es seit jeher von Obst- und Weinbauern geprägt wurde. Das malerische Dorfzentrum mit seinen geschwungenen Gassen zeigt südliche Einflüsse. Das kleine Gemeindegebiet Kurtinigs, das sich auf das Tal beschränkt und lediglich 4 Meter Höhenunterschied aufweist, galt schon zur Stein- und Römerzeit als ertragreiches Jagd- und Fischereigebiet.

## Special: Römische Straßenstation Endidae-Neumarkt

Bei einigen Grabungsarbeiten in der Flur „Kahn" wurden ab 1983 Reste einer großen Struktur aus römischer Zeit ans Tageslicht gebracht, die mit großer Wahrscheinlichkeit der „Endidae Mansio", die im „Itinerarium Antonini" vorkommt, zuzuordnen sind. Das große Gebäude mit einer Grundfläche von 737 m2 wies rechteckige Form auf und war durch einen großen Säuleneingang und einen zentralen, teils überdachten Hof gekennzeichnet, um den sich eine Reihe kleinerer Räume verteilten, vermutlich Ruheräume (cubicula) und eine Küche.

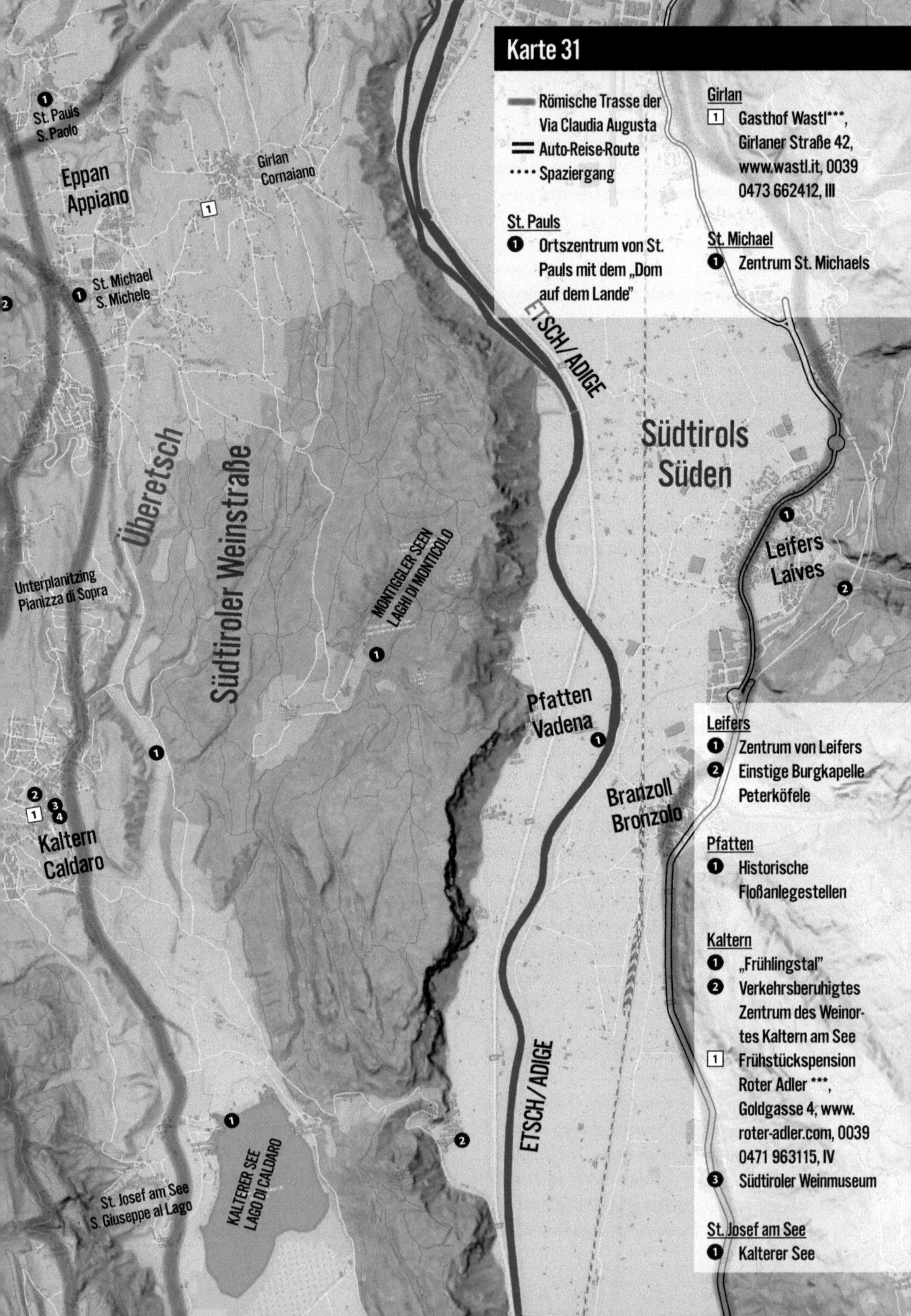

Karte 31

Römische Trasse der Via Claudia Augusta
Auto-Reise-Route
Spaziergang

St. Pauls
Ortszentrum von St. Pauls mit dem „Dom auf dem Lande"

Girlan
Gasthof Wastl***, Girlaner Straße 42, www.wastl.it, 0039 0473 662412, III

St. Michael
Zentrum St. Michaels

Leifers
Zentrum von Leifers
Einstige Burgkapelle Peterköfele

Pfatten
Historische Floßanlegestellen

Kaltern
„Frühlingstal"
Verkehrsberuhigtes Zentrum des Weinortes Kaltern am See
Frühstückspension Roter Adler ***, Goldgasse 4, www. roter-adler.com, 0039 0471 963115, IV
Südtiroler Weinmuseum

St. Josef am See
Kalterer See

St. Pauls
S. Paolo

Eppan
Appiano

Girlan
Cornaiano

St. Michael
S. Michele

Überetsch

Südtiroler Weinstraße

Unterplanitzing
Pianizza di Sopra

MONTIGGLER-SEEN
LAGHI DI MONTICOLO

Kaltern
Caldaro

Pfatten
Vadena

Branzoll
Bronzolo

Südtirols Süden

Leifers
Laives

ETSCH/ADIGE

ETSCH/ADIGE

St. Josef am See
S. Giuseppe al Lago

KALTERER SEE
LAGO DI CALDARO

Blick von Castelfeder Richtung Süden. Foto: Tourismusverein Castelfeder

Endidae. Foto: SMG

Kalterer See. Foto: TV Kaltern

Lauben von Neumarkt.

Die Haderburg über Salurn

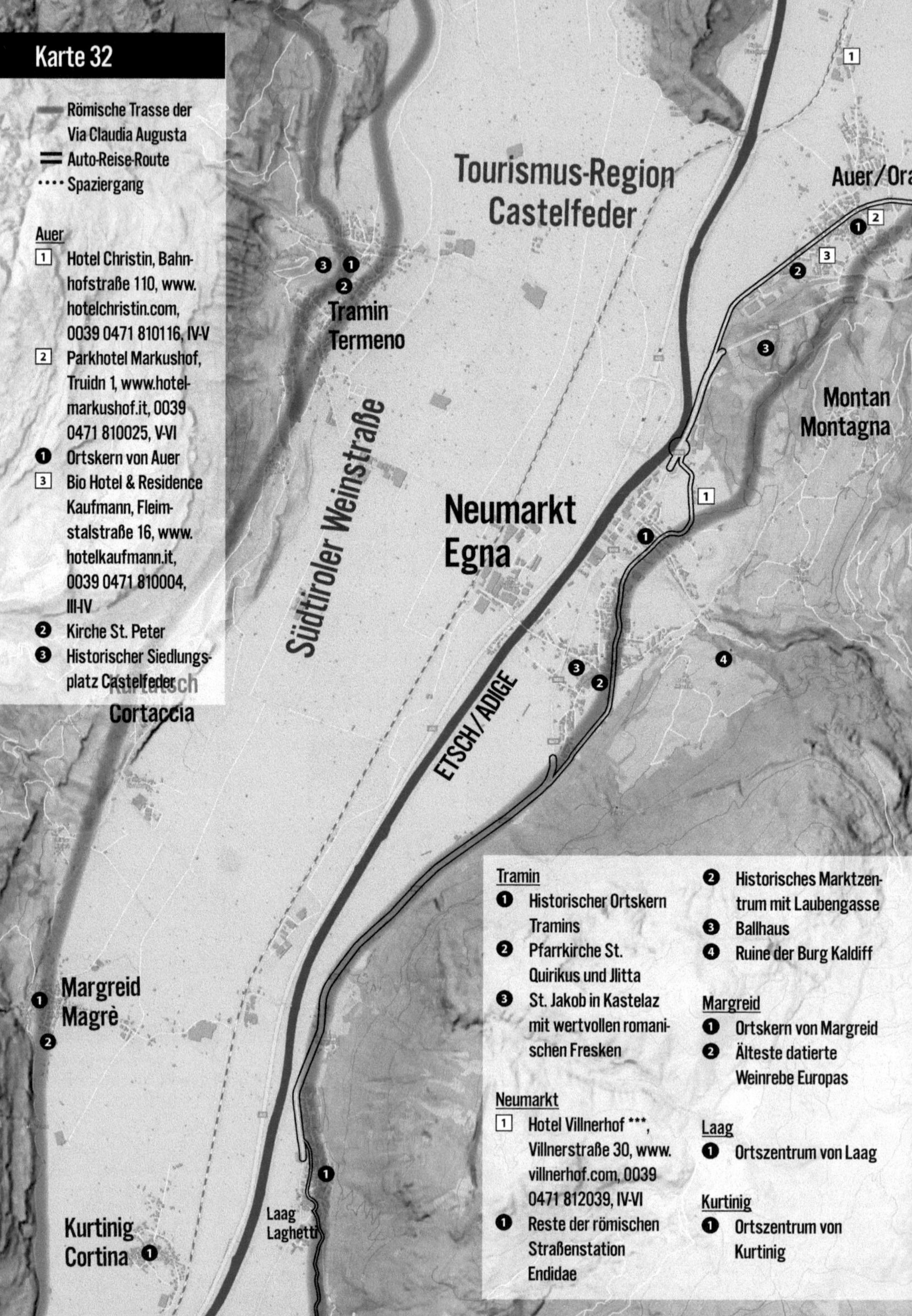

Karte 32

Römische Trasse der Via Claudia Augusta
Auto-Reise-Route
Spaziergang

Auer
1 Hotel Christin, Bahnhofstraße 110, www.hotelchristin.com, 0039 0471 810116, IV-V
2 Parkhotel Markushof, Truidn 1, www.hotel-markushof.it, 0039 0471 810025, V-VI
1 Ortskern von Auer
3 Bio Hotel & Residence Kaufmann, Fleimstalstraße 16, www.hotelkaufmann.it, 0039 0471 810004, III-IV
2 Kirche St. Peter
3 Historischer Siedlungsplatz Castelfeder

Kurtatsch
Cortaccia

Tourismus-Region Castelfeder

Auer/Ora

Montan
Montagna

Tramin
Termeno

Südtiroler Weinstraße

Neumarkt
Egna

ETSCH/ADIGE

Margreid
Magrè

Kurtinig
Cortina

Laag
Laghetti

Tramin
1 Historischer Ortskern Tramins
2 Pfarrkirche St. Quirikus und Jlitta
3 St. Jakob in Kastelaz mit wertvollen romanischen Fresken

Neumarkt
1 Hotel Villnerhof ***, Villnerstraße 30, www.villnerhof.com, 0039 0471 812039, IV-VI
1 Reste der römischen Straßenstation Endidae

2 Historisches Marktzentrum mit Laubengasse
3 Ballhaus
4 Ruine der Burg Kaldiff

Margreid
1 Ortskern von Margreid
2 Älteste datierte Weinrebe Europas

Laag
1 Ortszentrum von Laag

Kurtinig
1 Ortszentrum von Kurtinig

Das Geschiebe, das der Fluss Noce aus dem Nonstal mitbrachte, staute einst die Wasser der Etsch zu einem weitläufigen See auf, der das ganze Tal ausfüllte. Er lag als natürliche Grenze zwischen den Gemeinden des Süden Südtirols, des Nonstales und jenen nördlich der Stadt Trento. Gemeinsam mit anderen Ursachen erklärt der so erschwerte Kontakt zwischen den Orten, dass sich hier die Grenze zwischen dem deutschen und italienischen Sprachraum bildete. Die Bevölkerung der Piana Rotaliana spricht heute durchwegs italienisch. Das Wasser zog aber auch eine Grenze durch die Region. Mezzocorona (Kronmetz), ihr heutiges Landwirtschaftszentrum, ist eher deutsch geprägt, während z. B. die traditionellen Handelszentren Mezzolombardo am Eingang ins Nonstal und Lavis am Eingang ins Tal des Avisio mit ihren stattlichen Palazzi eher italienisch geprägt sind. Heute ist der See Geschichte. Die Ebene auf den Erden, die der Noce-Fluss mitgebracht hat, ist besonders fruchtbar. Die ganze Piana Rotaliana und ihre Hänge sind von Weingärten überzogen, in denen als regionale Spezialität die bekannten Teroldego-Trauben reifen. Die gedeihliche Entwicklung der Gegend wurde wesentlich vom ehemaligen Stift St. San Michele all'Adige geprägt, das noch heute mit dem Istituto Agrario das landwirtschaftliche Kompetenzzentrum des gesamten Trentino beherbergt und im Landesmuseum für Volkskunde das Leben und die Gebräuche im ganzen Land abbildet. Von den Schlössern und Festungen ist wohl die Höhlenburg San Gottardo im Fels hinter Mezzocorona die Bekannteste.

## Über die Sprachgrenze nach Roveré della Luna

Brücken waren teuer und aufwändig zu erhalten. Deshalb gab es davon nicht viele und es musste folglich – auch in der Römerzeit – eine Hauptstraße westlich und östlich des Etsch und auch des vom Noce aufgestauten Etschsees geben. Nach Salurn wechselt die Reiseroute auf die Westseite des Tales, wo mit Roverè della Luna die erste italienisch-sprachige Gemeinde wartet. Im malerischen alten Ortskern ist die ehemalige Friedhofskapelle St. Anna aus dem späten 15. Jh. besonders sehenswert.

## Landwirtschaftszentrum Mezzocorona

Von Roverè della Luna führt die Reiseroute, auf der vermuteten römischen Straßentrasse, am Felshang entlang nach Mezzocorona, das mit den größten Weinkellereien, darunter die moderne „Cittadella del Vino", das landwirtschaftliche Zentrum der Region bildet. Prähistorische Funde zeigen, dass der Ort schon vor den Römern besiedelt war. Wie Ausgrabungen belegen, war er auch ein wichtiger Wegpunkt an der Römerstraße. Am Areal einer römischen Villa stehen heute Wohnblöcke. Im Vorderen Bereich wurde aber ein Informationszentrum „Domus Romana" eingerichtet, von dem die Initiative zur regelmäßigen Wander-Ausstellung „Incontri D'Arte" entlang der Via Claudia Augusta ausgeht. Mezzocorona verfügt auch über einen sehenswerten, weitläufigen Kirchplatz. Wenige Meter davon entfernt führt eine Gondelbahn auf eine Hochebene am Gipfel der schroffen Bergkette Monte, von wo man eine herrliche Aussicht genießt. In der Felswand befindet sich die Höhlenburg San Gottardo, die leider wegen Steinschlag-Gefahr nur von unten betrachtet werden kann.

## Mezzolombardo, Handelszentrum für das Nonstal

Die Reiseroute führt nicht nur ein wenig ins Nonstal hinein, um dem Reisenden Mezzolombardo zu zeigen. Die Westroute der Römer konnte nicht direkt im Mündungsgebiet den Noce-Fluss queren. Der an den Hang gelehnte Ort Mezzolombardo, mit seinen malerischen geschlossenen Häuserreihen und zahlreichen Palazzi, ist das Handelszentrum an der alten Straße ins Nonstal. Im Ort, am Fuße der Kirche San Pietro und der Burg Castello della Torre, kann der Besucher herrlich flanieren, Kaffee trinken, ein Eis genießen und in kleinen Geschäften einkaufen, in denen auch die Bevölkerung einkauft.

## San Michele all'Adige. Agrar-Kompetenz-Zentrum

Die Grafen von Eppan und der Trentiner Bischof begründeten 1144/45 das Augustiner-Chorherrenstift St. Michael, um das sich der Ort entwickelte. Das Kloster war von Beginn an ein Impulszentrum für die Entwicklung der Landwirtschaft. Als es im Zuge der Säkularisierung 1807 aufgelöst wurde, begann noch unter Österreich-Ungarn der Aufbau des Vorläufers des heutigen Istituto agrario di San Michele all'Adige im ehemaligen Stiftsgebäude. Es ist heute Lehr- und Forschungszentrum für das komplette Land Trentino und beherbergt auch das Trentiner Volskundemuseum „Museo degli Usi e Costumi della Gente Trentina". Via Mach 2, +39 046 650 314, geöffnet täglich 9:00 — 12:30 sowie 14:30 — 18 Uhr, nur 1. Nov, 25. Dez. und 1. Jan geschlossen. www.museosanmichele.it.

### Faedo, Nave San Rocco und Zambana

Wie der Großteil der Römerstraße lief auch die Ostroute durch die Region leicht oberhalb der Talsohle, wo heute die üppigen Weinhänge liegen. Die Reiseroute zeigt ein wenig davon und führt fast hinauf ins Weindorf Faedo, das wie ein Adlerhorst über dem Tal trohnt. Vor dem Fähr- und Flößerort Nave San Rocco, führt die Reiseroute noch einmal über die Etsch, wo auch einst die Römerstraße das Tal querte. Die zerstreut liegenden Gehöfte Nave San Roccos deuten auf die Germanische Domäne hin. Auch der nächste Ort, Zambana, bildete einst eine Station an der Wasserstraße Etsch, die bis zum Bau der Eisenbahn Schwerpunkt der Trentiner Wirtschaft war. 1955 begrub ein katastrophaler Bergsturz das alte Dorf komplett unter sich. Vom ursprünglichen Standort, der heute „Zambana Vecchia" (Alt-Zambana) genannt wird, wurde nur mehr die Kirche wiederaufgebaut. Der neue Ort Zambana entstand weiter vom Berghang entfernt, in der Talmitte. Die Gemeinde ist übrigens vor allem für den weißen Spargel von Zambana bekannt.

### Lavis, am Eingang ins Tal des Avisio

Schließlich wartet noch Lavis, bevor es über den Wildbach Avisio ins Stadtgebiet von Trento geht. Der Ort hat einen malerischen alten Kern mit vielen sehenswerten Gebäuden. Besonders erwähnenswert ist der geheimnisvolle hängende Garten der „Ciucioi", der mit seinen romantischen Ruinen das unterhalb liegende Tal dominiert.

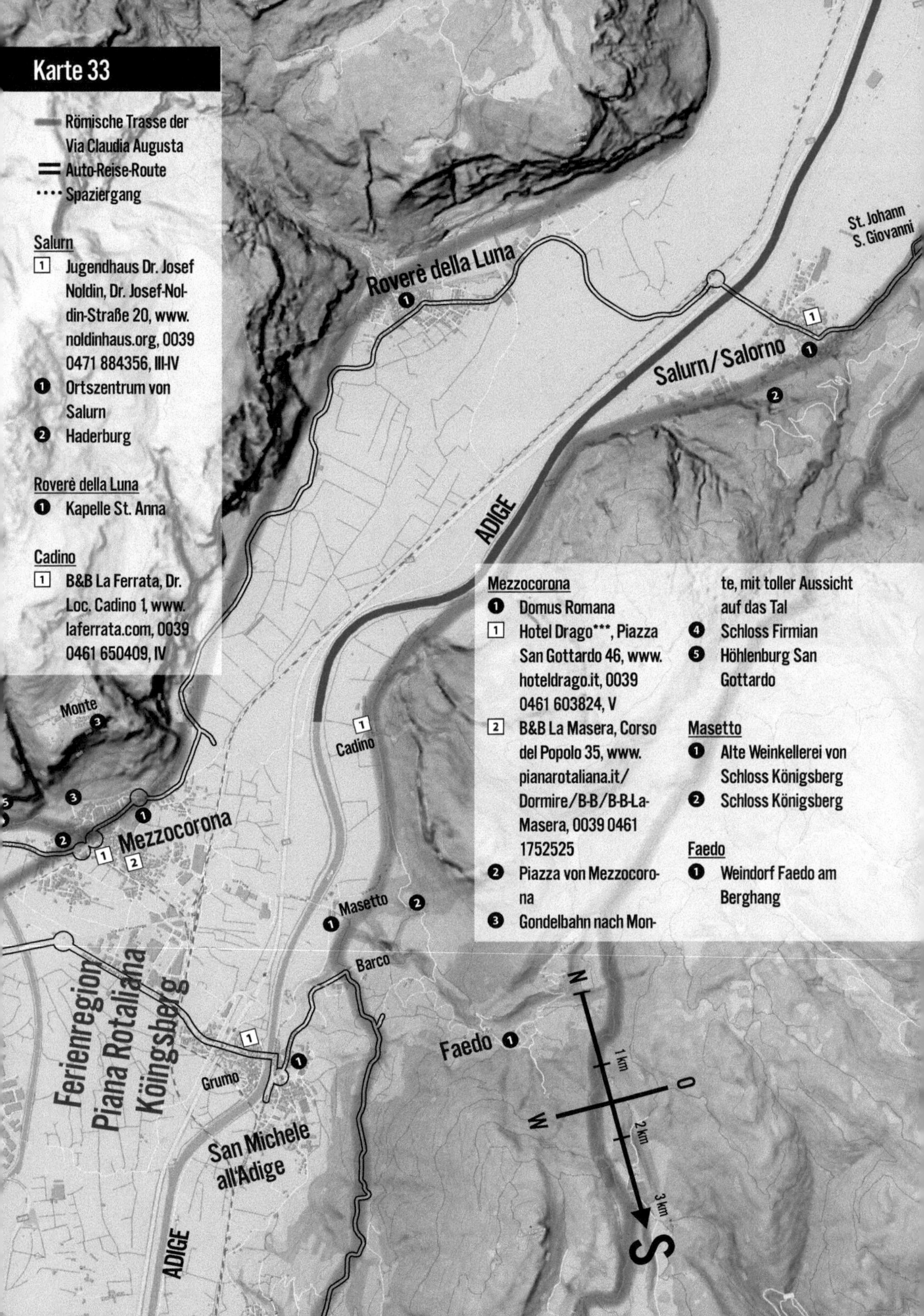

Karte 33

Römische Trasse der Via Claudia Augusta
Auto-Reise-Route
Spaziergang

Salurn
1 Jugendhaus Dr. Josef Noldin, Dr. Josef-Noldin-Straße 20, www.noldinhaus.org, 0039 0471 884356, III-IV
1 Ortszentrum von Salurn
2 Haderburg

Roverè della Luna
1 Kapelle St. Anna

Cadino
1 B&B La Ferrata, Dr. Loc. Cadino 1, www.laferrata.com, 0039 0461 650409, IV

Mezzocorona
1 Domus Romana
1 Hotel Drago***, Piazza San Gottardo 46, www.hoteldrago.it, 0039 0461 603824, V
2 B&B La Masera, Corso del Popolo 35, www.pianarotaliana.it/Dormire/B-B/B-B-La-Masera, 0039 0461 1752525
2 Piazza von Mezzocorona
3 Gondelbahn nach Monte, mit toller Aussicht auf das Tal
4 Schloss Firmian
5 Höhlenburg San Gottardo

Masetto
1 Alte Weinkellerei von Schloss Königsberg
2 Schloss Königsberg

Faedo
1 Weindorf Faedo am Berghang

St. Johann
S. Giovanni
Roverè della Luna
Salurn/Salorno
ADIGE
Monte
Cadino
Mezzocorona
Masetto
Barco
Faedo
Ferienregion Piana Rotaliana Köingsberg
Grumo
San Michele all'Adige
ADIGE

N
O
W
S
1 km
2 km
3 km

Piana Rotaliana

Höhlenburg (Corona). Foto: Tschaikner

Das ehemalige Kloster San Michele all'Adige.

Hängende Gärten der „Ciucioi" über Lavis. Foto: A. Ceolan

Mezzolombardo

Das römische Tridentum unterhalb der Altstadt.

Das in der Renaissance geprägte Stadtbild von Trento. Foto (3): APT Trento

Der Dom von Trient

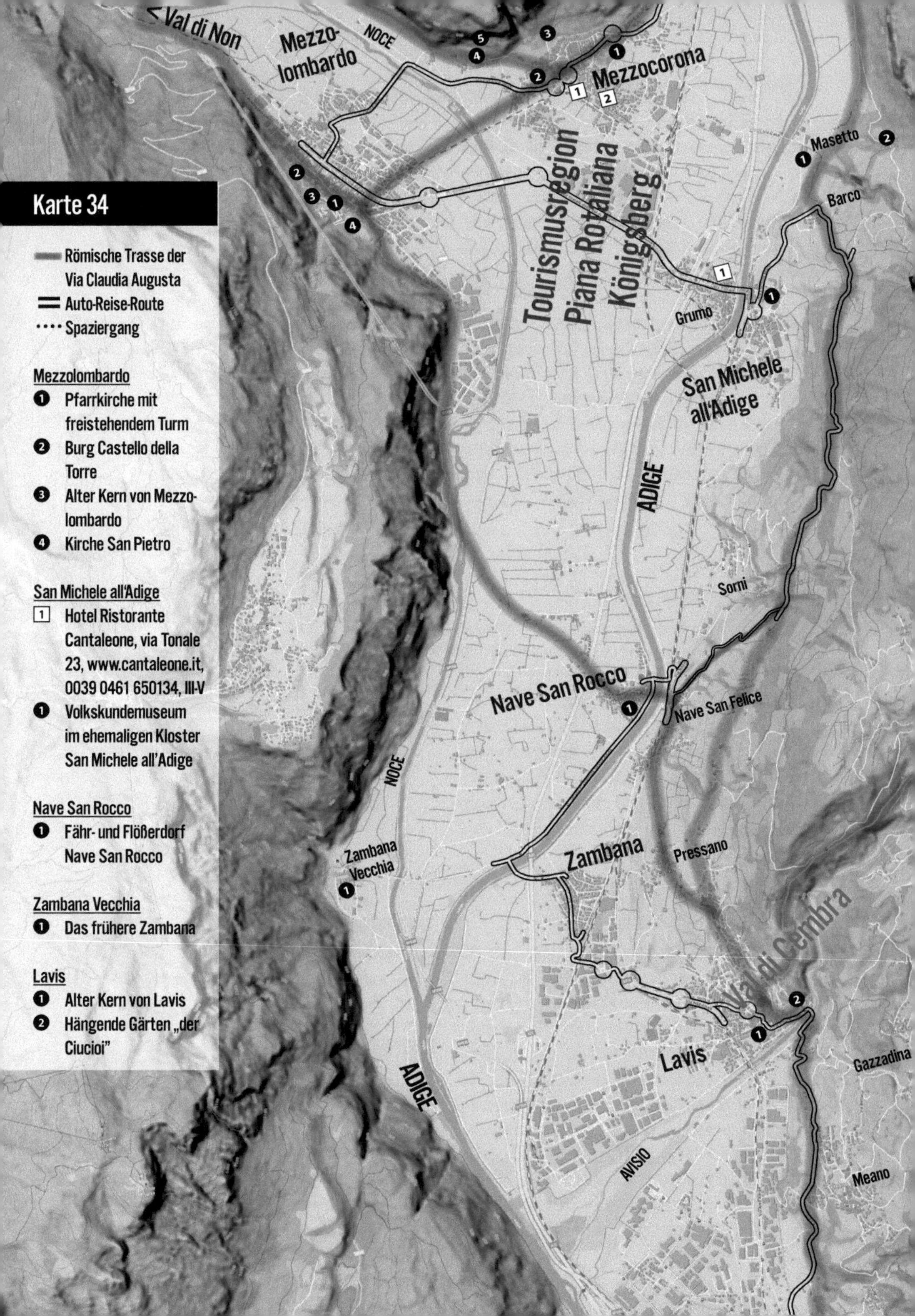

Val di Non
Mezzo-lombardo
NOCE
Mezzocorona
Masetto
Barco
Tourismusregion
Piana Rotaliana
Königsberg
Grumo
San Michele all'Adige
ADIGE
Sorni
Nave San Rocco
Nave San Felice
Zambana Vecchia
Zambana
Pressano
Val di Cembra
Lavis
Gazzadina
NOCE
AVISIO
Meano
ADIGE

Karte 34

Römische Trasse der Via Claudia Augusta
Auto-Reise-Route
Spaziergang

Mezzolombardo
1 Pfarrkirche mit freistehendem Turm
2 Burg Castello della Torre
3 Alter Kern von Mezzo-lombardo
4 Kirche San Pietro

San Michele all'Adige
1 Hotel Ristorante Cantaleone, via Tonale 23, www.cantaleone.it, 0039 0461 650134, III-V
1 Volkskundemuseum im ehemaligen Kloster San Michele all'Adige

Nave San Rocco
1 Fähr- und Flößerdorf Nave San Rocco

Zambana Vecchia
1 Das frühere Zambana

Lavis
1 Alter Kern von Lavis
2 Hängende Gärten „der Ciucioi"

Trento geht — wie auch der Name zeigt — auf die Räter zurück und war schon zu dieser Zeit ein wichtiger Verkehrsknoten. Die Via Claudia Augusta gabelte sich in Tridentum in die Via Claudia Augusta Altinate Richtung Adriahafen Altinum bei Venedig und die Via Claudia Augusta Padana zum Flusshafen Ostiglia am Po. Von dort führte eine Straße weiter nach Rom. Die spätere historische Bedeutung der Stadt geht vor allem auf das Konzil von Trient (1545 – 1563) zurück, das der Gegenreformation zu ihrem Auftrieb verhalf und ihren geistigen Rahmen bestimmte. In dieser Zeit wurde das Bild der heutigen Altstadt geprägt. Der Renaissancestil wurde später vom Barock ergänzt. Bis zum Einmarsch der napoleonischen Truppen herrschten die Fürstbischöfe von Trient vom mächtigen Schloss Buonconsiglio aus über die Stadt und das umliegende Land.

## Die Route bis in die Altstadt

An der Brücke über den Avisio in Lavis beginnt das Stadtgebiet von Trento. Richtung Altino bei Venedig führte die alte Straße bereits dort den Hang hinauf Richtung Valsugana. Die Reiseroute folgt zunächst dem ungefähren historischen Straßenverlauf in den Ort Meano, von wo aus der Reisende erstmals auf die Konzilstadt hinunterblickt. Danach geht es wieder ins Tal und geradewegs zur Renaissance-Altstadt.

## Trento, das römische Tridentum

Während eines Spaziergangs durch die Stadt, lässt der Besucher sein Auto am besten im Parkhaus an der Via Torre Verde 40, direkt am Rand der Altstadt. Beim Eintritt in den historischen Teil der Stadt erwarten den Besucher die Touristinformation und die zeitgenössische Stadtgalerie. Unweit davon warten unterhalb des Battisti Platzes die unterirdischen Ausgrabungen des römischen Tridentum. Über die vom Renaissance-Palazzi gesäumte Via Belenzani mit dem Rathaus im Palazzo Thun gelangt der Besucher zum Domplatz. Die parallelen Gassen Via Cavour im Westen und Via Oss Mazzurana im Osten strahlen mit ihr um die Wette. Direkt am Domplatz liegen auch das Diözesan-

museum und die Kathetrale Vigilio. Schließlich führt der Spaziergang zum Schloss Buonconsiglio, das auch das historische Museum von Trento beherbergt.

## Über die „Altinate" in die Valsugana

Am Schloss Buonconsiglio vorbei und dann an der großen Kreuzung links verlässt die Reiseroute Richtung Valsugana die Stadt. Von oben bietet sich nochmals ein schöner Blick zurück.

## Über die „Padana" in die Vallagarina

Soll die Reise entlang der „Via Claudia Augusta Padana" Richtung Ostiglia führen folgt der Reisende dem Etschufer Richtung Süden.

---

### Regionale Küche wie vor 2000 Jahren

Hier könnte ein Gastbetrieb stehen, der zumindest ein Gericht wie vor 2000 Jahren laufend auf der Karte führt.

### Übernachtungs- und Camping-Möglichkeiten im Anhang und in den Karten

### Fragen und Auskunft zum Teilabschnitt

■ Touristinfo APT Trent, Monte Bodone, Valle dei Laghi 38122 Trento, Via Manci 2, 0039 0461 216 000
■ Hotline Via Claudia Augusta, 0043664 27 63 555

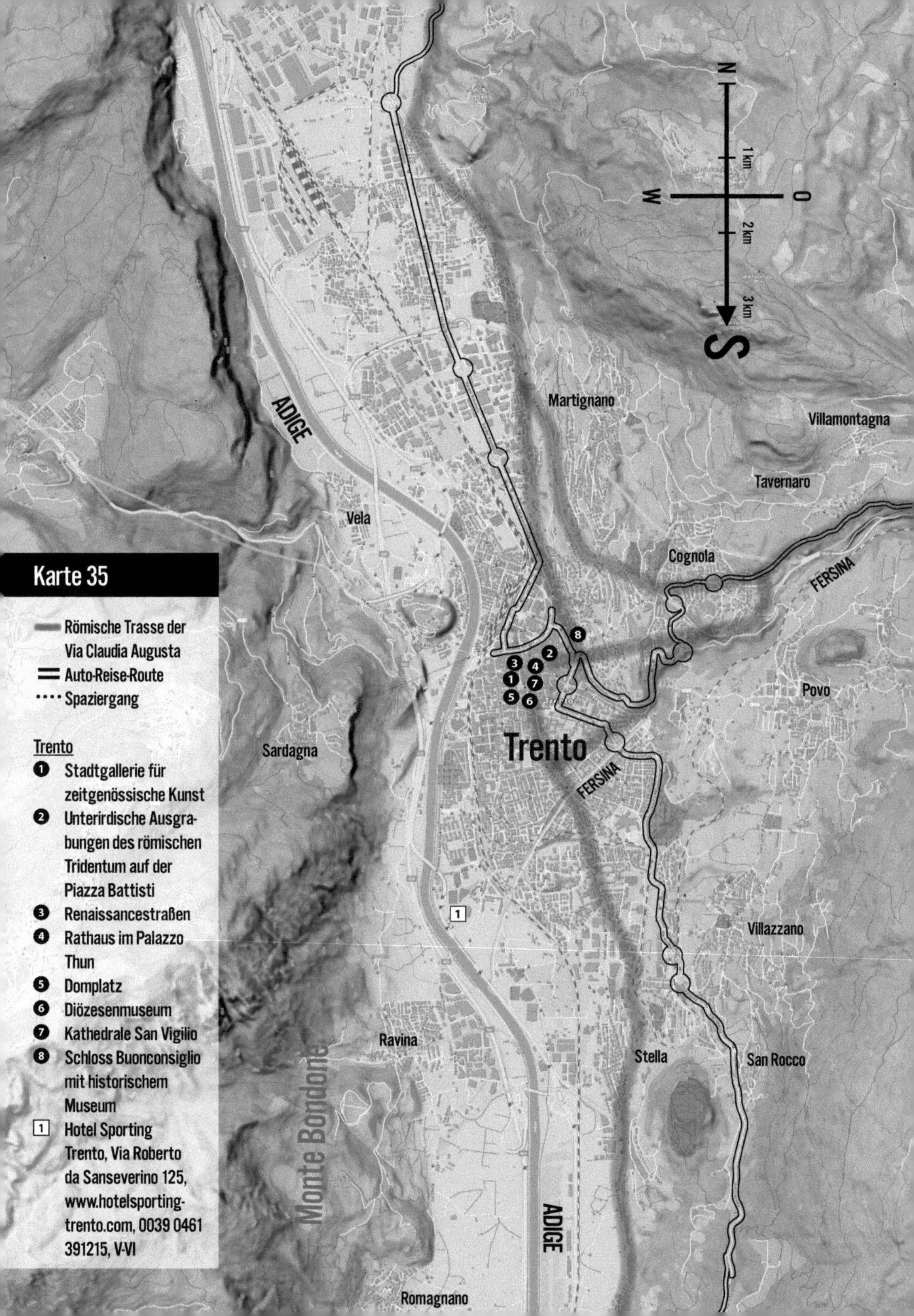

N
W
O
S
1 km
2 km
3 km
ADIGE
Vela
Sardagna
Monte Bondone
Ravina
Romagnano
Martignano
Villamontagna
Tavernaro
Cognola
FERSINA
Povo
Trento
FERSINA
Villazzano
Stella
San Rocco
ADIGE

Karte 35
Römische Trasse der Via Claudia Augusta
Auto-Reise-Route
Spaziergang
Trento
1 Stadtgallerie für zeitgenössische Kunst
2 Unterirdische Ausgrabungen des römischen Tridentum auf der Piazza Battisti
3 Renaissancestraßen
4 Rathaus im Palazzo Thun
5 Domplatz
6 Diözesenmuseum
7 Kathedrale San Vigilio
8 Schloss Buonconsiglio mit historischem Museum
1 Hotel Sporting Trento, Via Roberto da Sanseverino 125, www.hotelsporting-trento.com, 0039 0461 391215, V-VI

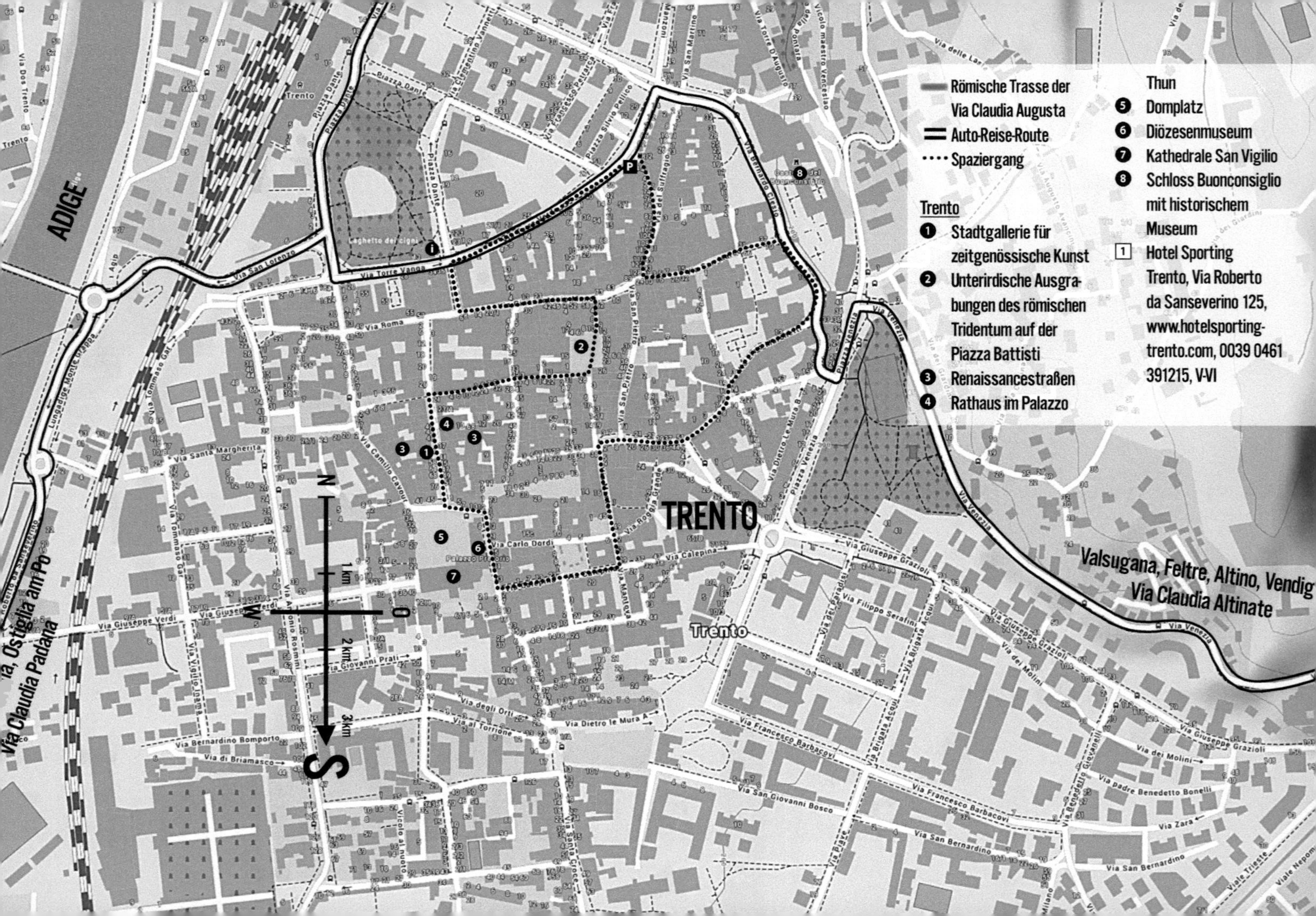

Römische Trasse der Via Claudia Augusta
Auto-Reise-Route
Spaziergang

Trento
1 Stadtgallerie für zeitgenössische Kunst
2 Unterirdische Ausgrabungen des römischen Tridentum auf der Piazza Battisti
3 Renaissancestraßen
4 Rathaus im Palazzo

Thun
5 Domplatz
6 Diözesenmuseum
7 Kathedrale San Vigilio
8 Schloss Buonconsiglio mit historischem Museum
1 Hotel Sporting Trento, Via Roberto da Sanseverino 125, www.hotelsporting-trento.com, 0039 0461 391215, V-VI

ADIGE
TRENTO
Trento

Valsugana, Feltre, Altino, Vendig
Via Claudia Altinate

Via Claudia Padana
Ia, Ostiglia am Po

N  O  W  S
1 km  2 km  3 km

Piazza Dante
Laghetto dei cigni
Via Torre Vanga
Via San Lorenzo
Via Roma
Via Camillo Cavour
Via Santa Margherita
Via Giuseppe Verdi
Via Giuseppe Verdi
Via Antonio Rosmini
Via Giovanni Prati
Via degli Orti
Via al Torrione
Via Bernardino Bomporto
Via di Briamasco
Via Vigilio Inama
Via Tommaso Gar
Lungadige Monte Grappa
Via San Pietro
Via San Pietro
Via Carlo Dordi
Palazzo Pretorio
Via Calepina
Via Mantova
Via Loggia Grande
Via Dietro Le Mura B
Via del Suffragio
Via Bernardo Cleseo
Piazza Venezia
Via Venezia
Via Venezia
Via dei Giardini
Via Giuseppe Grazioli
Via Giuseppe Grazioli
Via Filippo Serafini
Via Brigata Acqui
Via Brigata Acqui
Via dei Molini
Via dei Molini
Via Francesco Barbacovi
Via Francesco Barbacovi
Via San Giovanni Bosco
Via Padre Benedetto Bonelli
Via Zara
Via San Bernardino
Via San Bernardino
Viale Trieste
Via Nepom
Via delle Lar
Via Torre D'Augusto
Manzoni
Via San Martino
Vicolo maestro Venceslao
Via della Pontara
Via Augusto Avancini
Via Leopoldo Petrarca
Piazza Francesco Petrarca
Via Santa Croce
Via Dietro Le Mura A
Vicolo al nuoto

Ausgrabungen zeugen von der frühen Besiedelung des Tales zwischen Trento und dem Veneto. Burgen, wie jene über Pergine, dienten auch der Kontrolle der wichtigen Straße. Die Alta Valsugana gehörte seit jeher zum Einflussbereich Trentos. Während des 1. Weltkrieges war die Gegend hart umkämpft, verlief doch die Grenze zwischen Österreich-Ungarn und Italien in unmittelbarer Nähe, südlich der Hochebene von Lavarone. Von dieser Zeit zeugen zahlreiche Festungsanlagen. Mit dem Caldonazzosee und dem Levicosee prägen zwei große Badeseen die Gegend. Die Valsugana ist außerdem schon seit den Habsburgern eine beliebte Kurgegend, mit der Kurstadt Levico Terme und dem Kurort Roncegno Terme.

## Über Civezzano und Pergine nach Levico Terme

Über eine Anhöhe führt die Reiseroute ins Suganatal. Dort empfängt direkt an der Straße die erste von zahlreichen österreichisch-ungarischen Festungsanlagen aus dem 1. Weltkrieg. In der Kirche des malerischen alten Ortskerns von Civezzano gibt es die älteste Kirchenorgel des Trentino zu bewundern. Der Ort ist auch Sitz des Ecomuseo Argentario, das den bedeutenden mittelalterlichen Silberbergbau in der Gegend für Besucher zugänglich macht. Die Gegend von Pergine Valsugana ist schon seit prähistorischer Zeit besiedelt und erlebte ihre größte Blüte durch den Bergbau. Die heutige Großgemeinde entstand allerdings erst durch die Eingemeindung von 13 Gemeinden im Jahr 1928. Die Altstadt mit ihrem stattlichen Rathaus und der Renaissancestraße Via Maier zeugen von den größten Zeiten. Oberhalb von Pergine thront das gleichnamige Schloss, von dem man annimmt, dass es seine Wurzeln schon in der Römerzeit hat. Die historische Trasse der Via Claudia Augusta wird in Tenna am Bergrücken zwischen Caldonazzo- und Levicosee vermutet. Dort wurde auch ein Meilenstein gefunden. Die Reiseroute führt nördlich des Levicosees, am Berghang, in die Kurstadt Levico. Alternativ kann der Reisende den Caldonazzosee im Süden umrunden.

## Die Habsburger-Kurstadt Levico Terme

Levico wurde von den Habsburgern zur einzigen Stadt in der Alta Valsugana erhoben. Es war Standort einer Garnison sowie beliebter Kurort der Habsburger und der oberen Gesellschaft von Österreich-Ungarn. Mitten in der ausgedehnten Altstadt mit seinen malerischen Gassen befindet sich der Kurpark mit dem Grandhotel Terme. In Levico ist auch ein römischer Sarkophag zu bewundern.

Übernachtungs- und Camping-Möglichkeiten im Anhang und in den Karten

**Fragen und Auskunft zum Teilabschnitt**
- Hotline Tourismusverband APT Valsugana
  0039 0461 727760
- Touristinfo Pergine Valsugana
  38057 Pergine Valsugana, Piazza Serra 10
- Touristinfo Levico Terme
  38056 Levico Terme, Viale Vittorio Emanuele III 3
- Hotline Via Claudia Augusta, 0043 664 27 63 555

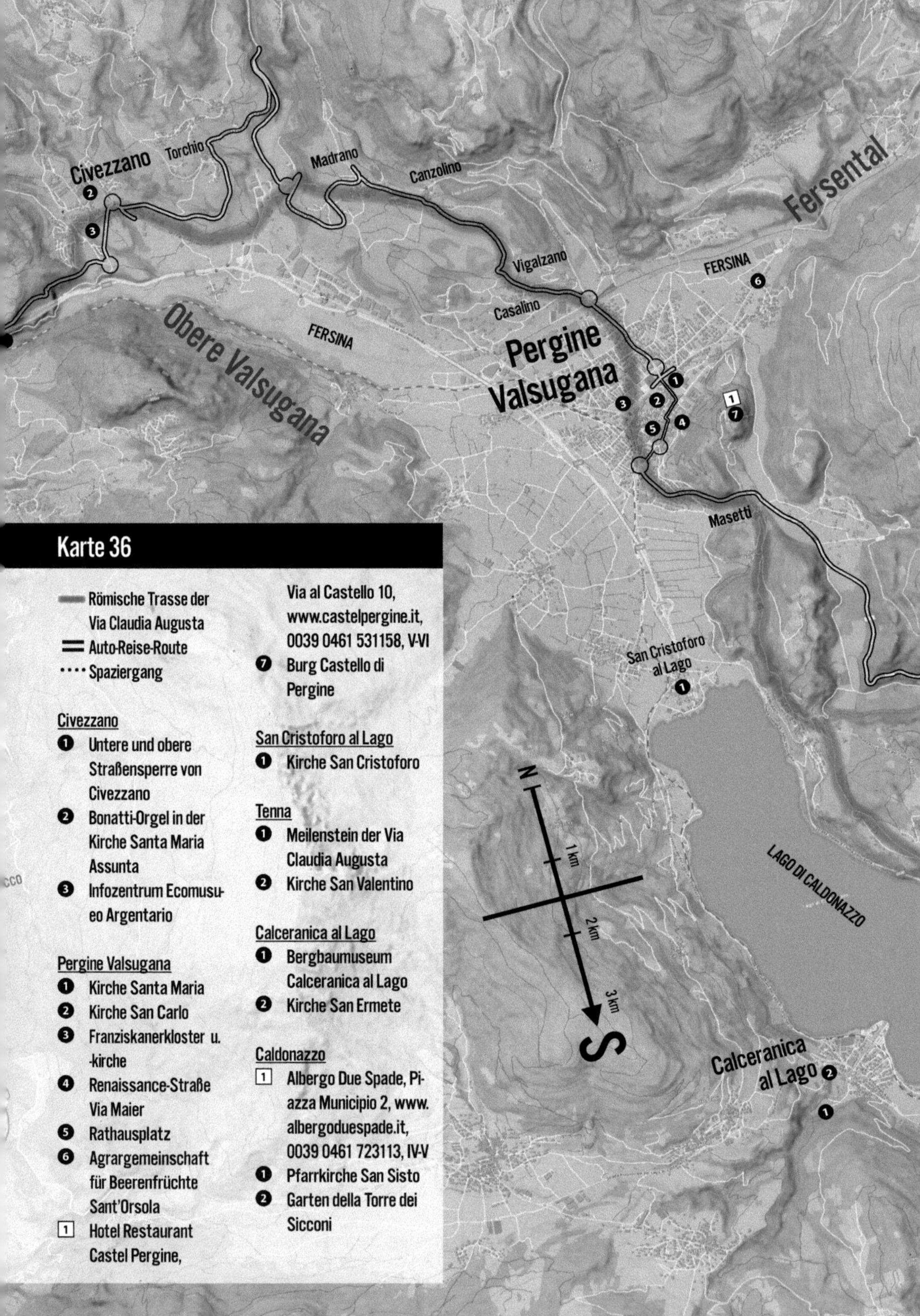


## Karte 36

Römische Trasse der Via Claudia Augusta
Auto-Reise-Route
Spaziergang

### Civezzano
❶ Untere und obere Straßensperre von Civezzano
❷ Bonatti-Orgel in der Kirche Santa Maria Assunta
❸ Infozentrum Ecomuseo Argentario

### Pergine Valsugana
❶ Kirche Santa Maria
❷ Kirche San Carlo
❸ Franziskanerkloster u. -kirche
❹ Renaissance-Straße Via Maier
❺ Rathausplatz
❻ Agrargemeinschaft für Beerenfrüchte Sant'Orsola
▢ Hotel Restaurant Castel Pergine, Via al Castello 10, www.castelpergine.it, 0039 0461 531158, V-VI
❼ Burg Castello di Pergine

### San Cristoforo al Lago
❶ Kirche San Cristoforo

### Tenna
❶ Meilenstein der Via Claudia Augusta
❷ Kirche San Valentino

### Calceranica al Lago
❶ Bergbaumuseum Calceranica al Lago
❷ Kirche San Ermete

### Caldonazzo
▢ Albergo Due Spade, Piazza Municipio 2, www.albergoduespade.it, 0039 0461 723113, IV-V
❶ Pfarrkirche San Sisto
❷ Garten della Torre dei Sicconi

Der Caldonazzo und der Levicosee. Foto: APT Valsugana

Die Festung Pergine beherrscht die Alta Valsugana

Castel Telvana

Das Grandhotel Imperial im Kurpark von Levico. Foto: APT Valsugana

Kunstpark Arte Sella. Foto: Arte Sella / Giacomo Bianchi

Borgo Valsugana versprüht schon ein wenig venezianischen Flair

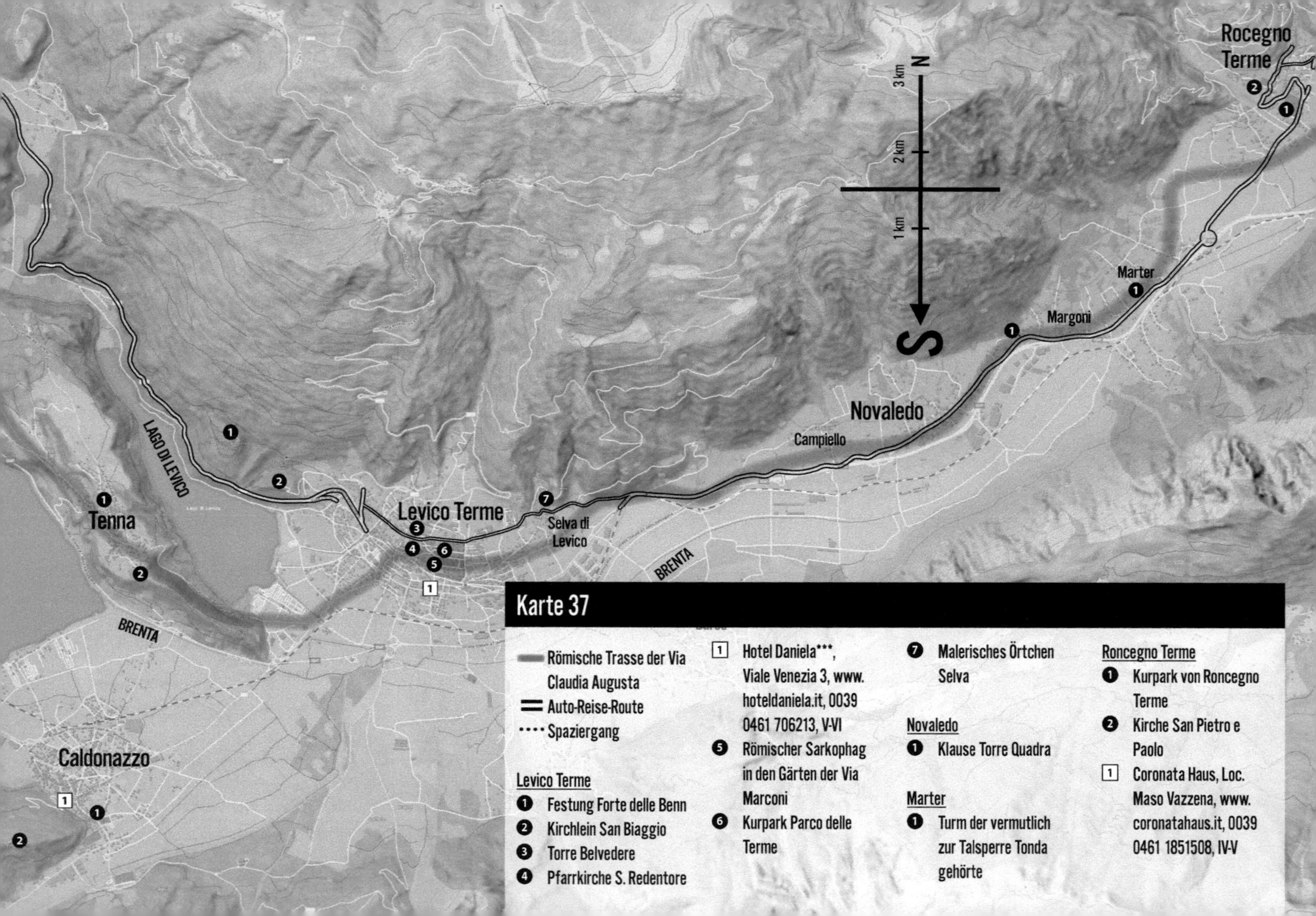

Rocegno Terme
Marter
Margoni
Novaledo
Campiello
Tenna
LAGO DI LEVICO
Levico Terme
Selva di Levico
BRENTA
BRENTA
Caldonazzo
N
3 km
2 km
1 km
S
Karte 37
Römische Trasse der Via Claudia Augusta
Auto-Reise-Route
Spaziergang
Levico Terme
1 Festung Forte delle Benn
2 Kirchlein San Biaggio
3 Torre Belvedere
4 Pfarrkirche S. Redentore
1 Hotel Daniela***, Viale Venezia 3, www. hoteldaniela.it, 0039 0461 706213, V-VI
5 Römischer Sarkophag in den Gärten der Via Marconi
6 Kurpark Parco delle Terme
7 Malerisches Örtchen Selva
Novaledo
1 Klause Torre Quadra
Marter
1 Turm der vermutlich zur Talsperre Tonda gehörte
Roncegno Terme
1 Kurpark von Roncegno Terme
2 Kirche San Pietro e Paolo
1 Coronata Haus, Loc. Maso Vazzena, www. coronatahaus.it, 0039 0461 1851508, IV-V

Das Torre Quadra in der Wiese neben der Straße vor Novaledo zeugt von der Talsperre, die einst quer durch das Tal verlief. Dort befand sich einst die Grenze zwischen dem Einflussbereich Trentos und Feltres. Im mittelalterlich geprägten Borgo Valsugana ist unschwer der venetianische Einfluss erkennbar. Die Römerstraße verlief vermutlich auch in der mittleren Valsugana am Sonnenhang. Mehrere Festungen säumen ihren Weg. Im Talkessel östlich von Borgo führte die Via Claudia Augusta schließlich bergwärts, da sich im Tal immer wieder die Brenta breit machte und es so nicht dauerhaft passierbar war.

## Über Novaledo und Roncegno Terme nach Borgo

Auf dem Weg nach Borgo führt die Reiseroute — wie vermutlich auch die alte Straße — am Sonnenhang entlang durch Selva, das noch zu Levico gehört, Novaledo , Marter und den kleineren der zwei Termalorte des Tales, Roncegno Terme. Neben dem Torre Quadra sind auch in Marter nach Novaledo mittelalterlicher Festungsanlagen zu entdecken, die — teilweise erkennbar — an den Berghängen ihre Fortsetzung haben. Danach führt die Reiseroute durch das hübsche Zentrum des Kurorts Roncegno Terme nach Borgo Valsugana, über dem — von Weitem sichtbar — die leider nicht von innen zu besichtigende Burg Telvana thront.

## Borgo Valsugana

Borgo ist vom Brentafluss und von einer langen Laubengasse am Wasser geprägt. Der einstige venetianische Einfluss ist unverkennbar. Besonders sehenswert sind weiters die weitläufige Piazza Degasperi mit dem Rathaus und der Chiesa di Sant'Anna, von der man über die Venezianische Brücke zum Corso Ausugum gelangt, der die alte Straße durch die Stadt war. Wie Levico war Borgo Valsugana zu Zeiten der österreichisch-ungarischen Monarchie Standort einer Garnison. Außer der malerischen Altstadt am Brentafluss lädt der Kunstpark Arte Sella, acht km entfernt, im Sella-Tal, zum Entdecken, Fotografieren und Verweilen.

## Von Borgo nach Strigno

Borgo liegt an einer Engstelle des Suganatals. Danach weitet sich das Tal noch einmal, bevor es dann immer enger wird — so eng, dass es einst immer wieder komplett vom Brentafluss ausgefüllt wurde. Deshalb führte die Römerstraße aber dort über zwei Pässe in den Veneto. Bevor die historische Trasse und die Reiseroute zum Hochtal Tesino hin ansteigen durchquert die Reiseroute noch die Orte Castelnuovo, Scurelle und Strigno. Am Sonnenhang, leicht oberhalb, liegen Spera und Samone. Über dem Becken thront die Burg Ivano

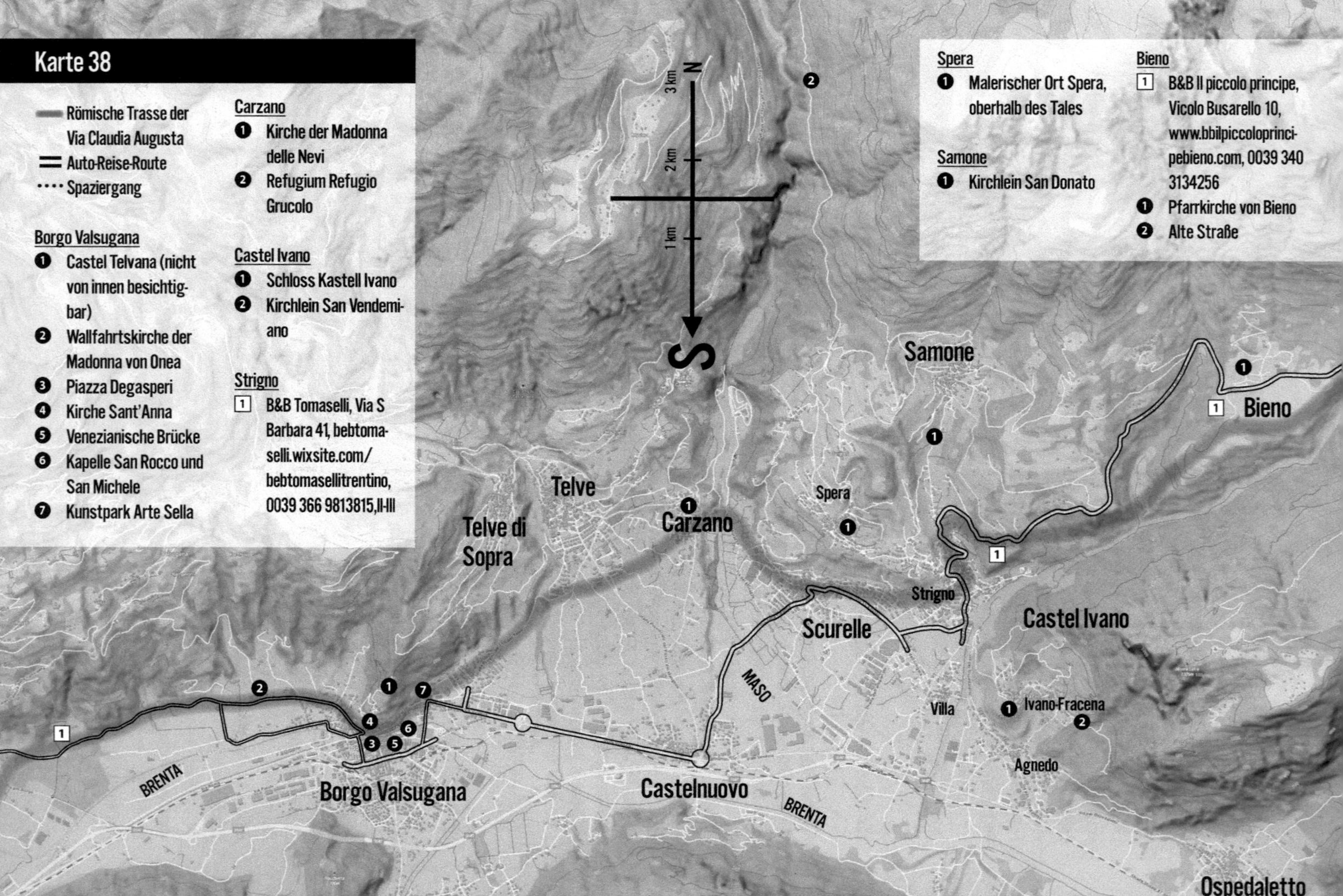

Karte 38

Römische Trasse der Via Claudia Augusta
Auto-Reise-Route
Spaziergang

Borgo Valsugana
1 Castel Telvana (nicht von innen besichtigbar)
2 Wallfahrtskirche der Madonna von Onea
3 Piazza Degasperi
4 Kirche Sant'Anna
5 Venezianische Brücke
6 Kapelle San Rocco und San Michele
7 Kunstpark Arte Sella

Carzano
1 Kirche der Madonna delle Nevi
2 Refugium Refugio Grucolo

Castel Ivano
1 Schloss Kastell Ivano
2 Kirchlein San Vendemiano

Strigno
1 B&B Tomaselli, Via S Barbara 41, bebtomaselli.wixsite.com/ bebtomasellitrentino, 0039 366 9813815, II-III

Spera
1 Malerischer Ort Spera, oberhalb des Tales

Samone
1 Kirchlein San Donato

Bieno
1 B&B Il piccolo principe, Vicolo Busarello 10, www.bbilpiccoloprincipebieno.com, 0039 340 3134256
1 Pfarrkirche von Bieno
2 Alte Straße

N
3 km
2 km
1 km
S

Samone
Telve
Carzano
Spera
Bieno
Telve di Sopra
Strigno
Scurelle
Castel Ivano
MASO
Villa
Ivano-Fracena
Agnedo
Borgo Valsugana
Castelnuovo
BRENTA
Ospedaletto

Die Römerstraße führte vom Valsugana Tal hinauf ins Hochtal Tesino, querte das tiefe Tal des Wildbaches Senaiga an der Regionsgrenze zwischen Trentino und dem Veneto und führte dann über den Croce D'Aune-Pass nach Feltre. Auf ihren Spuren geht es durch abwechslungsreiche Landschaften und malerische Dörfer am Tor zu den Dolomiten. Die wichtige alte Straße hat entlang des Weges zahlreiche Spuren hinterlassen. Lamon ist übrigens auch Heimat der international geschätzten Lamon-Bohnen.

## Durch das Hochtal Tesino

Ab Strigno steigt die Straße durch ein Tal steil zum Hochtal Tesino an. Seine Orte lebten seit jeher ganz wesentlich von der Straße. Heute bringt sie ihnen Touristen, die die malerische Bergwelt entdecken und genießen. Die rötlichen und grünlichen Felswände der Lagoraikette sind vulkanischen Ursprungs. Von einem Rastplatz, an einer Brücke zwischen Bieno und Pieve Tesino, ist die alte Straße gut zu erkennen, die unterhalb den Wildbach quert. Auch die lang gezogenen engen Gassen, die Pieve Tesino von Ost nach West durchziehen, zeugen von der Straße. Der Geburtsort von Alcide Degasperi hat dem österreichisch-ungarischen-italienischen Staatsmann und Gründervater der Europäischen Gemeinschaften ein Museum gewidmet; ■ 38050 Pieve Tesino, +39 345 848 99 75 oder +39 339 698 4804, geöffnet 1. Juni – 30. Sept. Di – Fr 15 – 18 Uhr, Sa 10 – 12 und 15 – 18 Uhr sowie So 15 – 18 Uhr; 1. Okt. – 31. Mai Fr 15 – 18 Uhr, Sa, 10 – 12 und 15 – 18 Uhr sowie So 15 – 18 Uhr. Kurz vor Castello Tesino ist eine Brücke zu entdecken, die auf der erkennbaren römischen Straßentrasse liegt, aber vermutlich nach römischem Vorbild im Mittelalter neu errichtet wurde. Oberhalb des Ortes – dort wo heute das Kirchlein Sant Ippolito steht – thronte einst ein Römerkastell.

## Nach Lamon und Sovramonte im Veneto

Auf dem Weg weiter, nach Lamon, warten atemberaubende Blicke in die tiefen Schluchten, die die Wildbäche im fast unbewohnten Grenzland gegraben haben. Auf der gegenüberliegenden Seite querte die Via Claudia Augusta den Wildbach Senaiga. Unterhalb San Donato, das sich an der Römerstraße entwickelte, entdeckten Archäologen einen antiken Friedhof. Die reichen Grabbeigaben erzählen im kleinen Archäologischen Museum in Lamon die Siedlungsgeschichte der Gegend. ■ Zentrum Lamon, ++39 328 311 83 36, im Sommer öffnet das Museum zu fixen Zeiten, den Rest des Jahres auf Anfrage. ■ Am Ende der tiefen Schlucht im Grenzgebiet lockt außerdem eine Tropfsteinhöhle, die nur auf Voranmeldung zu besichtigen ist, +39 0461 593 322. Die Reiseroute führt schließlich am Südrand des Nationalparks Dolomiti Bellunesi durch die kleinen Ortschaften der Gemeinde Sovramonte.





**Fragen und Auskunft zum Teilabschnitt**
■ Touristinfo Castello Tesino - Visit Valsugana, Via Dante 10, +39 0461 593 322
■ Hotline Ufficio Turistico di Feltre - Consorzio Dolomit Prealpi, +39 0439 2540
■ Hotline Via Claudia Augusta, +43(0)664 27 63 555

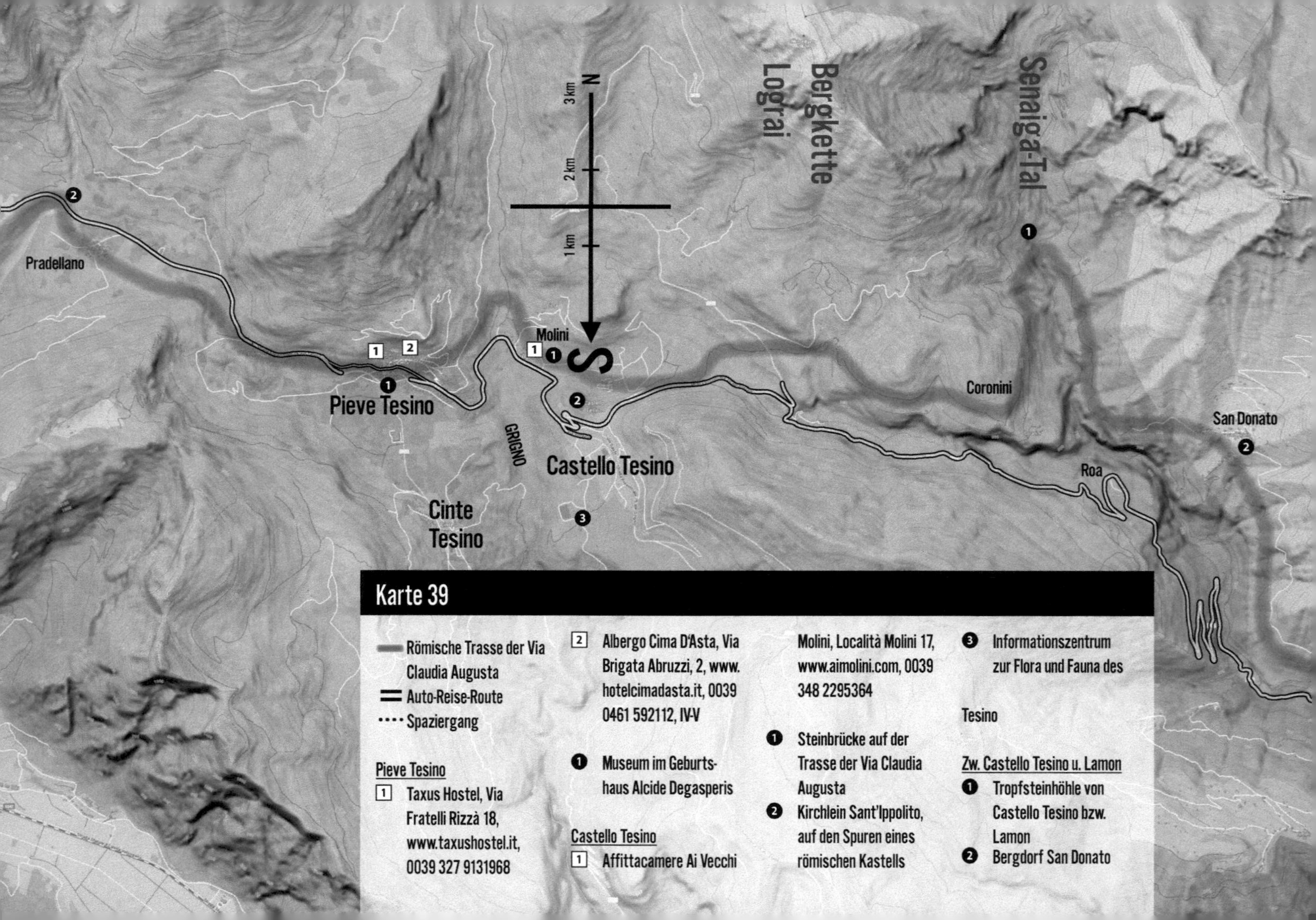

N
3 km
2 km
1 km
S
Bergkette Lograi
Senaiga-Tal
Pradellano
Molini
Pieve Tesino
Coronini
San Donato
Roa
GRIGNO
Castello Tesino
Cinte Tesino

Karte 39

Römische Trasse der Via Claudia Augusta
Auto-Reise-Route
Spaziergang

Pieve Tesino
1 Taxus Hostel, Via Fratelli Rizzà 18, www.taxushostel.it, 0039 327 9131968

2 Albergo Cima D'Asta, Via Brigata Abruzzi, 2, www. hotelcimadasta.it, 0039 0461 592112, IV-V

1 Museum im Geburtshaus Alcide Degasperis

Castello Tesino
1 Affittacamere Ai Vecchi

Molini, Località Molini 17, www.aimolini.com, 0039 348 2295364

1 Steinbrücke auf der Trasse der Via Claudia Augusta
2 Kirchlein Sant'Ippolito, auf den Spuren eines römischen Kastells

3 Informationszentrum zur Flora und Fauna des Tesino

Zw. Castello Tesino u. Lamon
1 Tropfsteinhöhle von Castello Tesino bzw. Lamon
2 Bergdorf San Donato

Die Belluneser Dolomiten. Foto: Dolomiti Pre Alpi.

Die Brücke der Via Claudia Augusta vor Lamon ziert sogar eine Briefmarke

Castello Tesino. Foto (2): Tschaikner

Der originale Meilenstein der Via Claudia Augusta in Cesiomaggiore

Sudkessel in der Brauerei Fabbrica Pedavena. Foto: Tschaikner

Feltre. Foto: Tschaikner

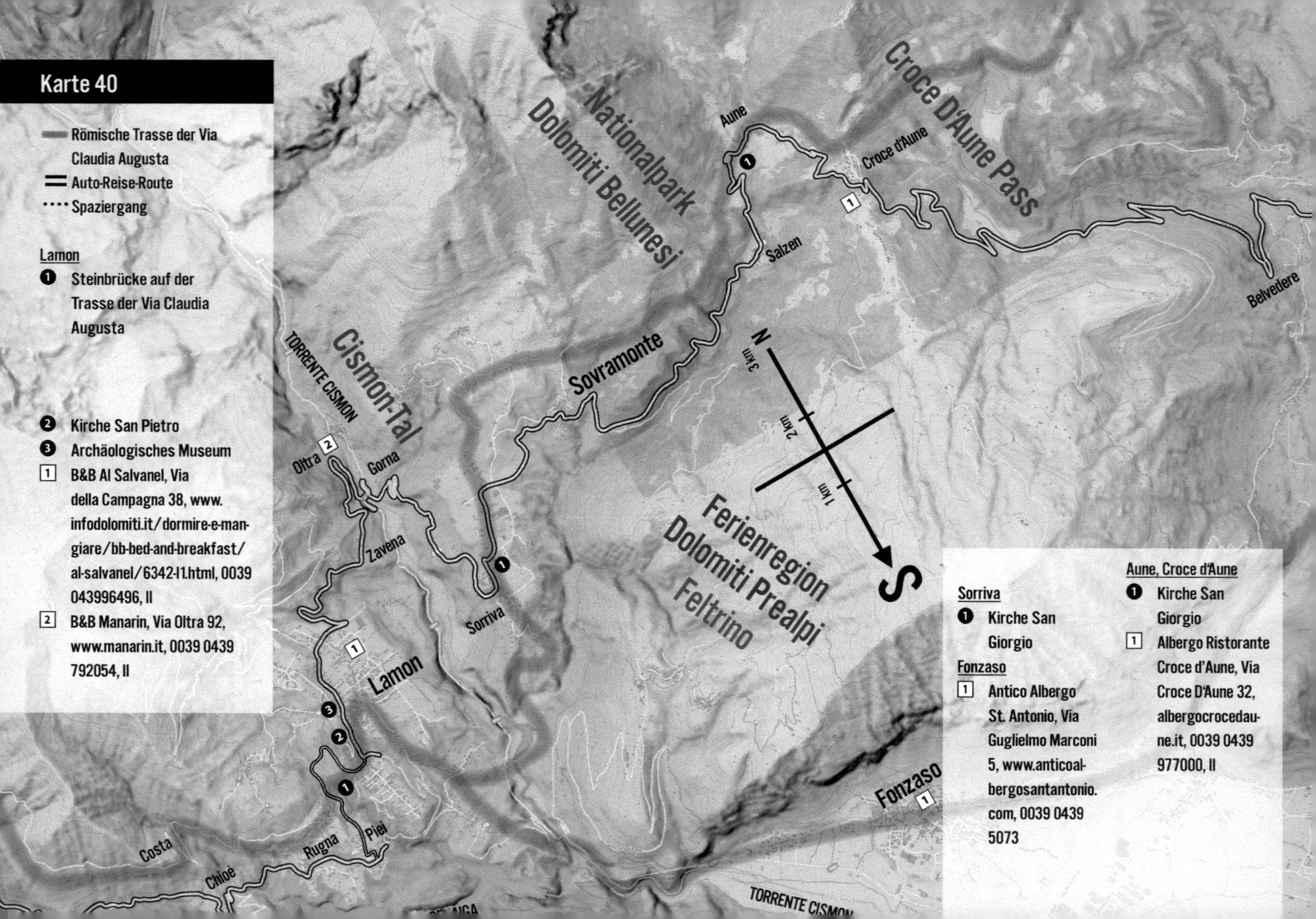

Croce D'Aune Pass
Nationalpark Dolomiti Bellunesi
Aune
Croce d'Aune
Salzen
Belvedere
Sovramonte
Cismon-Tal
TORRENTE CISMON
Oltra
Gorna
Zavena
Sorriva
Lamon
Rugna
Piei
Costa
Chioe
Ferienregion Dolomiti Prealpi Feltrino
Fonzaso
TORRENTE CISMON
N
S
3 km
2 km
1 km


Karte 40

— Römische Trasse der Via Claudia Augusta
= Auto-Reise-Route
.... Spaziergang

Lamon
1 Steinbrücke auf der Trasse der Via Claudia Augusta

2 Kirche San Pietro
3 Archäologisches Museum
1 B&B Al Salvanel, Via della Campagna 38, www.infodolomiti.it/dormire-e-mangiare/bb-bed-and-breakfast/al-salvanel/6342-l1.html, 0039 043996496, II
2 B&B Manarin, Via Oltra 92, www.manarin.it, 0039 0439 792054, II


Sorriva
1 Kirche San Giorgio
Fonzaso
1 Antico Albergo St. Antonio, Via Guglielmo Marconi 5, www.anticoalbergosantantonio.com, 0039 0439 5073

Aune, Croce d'Aune
1 Kirche San Giorgio
1 Albergo Ristorante Croce d'Aune, Via Croce D'Aune 32, albergocrocedaune.it, 0039 0439 977000, II

Feltre ist schon seit prähistorischer Zeit ein Verkehrsknoten. Der schmale Bergrücken, auf dem die sehenswerte Altstadt liegt, und die umliegenden Sonnenhänge, waren auch durchwegs besiedelt. Das belegen der etruskische Name Feltres und zahlreiche archäologische Befunde. Die Römerstraße Via Claudia Augusta führte nicht direkt in die Stadt, sondern geradewegs vom Croce D'Aune Pass, am Hang entlang, nach Cesiomaggiore. Feltria war aber eine bedeutende römische Stadt. Der Einfluss der Dogen von Venedig ist im Stadtbild unverkennbar. Der Einflussbereich des Fürstbischofs von Feltre reichte zeitweilig bis in die Valsugana.

## Über Pedavena nach Feltre

Über die Römerstraße führt heute die Fernwanderroute Via Claudia Augusta. Die Reiseroute nimmt die Passstraße vom Croce D'Aune nach Pedavena, in dessen altem Rathaus sich der Sitz des Nationaparks Dolomiti Bellunesi befindet. Auf dem Weg weiter liegt auch die traditionsreiche Brauerei Fabbrica di Pedavena, mit Ausstellung zur Geschichte der Bierherstellung – allgemein und im Pedavena. Der Fabrikation ist das größte Bierlokal Italiens, die Birreria Pedavena vorgelagert, in der man die zahlreichen Biere zu passenden Gerichten probieren kann.

## Ein Sparziergang durch die historische Stadt Feltre

Der Großteil der ausgedehnten Altstadt liegt auf einem langen Felsrücken, der mit dem Auto zu durchfahren ist, wenn man einen schnellen Eindruck gewinnen möchte. Dafür fährt man durch das Tor im Südwesten in die Altstadt und verlässt sie wieder über das Tor im Osten. Während einer ausgiebigen Besichtigung lässt der Besucher aber besser sein Auto am Parkplatz im Norden oder im Süden der Altstadt, die mit einem Fußgänger-Tunnel verbunden sind. Durch einen Turm der südlichen Stadtmauer gelangt der Besucher über einen malerischen Stiegenaufgang in die Stadt hinauf. Von dort geht es rechts zum Stadtmuseum Museo Civico und zum östlichen Stadttor. Auf der Piazza Maggiore befinden sich das Rathaus und die Kirche der Hl. Rocco und Sebastiano. Im Rathaus ist das Tetra della Sena zu entdecken, das als kleiner Bruder des Teatro la Fenice in Venedig gilt. Von der Piazza geht es hinauf zur Festung Castello di Aboino. Anschließend folgen innerhalb der Stadtmauern noch das Diözesanmuseum und die zeitgenössische Galerie Carlo Rizzarda. Außerhalb der Stadtmauer liegt der Dom, unter dessen Vorplatz archäologische Ausgrabungen des römischen Feltria zu bewundern sind. Durch ein Kloster gelangt der Besucher schließlich wieder retour zum Parkplatz im Süden bzw. zum Fußgängertunnel.

**Regionale Küche wie vor 2000 Jahren**
Hier könnte ein Gastbetrieb stehen, der zumindest ein Gericht wie vor 2000 Jahren laufend auf der Karte führt.

**Übernachtungs- und Camping-Möglichkeiten im Anhang und in den Karten**

**Fragen und Auskunft zum Teilabschnitt**
■ Ufficio Turistico di Feltre - Consorzio Dolomit Prealpi, Piazza Vittorio Emanuele II 21, 0039 0439 2540
■ Hotline Via Claudia Augusta, 0043(0)664 27 63 555

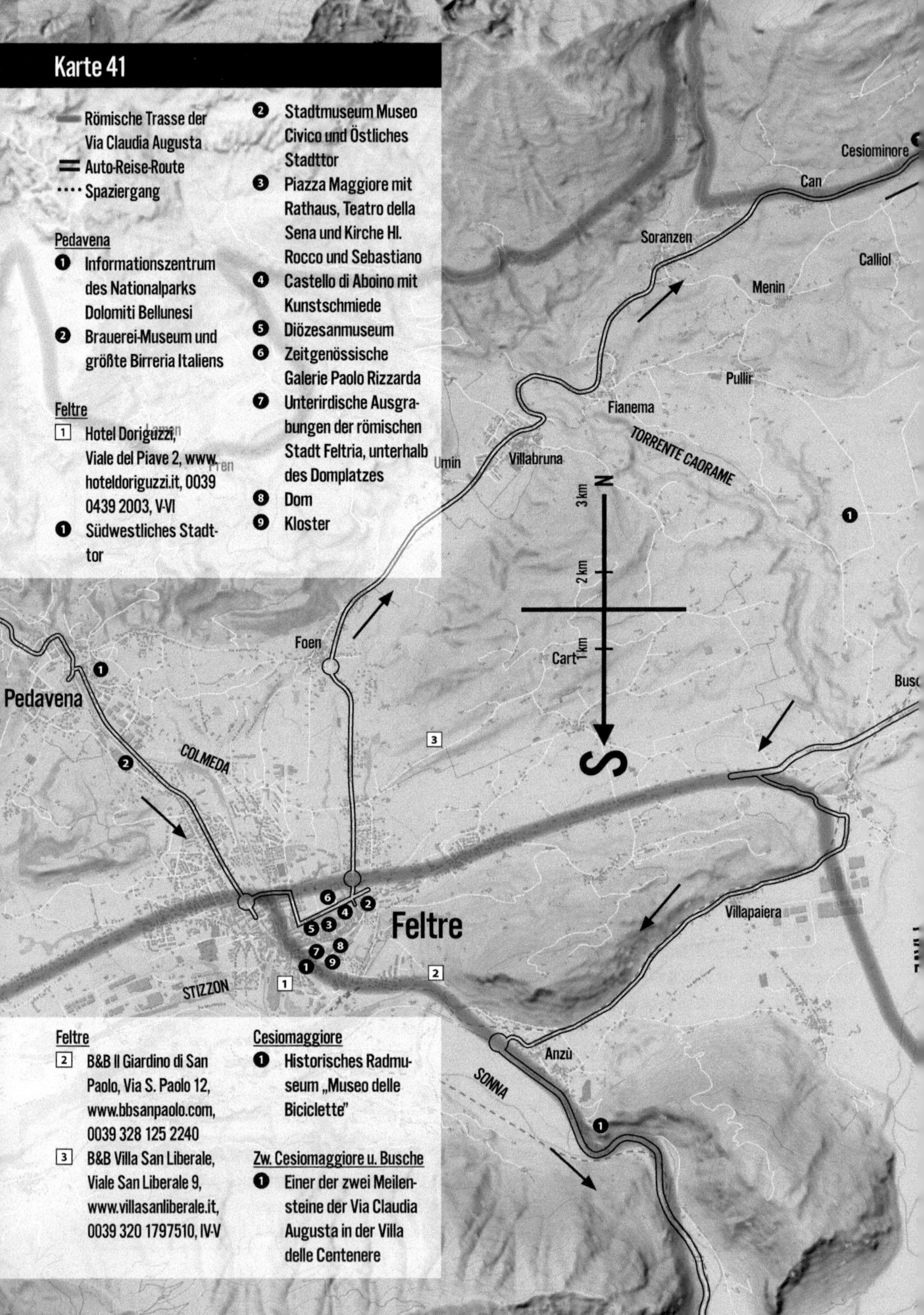

Karte 41

Römische Trasse der Via Claudia Augusta
Auto-Reise-Route
Spaziergang

Pedavena
1 Informationszentrum des Nationalparks Dolomiti Bellunesi
2 Brauerei-Museum und größte Birreria Italiens

Feltre
1 Hotel Doriguzzi, Viale del Piave 2, www.hoteldoriguzzi.it, 0039 0439 2003, V-VI
1 Südwestliches Stadttor

2 Stadtmuseum Museo Civico und Östliches Stadttor
3 Piazza Maggiore mit Rathaus, Teatro della Sena und Kirche Hl. Rocco und Sebastiano
4 Castello di Aboino mit Kunstschmiede
5 Diözesanmuseum
6 Zeitgenössische Galerie Paolo Rizzarda
7 Unterirdische Ausgrabungen der römischen Stadt Feltria, unterhalb des Domplatzes
8 Dom
9 Kloster

Feltre
2 B&B Il Giardino di San Paolo, Via S. Paolo 12, www.bbsanpaolo.com, 0039 328 125 2240
3 B&B Villa San Liberale, Viale San Liberale 9, www.villasanliberale.it, 0039 320 1797510, IV-V

Cesiomaggiore
1 Historisches Radmuseum „Museo delle Biciclette"

Zw. Cesiomaggiore u. Busche
1 Einer der zwei Meilensteine der Via Claudia Augusta in der Villa delle Centenere

Cesiominore
Can
Soranzen
Calliol
Menin
Pullir
Fianema
TORRENTE CAORAME
Umin
Villabruna
N
3 km
2 km
1 km
Cart
S
Foen
Pedavena
COLMEDA
Busc
Feltre
STIZZON
Villapaiera
Anzù
SONNA

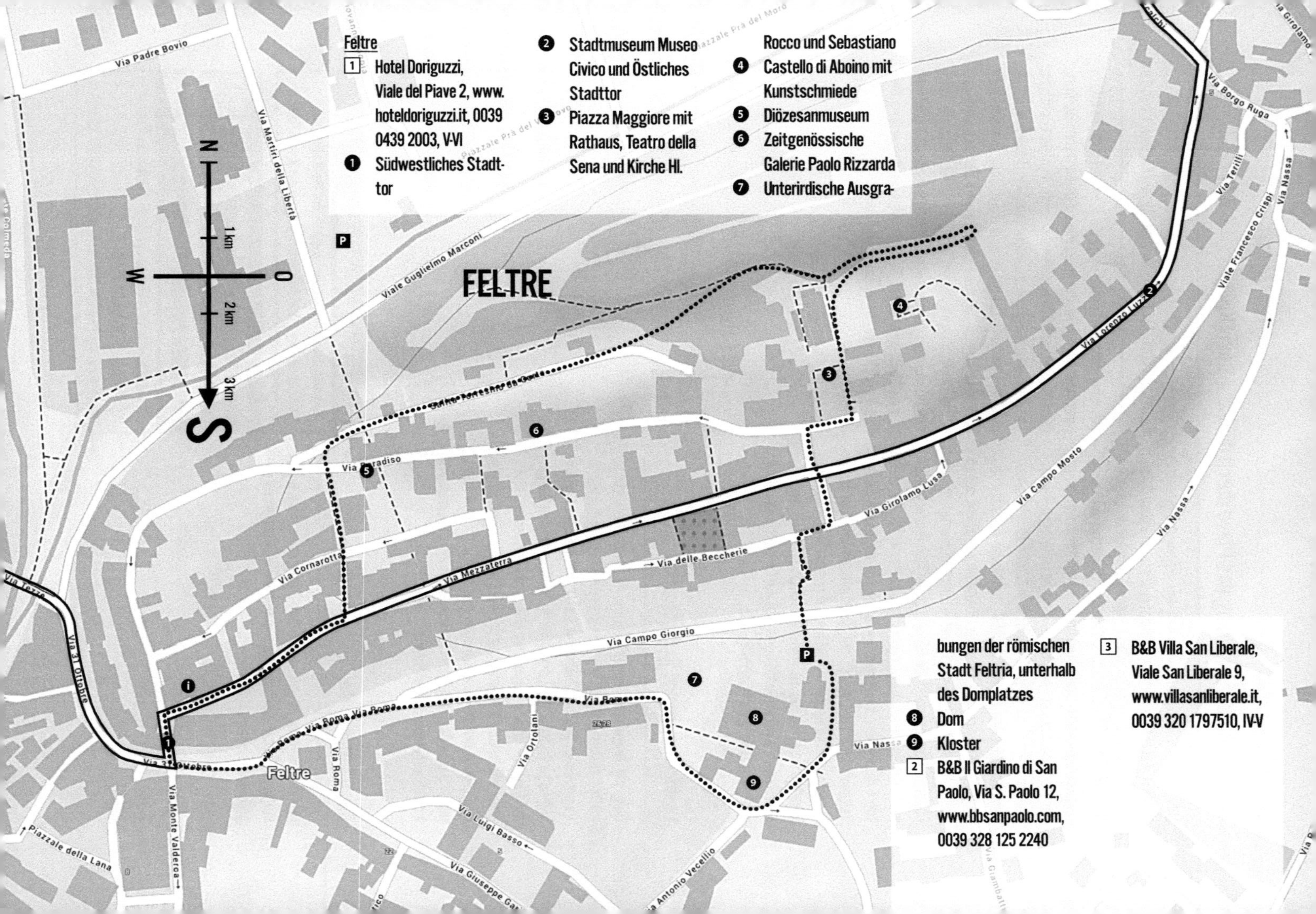

FELTRE
N
W
O
S
1 km
2 km
3 km
Feltre
1 Hotel Doriguzzi, Viale del Piave 2, www. hoteldoriguzzi.it, 0039 0439 2003, V-VI
1 Südwestliches Stadttor
2 Stadtmuseum Museo Civico und Östliches Stadttor
3 Piazza Maggiore mit Rathaus, Teatro della Sena und Kirche Hl.
Rocco und Sebastiano
4 Castello di Aboino mit Kunstschmiede
5 Diözesanmuseum
6 Zeitgenössische Galerie Paolo Rizzarda
7 Unterirdische Ausgra-
bungen der römischen Stadt Feltria, unterhalb des Domplatzes
8 Dom
9 Kloster
2 B&B Il Giardino di San Paolo, Via S. Paolo 12, www.bbsanpaolo.com, 0039 328 125 2240
3 B&B Villa San Liberale, Viale San Liberale 9, www.villasanliberale.it, 0039 320 1797510, IV-V
Via Padre Bovio
Via Martiri della Libertà
Via 31 Ottobre
Via Tezze
Via Monte Valderoa
Piazzale della Lana
Via Luigi Basso
Via Giuseppe Gar
Via Antonio Vecellio
Via Ortolani
Via Roma
Via Cornarotta
Via Paradiso
Via Mezzalerra
Via Campo Giorgio
Via delle Beccherie
Via Girolamo Lusa
Via Campo Mosto
Via Nassa
Via Lorenzo Luzzo
Viale Guglielmo Marconi
Viale Francesco Crispi
Via Borgo Ruga
Via Terilli
Piazzale Prà del Moro
Feltre

Das mittlere Piavetal, zwischen der Provinzhauptstadt Belluno und der Grenze zur südlich gelegenen Provinz Treviso, nennt sich Valbelluna. In früherer Zeit wurde es auch Val Serpentina genannt. Das Tal ist eingebettet zwischen den Ausläufern der Dolomiten und dem letzten Bergrücken vor der venezianischen Ebene. Eine hochrangige Römerstraße querte den Piave zwischen Santa Giustina und dem historischen Städtchen Mel. Der Name der Fraktion Nave (Schiff) erinnert an einen Flussübergang, von denen es bis heute wenige gibt. Grund ist die Weitläufigkeit des Flusses. Danach quert die Römerstraße den Praderadegopass, der heute für Autos nicht mehr geeignet ist. Deshalb führt die Reiseroute durch das malerisch auf einem Hügel liegende Mel, Lentiai mit der oberhalb thronenden Burg Zumelle, vorbei an der malerisch auf einem Hügel liegende Wallfahrtskirche der Hl. Vittore und Corona und weiters durch das Piavetal nach Süden, das die Römerstraße einst nicht ganzjährig passieren konnte.

## Cesiomaggiore und Santa Giustina

Über die Hügel vor den Dolomiten führt die Reiseroute nach Cesiomaggiore, wo das sehenswerte historische Radmuseum wartet. Zwischen Feltre und Cesiomaggiore liegen zahlreiche alte Landsitze der wohlhabenden Bürger der Gegend. In einer davon, der Villa delle Centenere, steht einer der beiden Meilensteine der Via Claudia Augusta. Die Reiseroute macht eine Schleife durch das Tal und führt durch Santa Giustina über die Hintertür nach Mel, das malerisch auf einem Hügel thront.

## Das Städtchen Mel

Mel hat nicht nur ein sehenswertes Zentrum mit eine weitläufigen Piazza. Es lockt auch mit einem kleinen archäologischen Museum.

## Lentiai, Castello Zumelle und St. Vittore u. Corona

Zwischen Mel und Lentiai stieg die Römerstraße die letzte Passhöhe hinauf. An der alten Pass-Straße thront die Burg Zumelle, die vorbildlich renoviert wurde. Von der wichtigen Straßenverbindung zeugt auch eine alte Steinbogenbrücke, die oberhalb von Bardies im Laubwald zu entdecken ist und aus byzantinischer Zeit stammt. Durch Lentiai mit seiner weitläufigen Piazza geht es schließlich zur Wallfahrtskirche St. Vittore und Corona. Sie wurde bereits im frühen 11. Jh. gegründet. Danach folgt die Reiseroute dem Piave durch sein enges Tal nach Süden.

---

**Regionale Küche wie vor 2000 Jahren**
Hier könnte ein Gastbetrieb stehen, der zumindest ein Gericht wie vor 2000 Jahren laufend auf der Karte führt.

**Übernachtungs- und Camping-Möglichkeiten im Anhang und in den Karten**

**Fragen und Auskunft zum Teilabschnitt**
- Hotline Ufficio Turistico di Feltre - Consorzio Dolomit Prealpi, 0039 0439 2540
- Hotline Via Claudia Augusta, 0043(0)664 27 63 555

Cesio-maggiore
Marsiai
Santa Giustina
Bribano
TORRENTE CORDÈVOLE
PIAVE
Valbelluna
San Felice
N
1 km
2 km
3 km
S
Ferienregion
Dolomiti Prealpi
PIAVE
Feltrino
Nave
Mel
Borgo Valbelluna
Trichiana
San Candido
Bardies
Campo San Pietro
Villapiana
Lentiai
Tallandino
Villa di Villa
Ronchena
Tiago

## Karte 42

Römerstraßen
Auto-Reise-Route
Spaziergang

Cesiomaggiore
1  Casa alle porte delle Dolomiti, Cesiomaggiore, www.airbnb.it/rooms/192969

Mel
1  B&B EL Mighelon, Nave di Mel,
www.elmighelon.it, 0039 0437 753359
1  Stadtzentrum von Mel, mit sehenswer-

ter Piazza und archäolog. Museum

Lentiai
1  Byzantinische Steinbogenbrücke aus

Tiago
1  Burg Castello di Zumelle

Busche
1  Weiße Bar „Bar Bianco" des regionalen
Milch- u. Käse-Produzenten Lattebusche, mit
Eisdiele und Käseverkauf en gros

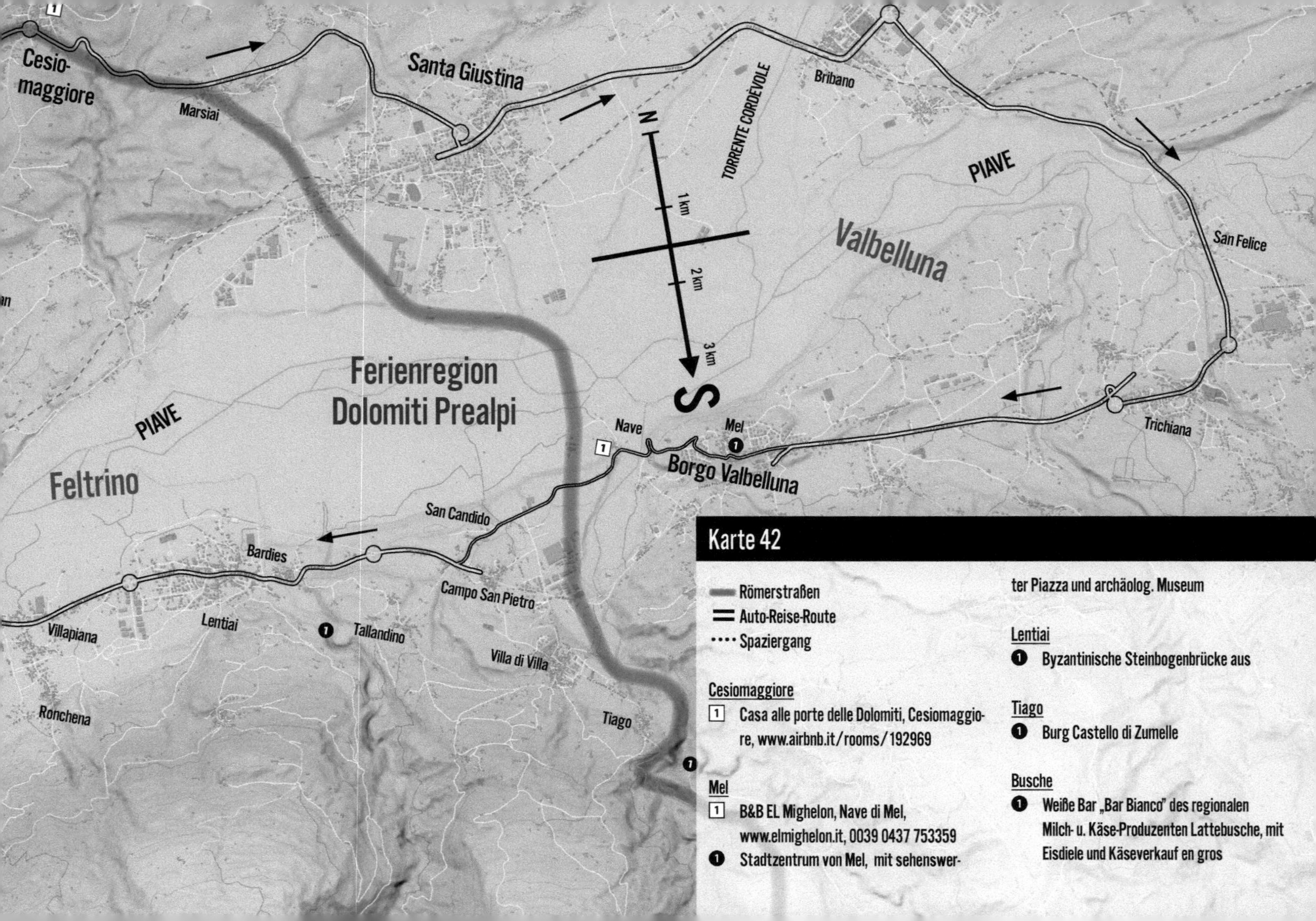

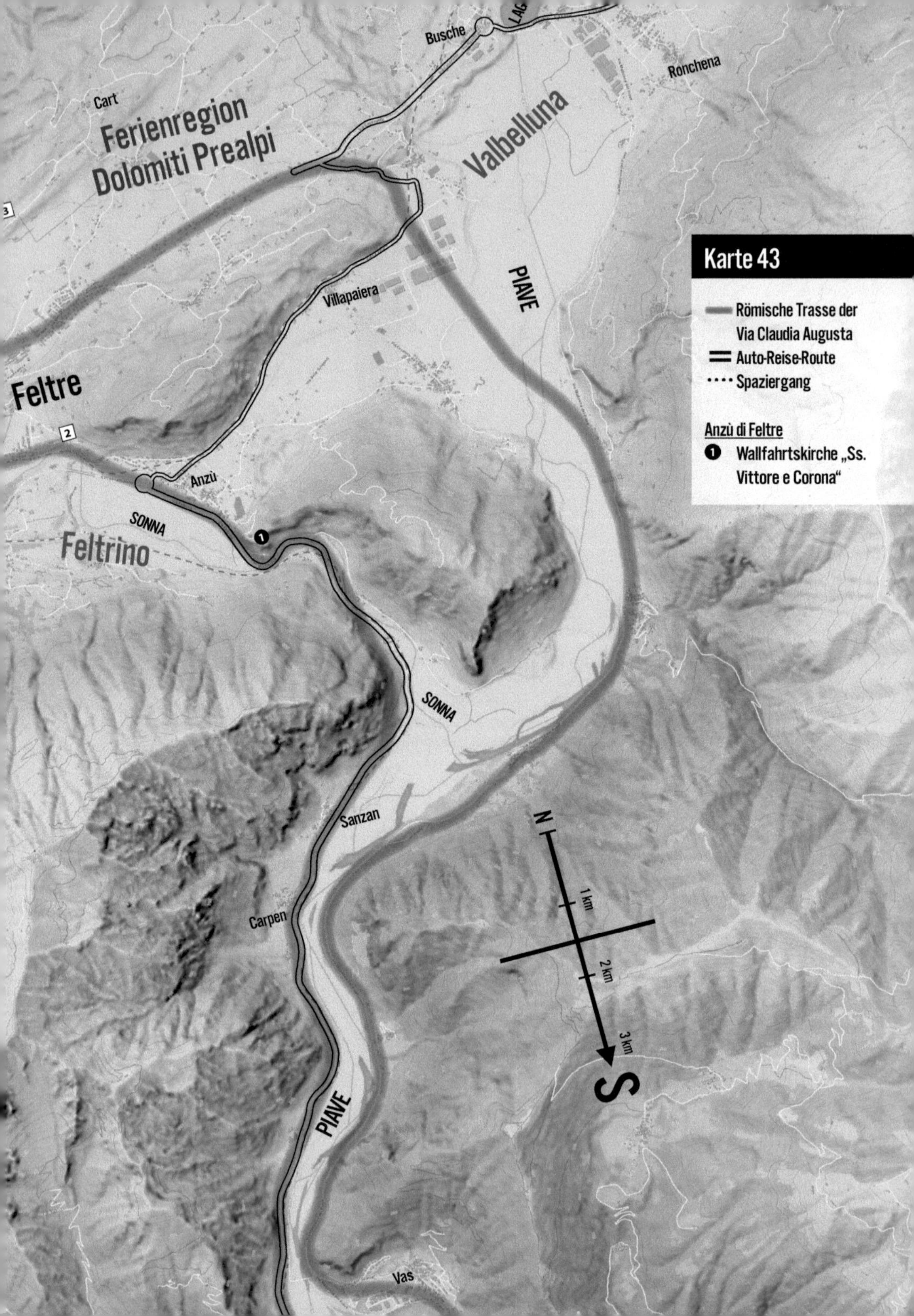

Cart
Ferienregion Dolomiti Prealpi
Busche
LAG
Ronchena
Valbelluna
PIAVE
Villapaiera
Feltre
Anzù
SONNA
Feltrino
SONNA
Sanzan
Carpen
PIAVE
Vas
Karte 43
Römische Trasse der Via Claudia Augusta
Auto-Reise-Route
Spaziergang
Anzù di Feltre
1 Wallfahrtskirche „Ss. Vittore e Corona"
N
1 km
2 km
3 km
S

Der kaum regulierte Piavefluss bemächtigt sich noch heute immer wieder großer Teile der Valbelluna. Foto: Via Claudia Augusta / Tschaikner

Archäologischen Museum Mel. Foto (2): Via Claudia Augusta / Tschaikner

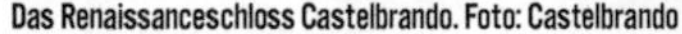

Das Renaissanceschloss Castelbrando. Foto: Castelbrando

Die Prosecco-Weinhügel in der Altamarca, im Norden der Ebene Venetiens. Foto: Altamarca

Die Alpen gehen nicht abrupt in die venezianische Ebene über. Südlich des letzten Bergrückens und Passes der Via Claudia Augusta liegen wie der Vorgarten der Alpen die Prosecco-Weinhügel der Altamarca, dem Norden der Provinz Treviso. Zwei Weinstraßen durchziehen das malerische Gebiet und zeigen den Weg zu Sehenswürdigkeiten, Weinorten und den besten Tropfen: Die Strada del Prosecco e Vini dei Colli Cnegliano Valdobbiadene und die Strada del Vino del Montello e dei Colli Asolani.

## Entlang der Prosecco-Weinstraße

Die Reiseroute führt zuerst auf der Prosecco-Weinstraße durch die Orte der bekanntesten Prosecco-Anbau-Gemeinde Valdobbiadene, mit ihrer sehenswerten Piazza. Im Ort Follina betrat die historische Route nach dem letzten Pass die hügelig beginnende weite Ebene Venetiens. Direkt im Ortszentrum befindet sich das sehenswerte Kloster Follina. Etwas nördlich von Follina thront oberhalb der historischen Straße das Renaissanceschloss Castelbrando. Es ist von Cison di Valmarino aus mit dem Schrägaufzug erreichbar und beherbergt heute ein Wellness- und Congress-Hotel sowie Restaurants und mehrere Ausstellungen. Die nächstfolgende Gemeinde, Pieve di Soligo, mit sehenswertem alten Kern, durch das der Wildfluss Soligo fließt, hat ebenfalls eine imposante Piazza. Der große Palast am Platz soll zum Rathaus umgebaut werden. Kurz bevor es zum Castello Collalto geht, sind am Ufer der Piave Reste der Via Claudia Augusta zu entdecken. Zwischen dem Castello und der Gemeinde Susegana führt die Reiseroute über malerische Proseccohügel. Auf einem davon thront das Castello San Salvatore. Am Rand von Susegana befinden sich die sehenswerte Kirche del Carmine und das Weingut Collalto. Von Susegana aus gelangen Interessierte nach Conegliano, der fast 35.000 Einwohner zählenden Hauptstadt der Region, die für ihre traditionelle Dame-Partie mit lebenden Figuren in historischen Kostümen bekannt ist und auch über eine sehenswerte Altstadt verfügt. Über den Agrarort Santa Lucia di Piave, in dem alljährlich Agrarmessen stattfinden, führt die Reiseroute schließlich ins zu Susegana gehörige Ponte della Priula, wo sie das breite, weitgehend naturbelassene Flussbett des Piave quert.

## Weinstraße Montello und Colli Asolani

Am gegenüberliegenden Flussufer lockt ein Abstecher auf einer weiteren Weinstraße, die durch den Berg „Montello" und die Hügel von Asolo geprägt sind. Auf ihnen wechseln sich Weinberge mit abwechslungsreicher natürlicher Vegetation ab. Südlich von Nervesa della Battaglia erinnert die Ruine der Abtei San Eustacchio an die verheerenden Schlachten des 1. Weltkriegs. Weingüter und Weinorte säumen den weiteren Weg. Besonders sehenswert ist die Stadt Asolo, die bereits im 6. / 7. Jh. von den Venetern besiedelt wurde.

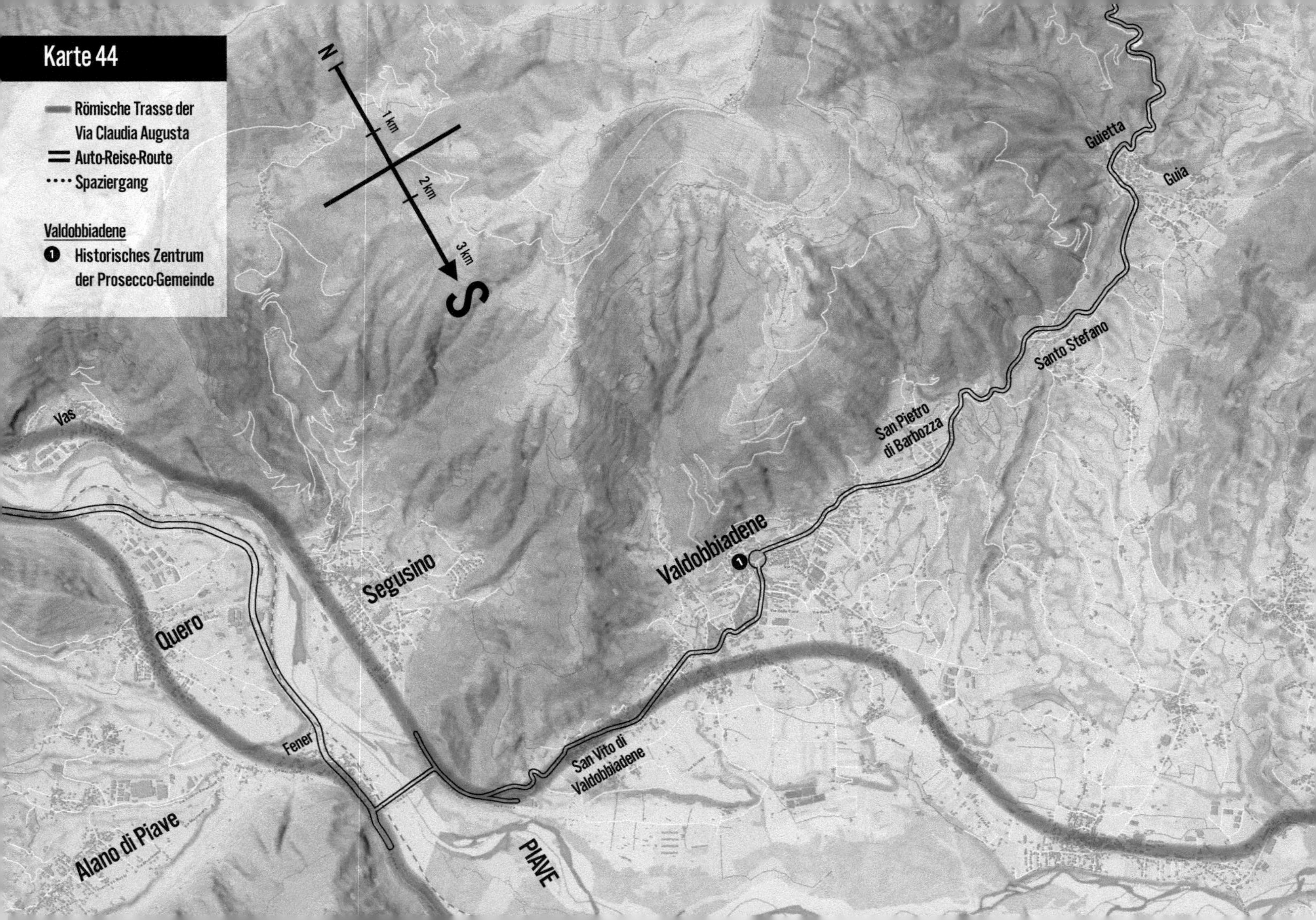

Karte 44
Römische Trasse der Via Claudia Augusta
Auto-Reise-Route
Spaziergang
Valdobbiadene
Historisches Zentrum der Prosecco-Gemeinde
N
S
1 km
2 km
3 km
Guietta
Guia
Santo Stefano
San Pietro di Barbozza
Valdobbiadene
San Vito di Valdobbiadene
Segusino
PIAVE
Vas
Quero
Fener
Alano di Piave

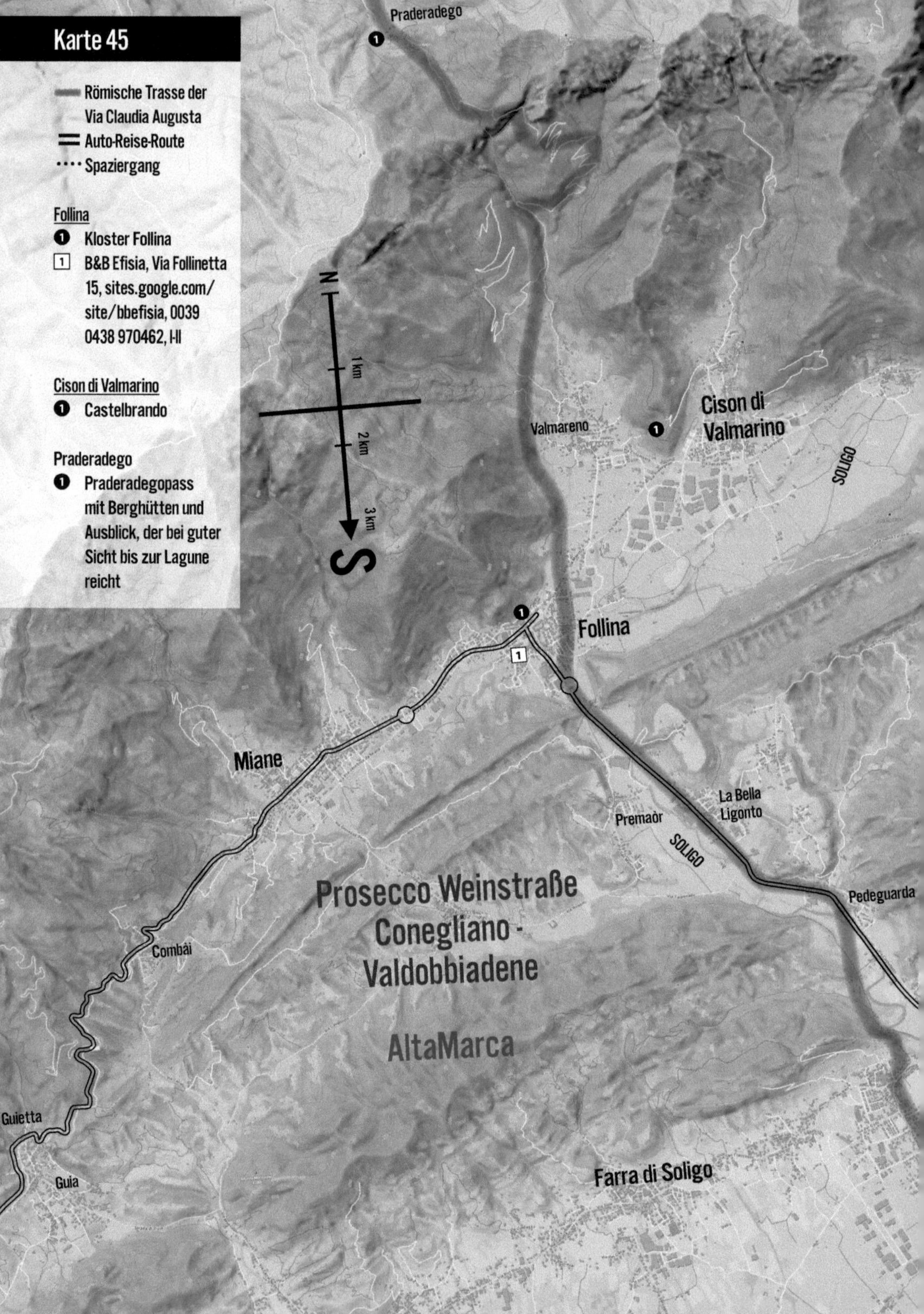

Karte 45

Römische Trasse der Via Claudia Augusta
Auto-Reise-Route
Spaziergang

Follina
Kloster Follina
B&B Efisia, Via Follinetta 15, sites.google.com/site/bbefisia, 0039 0438 970462, I-II

Cison di Valmarino
Castelbrando

Praderadego
Praderadegopass mit Berghütten und Ausblick, der bei guter Sicht bis zur Lagune reicht

N
1 km
2 km
3 km
S

Praderadego
Valmareno
Cison di Valmarino
SOLIGO
Follina
Miane
La Bella Ligonto
Premaòr
SOLIGO
Pedeguarda
Prosecco Weinstraße Conegliano - Valdobbiadene
AltaMarca
Combài
Guietta
Guia
Farra di Soligo

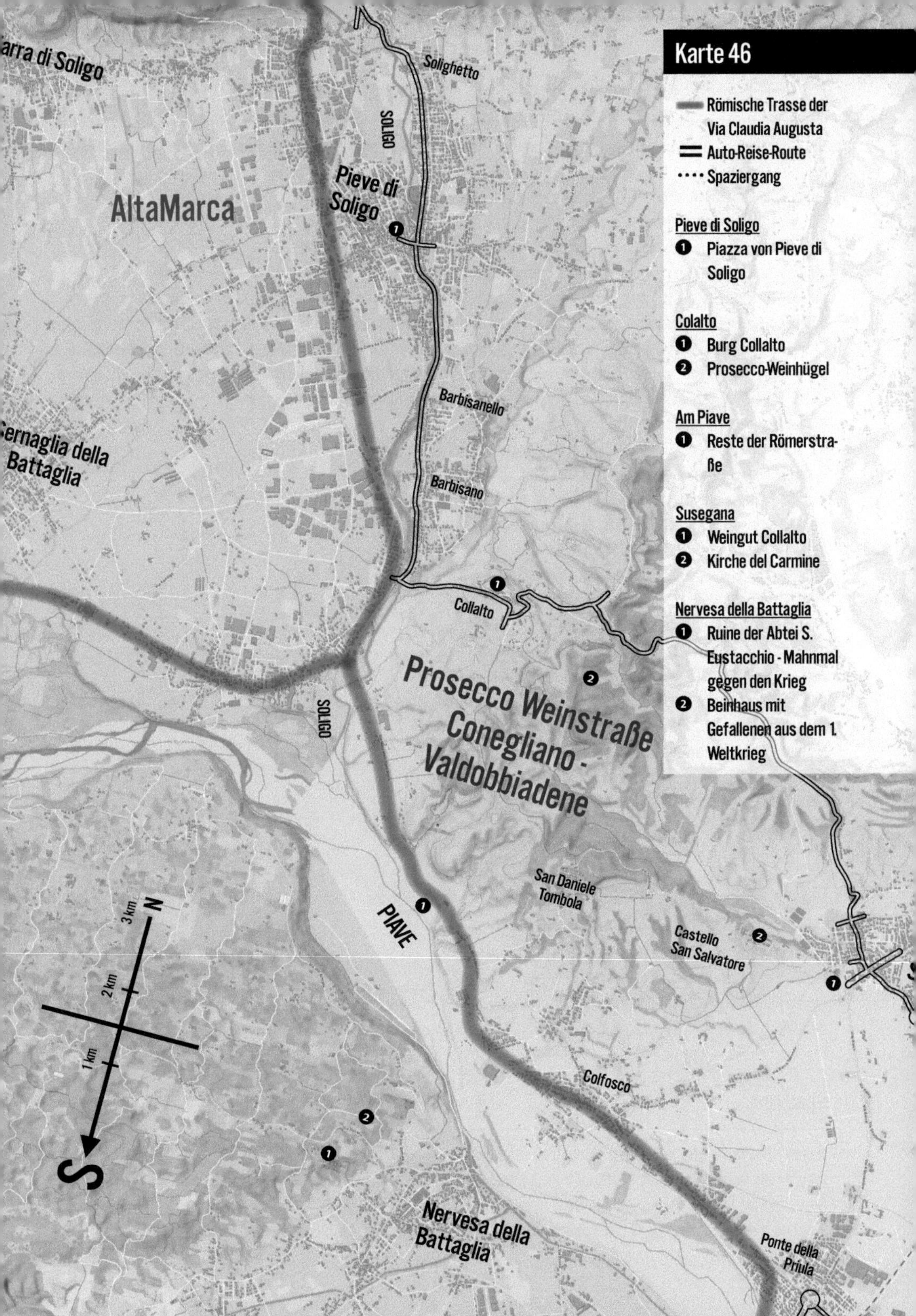
arra di Soligo
Solighetto
SOLIGO
AltaMarca
Pieve di Soligo
Barbisanello
Barbisano
ernaglia della Battaglia
Collalto
SOLIGO
Prosecco Weinstraße Conegliano - Valdobbiadene
Barbisanello
San Daniele Tombola
Castello San Salvatore
Colfosco
PIAVE
N
3 km
2 km
1 km
S
Nervesa della Battaglia
Ponte della Priula
Karte 46
Römische Trasse der Via Claudia Augusta
Auto-Reise-Route
Spaziergang
Pieve di Soligo
1 Piazza von Pieve di Soligo
Colalto
1 Burg Collalto
2 Prosecco-Weinhügel
Am Piave
1 Reste der Römerstraße
Susegana
1 Weingut Collalto
2 Kirche del Carmine
Nervesa della Battaglia
1 Ruine der Abtei S. Eustacchio - Mahnmal gegen den Krieg
2 Beinhaus mit Gefallenen aus dem 1. Weltkrieg

Die italienischen Archäologen sind uneins, welche von mehreren hochrangigen Straßen, die man gefunden hat, die Via Claudia Augusta war. Die Themenstraße von heute präsentiert deshalb beide Seiten der Piave, das Gebiet „sinistra Piave" und das Gebiet „destra Piave". Das malerische Hügelland im Norden und das Schwemmland auf der rechten Seite der Piave, im Zentrum der trevisianischen Ebene, ist über Jahrtausende von Transit und Grenzen zwischen verschiedenen Einflüssen geprägt, und vermutlich schon in der Römerzeit besiedelt. Der Name Spresiano soll sogar römischen Ursprung haben. In den Urkunden tauchen die Orte Nervesa della Battaglia, Spresiano und Villorba im 10 Jh. auf. Der Boden warf ursprünglich nicht viel ab. Lediglich die Furt über die Piave und die Flößerei brachten einigen Einwohnern Arbeit. Die Bevölkerung war entsprechend arm. Erst von der Republik Venedig errichtete Bewässerungsanlagen verbesserten ihre Situation. Von dieser Zeit zeugen zahlreiche für die Region typische „Ville Venete". Diese findet man auch im Wein-Entdecker- und Nah-Erholungsgebiet in den Hügeln zwischen Bergen und Ebene, „Montello e Colli Asolani". Arg in Mitleidschaft gezogen wurde das Gebiet von den großen Piaveschlachten im 1. Weltkrieg. Nervesa della Battaglia, das die Schlacht (Battaglia) sogar im Namen trägt, wurde fast komplett dem Erdboden gleich gemacht. Groß wurden die Gemeinden erst durch die Entwicklung der Textilindustrie nach dem 2. Weltkrieg. U. a. hat Benetton seinen Stamm-Sitz in Villorba.

## Nervesa della Battaglia

Nervesa war von den verheerenden Schlachten des 1. Weltkriegs besonders stark zerstört. Als Mahnmal für den Frieden erinnert die Ruine der Abtei San Eustacchio aus dem 14. Jh. daran. Heute finden auch Konzerte dort statt.

## Spresiano

Neben der Pfarrkirche mit einem Monument zur Erinnerung an die Gefallenen des 1. Weltkriegs ist im Hauptort Spresiano die Villa Giustinian-Recanti sehenswert. In der Fraktion Visnadello sind die Kirche Sebbene und die Villa Gritti zu entdecken. In der Fraktion Lovadina u. a. der Palazzo Bove aus dem 15. Jh.

## Villorba, Ort der Villen

Villorba heißt nicht von ungefähr so. Es hat besonders viele der bekannten herrschaftlichen Ville Venete. Eine davon, die Villa Giovannina, ist heute der repräsentative Teil der Gemeindeverwaltung und als solche auch zu den Bürozeiten geöffnet.

---

**Regionale Küche wie vor 2000 Jahren**
Hier könnte ein Gastbetrieb stehen, der zumindest ein Gericht wie vor 2000 Jahren laufend auf der Karte führt.

**Übernachtungs- und Camping-Möglichkeiten im Anhang und in den Karten**

**Fragen und Auskunft zum Teilabschnitt**
■ Hotline Consorzio di Promozione Turistica Marca Treviso, 0039 0422 54 10 52
■ Hotline Via Claudia Augusta, 0043(0)664 27 63 555

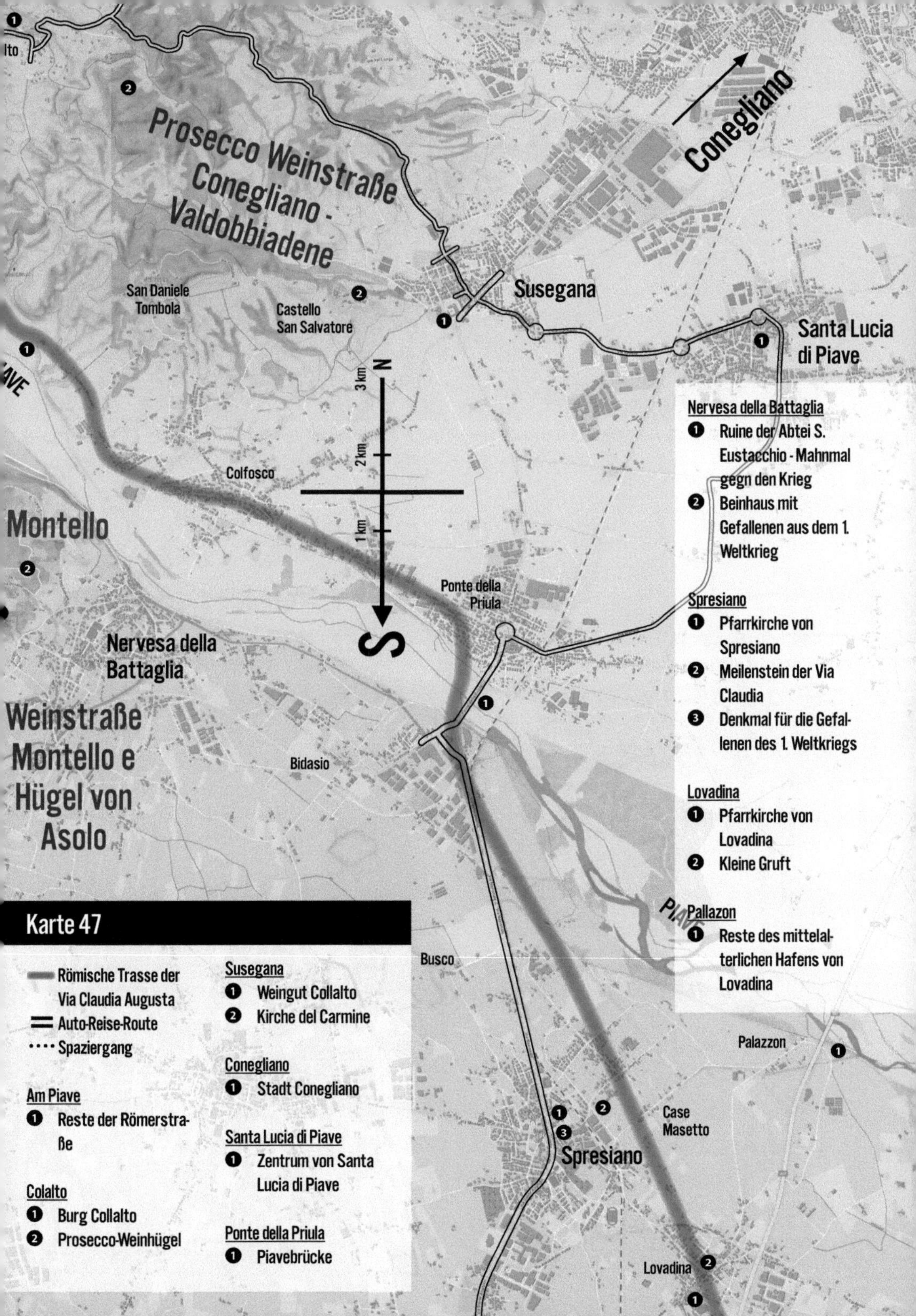

Ito
Prosecco Weinstraße Conegliano - Valdobbiadene
Conegliano
San Daniele Tombola
Castello San Salvatore
Susegana
Santa Lucia di Piave
PIAVE
Montello
Colfosco
3 km
N
2 km
1 km
S
Ponte della Priula
Nervesa della Battaglia
Weinstraße Montello e Hügel von Asolo
Bidasio
PIAVE
Busco
Palazzon
Case Masetto
Spresiano
Lovadina

Nervesa della Battaglia
❶ Ruine der Abtei S. Eustacchio - Mahnmal gegn den Krieg
❷ Beinhaus mit Gefallenen aus dem 1. Weltkrieg

Spresiano
❶ Pfarrkirche von Spresiano
❷ Meilenstein der Via Claudia
❸ Denkmal für die Gefallenen des 1. Weltkriegs

Lovadina
❶ Pfarrkirche von Lovadina
❷ Kleine Gruft

Pallazon
❶ Reste des mittelalterlichen Hafens von Lovadina

Karte 47

━━ Römische Trasse der Via Claudia Augusta
═══ Auto-Reise-Route
···· Spaziergang

Am Piave
❶ Reste der Römerstraße

Colalto
❶ Burg Collalto
❷ Prosecco-Weinhügel

Susegana
❶ Weingut Collalto
❷ Kirche del Carmine

Conegliano
❶ Stadt Conegliano

Santa Lucia di Piave
❶ Zentrum von Santa Lucia di Piave

Ponte della Priula
❶ Piavebrücke

Als Mahnmal für den Frieden ließ man die Abtei Eustacchio im Zustand nach dem 1. Weltkrieg. Heute ist sie auch Kulturort. Foto: Nervesa

Die Villa Contarini degli Armeni in Asolo. Foto: wikimedia / Patrick Denker

Der Piave ist weitgehend naturbelassen. Fotos: Gemeinde Spresiano

Treviso besticht als Kunst-Stadt und mit seinen Kanälen. Foto (2): Treviso

Die Villa Giovannina in Villorba. Foto: Gemeinde Villorba

Treviso liegt in der Mitte eines stark landwirtschaftlich genutzten Gebietes am Zusammenfluss von Botteniga und Sile, das schon in der Bronzezeit besiedelt war. 49 v. Chr. verliehen die Römer Tarvisium das Stadtrecht. Bereits 396 n. Chr. wird es als Bischofssitz erwähnt. Nach langen Auseinandersetzungen, in denen Venedig einen freieren Handel durch die Provinzen Padua und Treviso durchsetzen wollte, wurde die Stadt schließlich über mehrere Jahrhunderte Teil der Republik Venedig. Die ausgedehnte Altstadt ist fast durchwegs von einer Mauer und einem davor liegenden Kanal umgeben. Zahlreiche Kanäle — auch im Inneren der Stadt — brachten Treviso den Beinamen „città delle acque". Außerdem gilt die Stadt als „città dell'arte".

## Die Reiseroute rund um die Altstadt

Die Reiseroute führt gegen den Uhrzeigersinn um die Altstadt herum, die durchwegs von einem Kanal bzw. dem Silefluss umgeben ist. Von Norden kommend steuert man direkt auf das Tor San Tommaso zu. Will der Reisende die Altstadt besichtigen, fährt er besser im Süden in das Zentrum hinein, wo es gute Parkmöglichkeiten gibt.

## Ein Spaziergang durch die Altstadt

Die Altstadt Trevisos hat viel zu entdecken. Vor allem die vielen Kanäle, die die Stadt durchziehen, und die mit typischen Malereien verzierten Bürgerhäuser verleihen ihr besonderen Charme. Den ganz eigenen Charakter Trevisos fängt der Besucher am besten ein, indem er frei durch die Gassen schlendert. Der vorgeschlagene Spaziergang durch die Stadt ist eher als Vorschlag zu sehen, im Schnelldurchgang ein wenig von der Stadt und einige ihrer Besonderheiten zu sehen. Er führt u. a. zur Kirche Sankt Nikolaus aus dem 13. und 14. Jh. und zum imposanten Dom der Bischofstadt. Im Norden ist übrigens die Stadtmauer begehbar. Weiters führt der Spaziergang zur Kirche und zum Kloster der Franziskaner und zum Palazzo dei Trecento aus dem 13. Jh. mit seinen sehenswerten Fresken auf der malerischen Piazza dei Signori.

**Regionale Küche wie vor 2000 Jahren**
Hier könnte ein Gastbetrieb stehen, der zumindest ein Gericht wie vor 2000 Jahren laufend auf der Karte führt.

**Übernachtungs- und Camping-Möglichkeiten im Anhang und in den Karten**

**Fragen und Auskunft zum Teilabschnitt**
■ Ufficio Turistico Treviso - Consorzio Marca Treviso, Viale degli Eroi 2, 0039 0422 54 10 52
■ Hotline Via Claudia Augusta, 0043(0)664 27 63 555

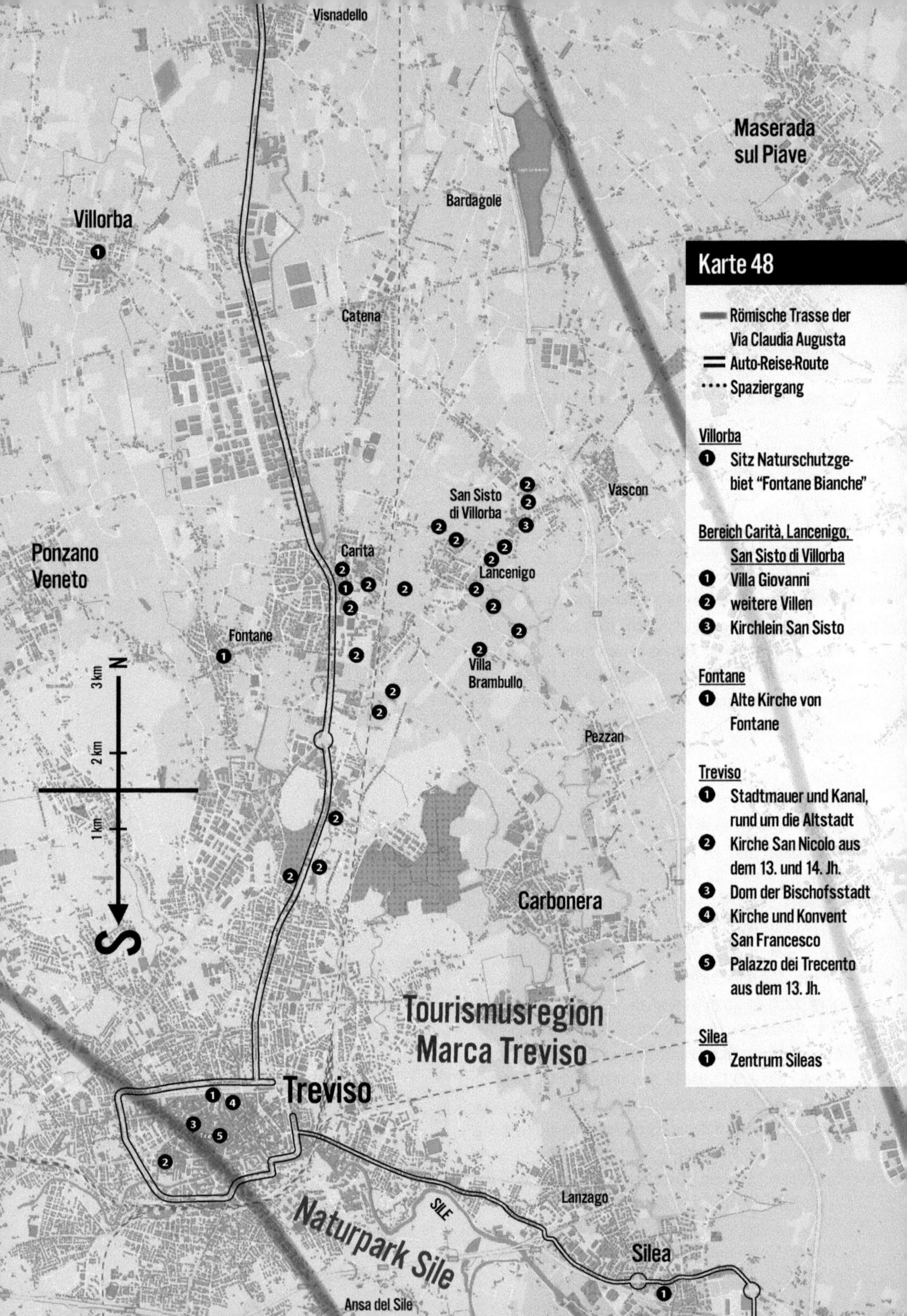

Visnadello
Maserada sul Piave
Bardagole
Villorba
Catena
San Sisto di Villorba
Vascon
Carità
Ponzano Veneto
Lancenigo
Fontane
Villa Brambullo
Pezzan
N
3 km
2 km
1 km
S
Carbonera
Tourismusregion Marca Treviso
Treviso
Naturpark Sile
SILE
Lanzago
Silea
Ansa del Sile

Karte 48
Römische Trasse der Via Claudia Augusta
Auto-Reise-Route
Spaziergang

Villorba
1 Sitz Naturschutzgebiet "Fontane Bianche"

Bereich Carità, Lancenigo, San Sisto di Villorba
1 Villa Giovanni
2 weitere Villen
3 Kirchlein San Sisto

Fontane
1 Alte Kirche von Fontane

Treviso
1 Stadtmauer und Kanal, rund um die Altstadt
2 Kirche San Nicolo aus dem 13. und 14. Jh.
3 Dom der Bischofsstadt
4 Kirche und Konvent San Francesco
5 Palazzo dei Trecento aus dem 13. Jh.

Silea
1 Zentrum Sileas

Treviso
1 Stadtmauer und Kanal, rund um die Altstadt
2 Kirche San Nicolo aus dem 13. und 14. Jh.
3 Dom der Bischofsstadt
4 Kirche und Konvent San Francesco
5 Palazzo dei Trecento aus dem 13. Jh.
N
O
S
W
1 km
2 km
3 km
TREVISO
SILE
Treviso

Die Gemeinden südlich von Treviso sind neben der alten Straße auch durch den Naturpark entlang des Sile verbunden. Der malerische Fluss ist eine Besonderheit, bleibt er doch auch bei Unwettern ruhig, behält über das Jahr fast die gleiche Temperatur, führt kaum Geschiebe mit sich und bietet so auf seinem Grund einen idealen Lebensraum für Wasserpflanzen. Das Naturjuwel ist mit Hausbooten und Ausflugsschiffen zu befahren, die zwischen Venedig und Treviso verkehren. Die Gegend am Fluss ist schon seit der Jungsteinzeit besiedelt. Die ältesten Ortschaften werden schon im 11. und 12. Jh. erwähnt und liegen durchwegs an der Trasse der Römerstraße, die zum Teil auf einem Asphaltsträßchen befahrbar ist. Roncade lockt außerdem mit dem Schloss Castello di Roncade, in dem schlosseigene Weine gelagert und verkauft werden.

## Der Sile-Flusspark und Silea

Der Sile, der heute mit Ausflugsschiffen befahren werden kann, war seit jeher auch ein wichtiger Kommunikations- und Handels-Weg. Bis 1970 verkehrten die „Burci", mächtige Boote für den Schwertransport, auf dem Fluss. Heute sind sie am Friedhof der Burci in Casier — am Silea gegenüberliegenden Flussufer — zu sehen. Die über 10.000 Einwohner zählende Gemeinde Silea war schon im 2. Jh. nach Christus besiedelt. Die ältesten Siedlungen lagen in den Fraktionen Sant'Elena und Cendon an der Trasse der Römerstraße. Die beiden Orte tauchen auch im Mittelalter als erste in den Urkunden auf. Silea hieß übrigens früher Melma und wurde erst 1935 nach dem Fluss in Silea umbenannt.

## Die Stadt und das Schloss Roncade

Bereits ab dem Neolithikum war das Gebiet der 14.000 Einwohner zählenden Stadt Roncade besiedelt, in römischer Zeit vor allem in der Fraktion Musestre, wo die Via Claudia Augusta den Fluss Sile querte. Den größten Entwicklungsschub verzeichnete die Stadt nach 1500 als Teil der Republik Venedig. Davon zeugen einige Villen. Die bedeutendste ist sicherlich die Renaissance-Villa Giustinian im Kastell di Roncade, das auch ein renomiertes Weingut

ist. Sehenswert sind weiters die Pfarrkirche und die die Kapelle im Kastell, mit einem einem bedeutenden barocken Bilderzyklus. Direkt an der historischen Trasse der Via Claudia Augusta — zwischen Roncade und Silea — liegt das Weingut „47 Anno Domini" (47 n. Christus — das ist das Jahr der Fertigstellung der Via Claudia Augusta), das die Tradition der Weine gekonnt mit moderner Technik und neuen Trends kombiniert.



**Übernachtungs- und Camping-Möglichkeiten im Anhang und in den Karten**

**Fragen und Auskunft zum Teilabschnitt**
■ Hotline Consorzio di Promozione Turistica Marca Treviso, 0039 0422 54 10 52
■ Hotline Via Claudia Augusta, 0043(0)664 27 63 555

Im Sile Flusspark. Foto: Club Unesco Venezia

Das Zentrum der Stadt Roncade. Foto: Stadt Roncade

Die Villa Giustinian im Kastell di Roncade. Foto: Stadti Roncade

In der Lagune. Foto: Lammerhuber     Römerstraße. Foto: Via Claudia Augusta

Archäologisches Museum in Altino. Foto: Tschaikner

Fast unvorstellbar – in der Römerzeit gab es noch kein Venedig. Die antike Hafenstadt war Altinum an der Mündung des Flusses Sile in die Lagune. Dort starteten bzw. endeten gleich mehrere Römerstraßen, die ihre wirtschaftliche Bedeutung unterstreichen. Erst nach dem Niedergang des Römischen Reiches verlagerten sich die Siedlungen in die geschütztere Lagune. Die Römerstraße wurde aber weiter genutzt, wie die ihr entlang gegründeten Orte zeigen. Heute befinden sich im Weiler Altino der Gemeinde Quarto D'Altino am denkmalgeschützten Hafenareal eine Ausgrabungsstätte und ein archäologisches Museum, das heute, durch die zunehmende Verlandung der Flussmündungen, nicht mehr am Wasser liegt. Vom heutigen Bootshafen sind Ausflugsfahrten nach Venedig und am Sile nach Treviso möglich.

## Quarto D'Altino

Quarto d'Altino ist die Gemeinde in der sich einst der römische Hafen befand. Bevor die Reiseroute in ihr Zentrum mündet, führt sich noch auf einer relativ schmale Brücke über den Sile. Gleich danach wartet ein schöner Blick auf den Fluss und Musestre. Im kleinen Zentrum finden sich die Gemeindeämter, die Pfarrkirche, einige Lokale und Geschäfte. Nach Unterquerung der Trasse der Bahn, mit der man bequem in wenigen Minuten nach Venedig gelangt, kann man noch ein Stück der schnurgeraden Trasse der Via Claudia Augusta folgen. Das letzte Stück zum Museum am Areal des antiken Hafens wandert oder radelt man dann auf relativ direktem Wege durch die Lagune oder erreicht es – der Reiseroute folgend – auf Umwegen mit dem Auto.

## Der antike Hafen an der Lagune

Das Areal der antiken Hafenstadt liegt heute durch die fortschreitende Verlandung etwas im Landesinneren. Es gibt dort nur mehr wenige Gebäude – darunter eine Archäologische Zone, die auf relativ kleinem Raum ein paar Einblicke in die große Geschichte erlaubt, das bisherige und das in Bau befindliche neue Archäologische Museum sowie eine einfache Gastwirtschaft.  ■ Museum, Via Sant'Eliodoro 37, +39 0422 82 9008, geöffnet täglich von 8:30 – 19:30.

## In die Lagune, nach Venedig und Jesolo

Quarto D'Altino, wo die Quartiere ruhiger und günstiger sind, liegt ziemlich genau in der Mitte zwischen der Kunststadt Treviso, der Lagunenstadt Venedig und den Stränden von Jesolo. Nach Venedig gelangt man mit der Bahn oder mit dem Ausflugsschiff, das nahe am Archäologischen Museum seine Einstiegsstelle hat. Mit Ausflugsschiffen gelangt man auch über den Sile nach Treviso. Die zahlreichen Strände von Jesolo erreicht man am besten mit dem Auto oder mit dem Fahrrad.

---

**Regionale Küche wie vor 2000 Jahren**
Hier könnte ein Gastbetrieb stehen, der zumindest ein Gericht wie vor 2000 Jahren laufend auf der Karte führt.

**Übernachtungs- und Camping-Möglichkeiten im Anhang und in den Karten**

**Fragen und Auskunft zum Teilabschnitt**
■ Hotline Consorzio di Promozione Turistica Marca Treviso, 0039 0422 54 10 52
■ Hotline Via Claudia Augusta, 0043(0)664 27 63 555

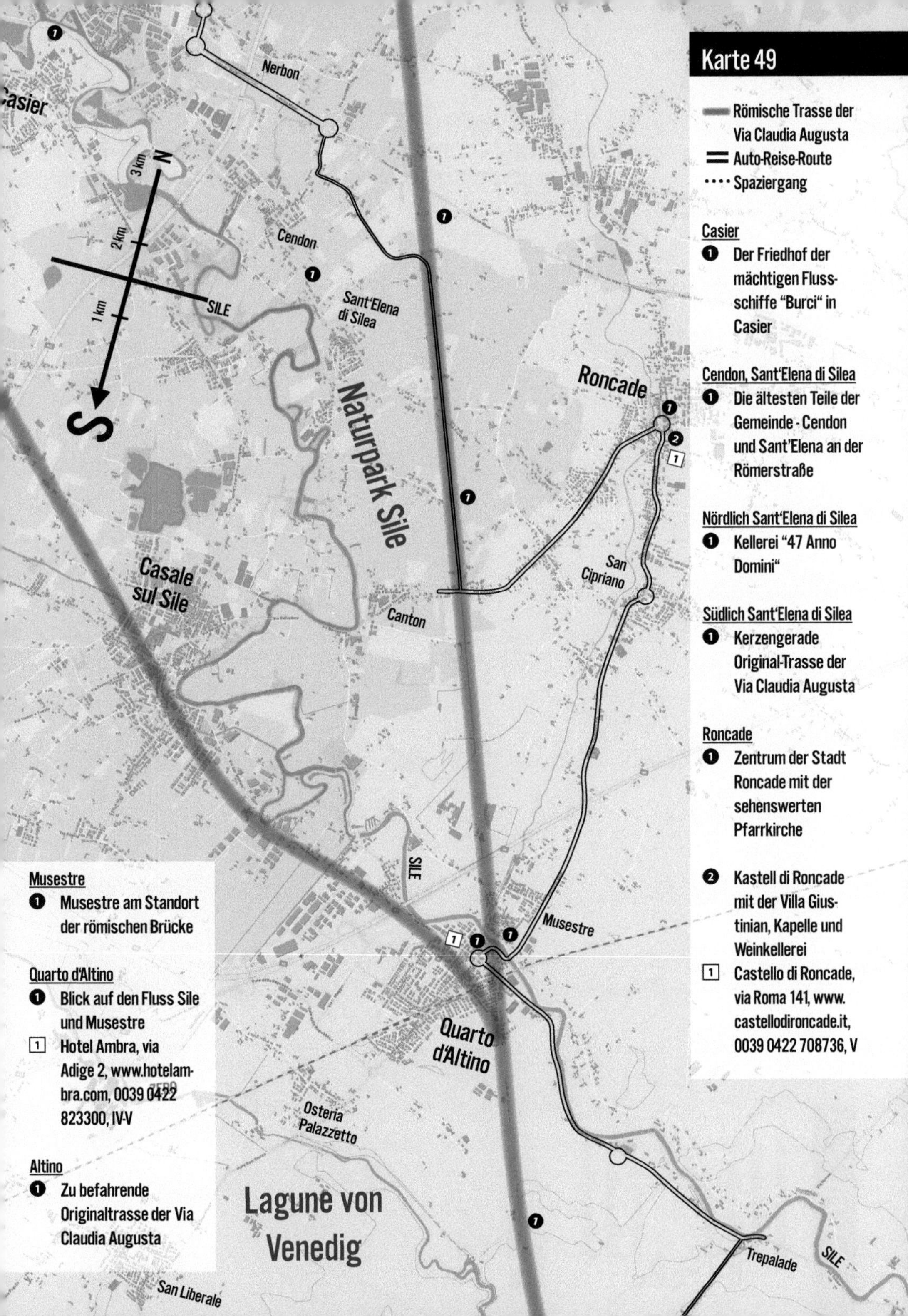

Karte 49

Römische Trasse der Via Claudia Augusta
Auto-Reise-Route
Spaziergang

Casier
❶ Der Friedhof der mächtigen Fluss-schiffe "Burci" in Casier

Cendon, Sant'Elena di Silea
❶ Die ältesten Teile der Gemeinde - Cendon und Sant'Elena an der Römerstraße

Nördlich Sant'Elena di Silea
❶ Kellerei "47 Anno Domini"

Südlich Sant'Elena di Silea
❶ Kerzengerade Original-Trasse der Via Claudia Augusta

Roncade
❶ Zentrum der Stadt Roncade mit der sehenswerten Pfarrkirche

❷ Kastell di Roncade mit der Villa Giustinian, Kapelle und Weinkellerei
1 Castello di Roncade, via Roma 141, www.castellodironcade.it, 0039 0422 708736, V

Musestre
❶ Musestre am Standort der römischen Brücke

Quarto d'Altino
❶ Blick auf den Fluss Sile und Musestre
1 Hotel Ambra, via Adige 2, www.hotelambra.com, 0039 0422 823300, IV-V

Altino
❶ Zu befahrende Originaltrasse der Via Claudia Augusta

Casier
Nerbon
Cendon
Sant'Elena di Silea
SILE
Naturpark Sile
Casale sul Sile
Canton
Roncade
San Cipriano
SILE
Musestre
Quarto d'Altino
Osteria Palazzetto
Lagune von Venedig
San Liberale
Trepalade
SILE
N
S
3 km
2 km
1 km

Karte 50/1
Römische Trasse der
Via Claudia Augusta
Auto-Reise-Route
Spaziergang
Altino
Anlegestelle der
Ausugsschiffe nach
Venedig und Treviso
Venezia
Lagunenstadt Venedig
Mestre
Marcon
San Liberale
Altino
DESE
Praello
Zuccarello
DESE
DESE
Dese
Favaro Veneto
Tessera
Campalto
MARZENGO
Porto Marghera
LAGUNA VENETA
Lagune von Venedig
Burano
Murano
Cavallino-Treporti
Venezia
N
S
1 km
2 km
3 km

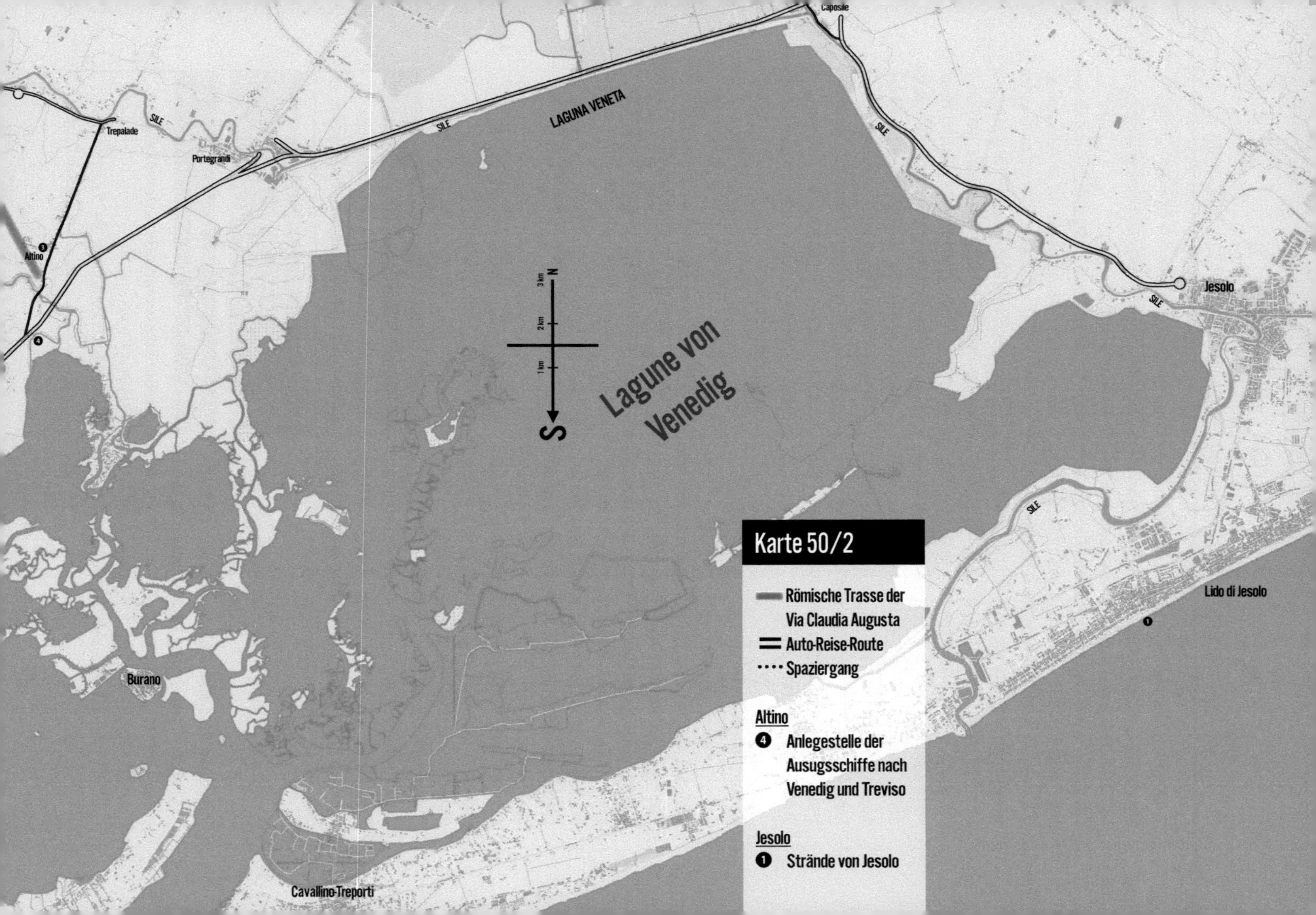

Caposile
LAGUNA VENETA
SILE
Trepalade
Portegrandi
Altino
Jesolo
SILE
N
3 km
2 km
1 km
S
Lagune von Venedig
Karte 50/2
Römische Trasse der Via Claudia Augusta
Auto-Reise-Route
Spaziergang
Altino
4 Anlegestelle der Ausugsschiffe nach Venedig und Treviso
Jesolo
1 Strände von Jesolo
Lido di Jesolo
Burano
Cavallino-Treporti

Trento geht - wie auch der Name zeigt - auf die Räter zurück und war schon zu dieser Zeit ein wichtiger Verkehrsknoten. Die Via Claudia Augusta gabelte sich in Tridentum in die Via Claudia Augusta Altinate Richtung Adriahafen Altinum bei Venedig und die Via Claudia Augusta Padana zum Flußhafen Ostiglia am Po. Von dort führte eine Straße weiter nach Rom. Die spätere historische Bedeutung der Stadt geht vor allem auf das Konzil von Trient (1545 – 1563) zurück, das der Gegenreformation zu ihrem Auftrieb verhalf und ihren geistigen Rahmen bestimmte. In dieser Zeit wurde auch ganz wesentlich das Bild der heutigen Altstadt geprägt. Der Reinaissancestil wurde später vom Barock ergänzt. Bis zum Einmarsch der Napoleonischen Truppen herrschten die Fürstbischöfe von Trento vom mächtigen Schloss Buonconsiglio aus über die Stadt und das umliegende Land.

## Radroute durch Trento nach Verona und Ostiglia

------

Die Grenze zwischen Lavis und den nördlichen Teilen der Trentiner Landeshauptstadt Trento ist der Avisio, zu dessen Querung die Route nach Lavis, am Talrand , folgt. Danach geht es wieder ans Ufer des Etsch und relativ ruhig und beschaulich fast ins Zentrum der schon in der Römerzeit gegründeten Stadt, in der einst die Weichenstellung für die Gegenreformation fielen. Die Altstadt wurde für das Konzil von Trento im Stil der Renaissance groß herausgeputzt. Auch das Schloss Buonconsiglio erinnert daran. Unter der Stadt sind unterirdische Ausgrabungen der römischen Stadt Tridentum zu bestaunen. Für denjenigen, der sich für die Via Claudia Augusta „Padana" Richtung Verona und Ostiglia am Po entschieden hat geht es anschließend weiter, an der Etsch entlang durch ein Gebiet, das aber der eigentlichen Stadtgrenze eher dünn besiedelt ist.

## Ergänzende Infos zu einigen Sehenswürdigkeiten

------

- An der Brücke über den Avisio in Lavis beginnt das Stadtgebiet von Trento. Richtung Altino bei Venedig führte die alte Straße bereits dort den Hang hinauf Richtung Valsugana. Die Reiseroute folgt zunächst dem ungefähren historischen Straßenverlauf in den Ort Meano, von wo aus der Reisende erstmals auf die Konzilstadt hinunterblickt. Danach geht es wieder ins Tal und geradewegs zur Renaissance-Altstadt.

- Einen Spaziergang durch die Stadt, beginnt man am Besten bei der Touristinformation, in dessen Nähe auch die zeitgenössische Stadtgalerie liegt. Unweit davon warten unterhalb des Battisti Platzes die unterirdischen Ausgrabungen des römischen Tridentum. Über die vom Renaissance-Palazzi gesäumte Via Belenzani mit dem Rathaus im Palazzo Thun gelangt der Besucher zum Domplatz. Die parallelen Gassen Via Cavour im Westen und Via Oss Mazzurana im Osten strahlen mit ihr um die Wette. Direkt am Domplatz liegen auch das Diözesanmuseum und die Kathetrale Vigilio. Schließlich führt der Spaziergang zum Schloss Buonconsiglio, das auch das historische Museum von Trento beherbergt.

**Regionale Küche wie vor 2000 Jahren**

Hier könnte ein Gastbetrieb stehen, der zumindest ein Gericht wie vor 2000 Jahren laufend auf der Karte führt.

**Übernachtungs- und Camping-Möglichkeiten im Anhang und in den Karten**

**Fragen Auskunft zum Teilabschnitt**

■ Hotline Tourismusverband Rovereto und Vallagarina 0039 0464 430 363

■ Hotline Via Claudia Augusta, 0043(0)664 27 63 555

Nach Trento beginnt der südliche Teil des Etschtales, die Vallagarina. Sie besticht mit einer Landschaft, die ursprünglich geblieben ist – trotz der Lage zwischen zwei Ballungsräumen, an einer der wichtigsten Verkehrsadern Europas: Historisch gewachsene Dörfer in malerischer Tal-, Berg- und Hügellandschaft mit ausgedehnten Weingärten. Darüber thronen mittelalterliche Burgen. Die Vallagarina war immer umkämpft. Im nördlichen Vallagarina, genauer in Calliano, fand die Schlacht statt, in der die Republik Venedig den Kürzeren zog und nach der die Vallagarina wieder in den Einflussbereich der Bischöfe von Trento kam. Die bedeutendste Festungsanlage der Region ist Castel Beseno, das schon von weitem sichtbar auf einer Bergkuppe thront. Die Burg ist sehenswert, bestens saniert und didaktisch gut aufgearbeitet. Außerdem hat man von dort einen herrlichen Ausblick auf's Tal, die Vallagarina.

## Der Süden der Stadt Trento

Die Orte Romagnano und Matarello südlich der Provinzhauptstadt gehören noch zum Stadtgebiet.

## Der Norden der Vallagraina

Die Vallagarina beginnt bei der Talenge Murazzi, südlich Matarellos. Die Gegend war spätestens ab der Römerzeit besiedelt. Pomarolo oder auch Besenello tauchen bereits im 12. Jh. erstmals in den Urkunden auf. Zahlreiche Festungsanlagen zeugen von der großen strategischen Bedeutung des Tales am südlichen Eingang in die Alpen, darunter einige Festungen der österreichisch-ungarischen Monarchie. Die Burg Beseno aus dem 12. Jh., oberhalb Besenellos, ist die größte Festung zwischen Reschenpass und Verona. Das wuchtige Bauwerk beeindruckt schon aus der Entfernung. Im Inneren sind zahlreiche Fresken zu sehen. Die Burganlage ist ein Nebensitz des Museums im Schloss Buonconsiglio. Nicht zuletzt bietet sich vom Schloss ein sagenhafter Ausblick auf die Vallagarina.
■ 38060 Besenello, Via al Castello 4, +39 0464 834600, geöffnet von Mitte März – Mitte Mai Di – So 9:30 – 17:00, von Mitte Mai – Anfang Nov. Di – So 10 - 18 Uhr, von Anfang Nov bis Mitte März nur

Sa und So 9:30 – 17:00, www.buonconsiglio.it
■ Castel Pietra, 38060 Calliano, Via Castelpietra 1, +39 335 588 28 91, Führungen in Absprache mit Privateigentümern, www.castelpietra.info.
■ Castello di Castellano, 38060 Castellano, +39 0464 801 177, Führungen in Absprache mit Privateigentümern.
■ Castel Noarna, 38060 Noarna di Nogaredo, Via Castelnuovo 19, täglich Führungen mit Weinverkostung nach Vereinbarung für mind. 10 Personen, www.castelnuoarna.com.
■ Diözesanmuseum des Trentino, Palazzo Libera, 38060 Villa Lagarina, Via Garibaldi 10, +39 464 490 374, geöffnet Mi – Fr 14 – 18 Uhr, Sa und So 10 – 12:30 und 14 – 18 Uhr, www.museodiocesanotridentino.it

**Regionale Küche wie vor 2000 Jahren**

Hier könnte ein Gastbetrieb stehen, der zumindest ein Gericht wie vor 2000 Jahren laufend auf der Karte führt.

**Übernachtungs- und Camping-Möglichkeiten im Anhang und in den Karten**

**Fragen Auskunft zum Teilabschnitt**

■ Hotline Tourismusverband Rovereto und Vallagarina 0039 0464 430 363
■ Hotline Via Claudia Augusta, 0043(0)664 27 63 555

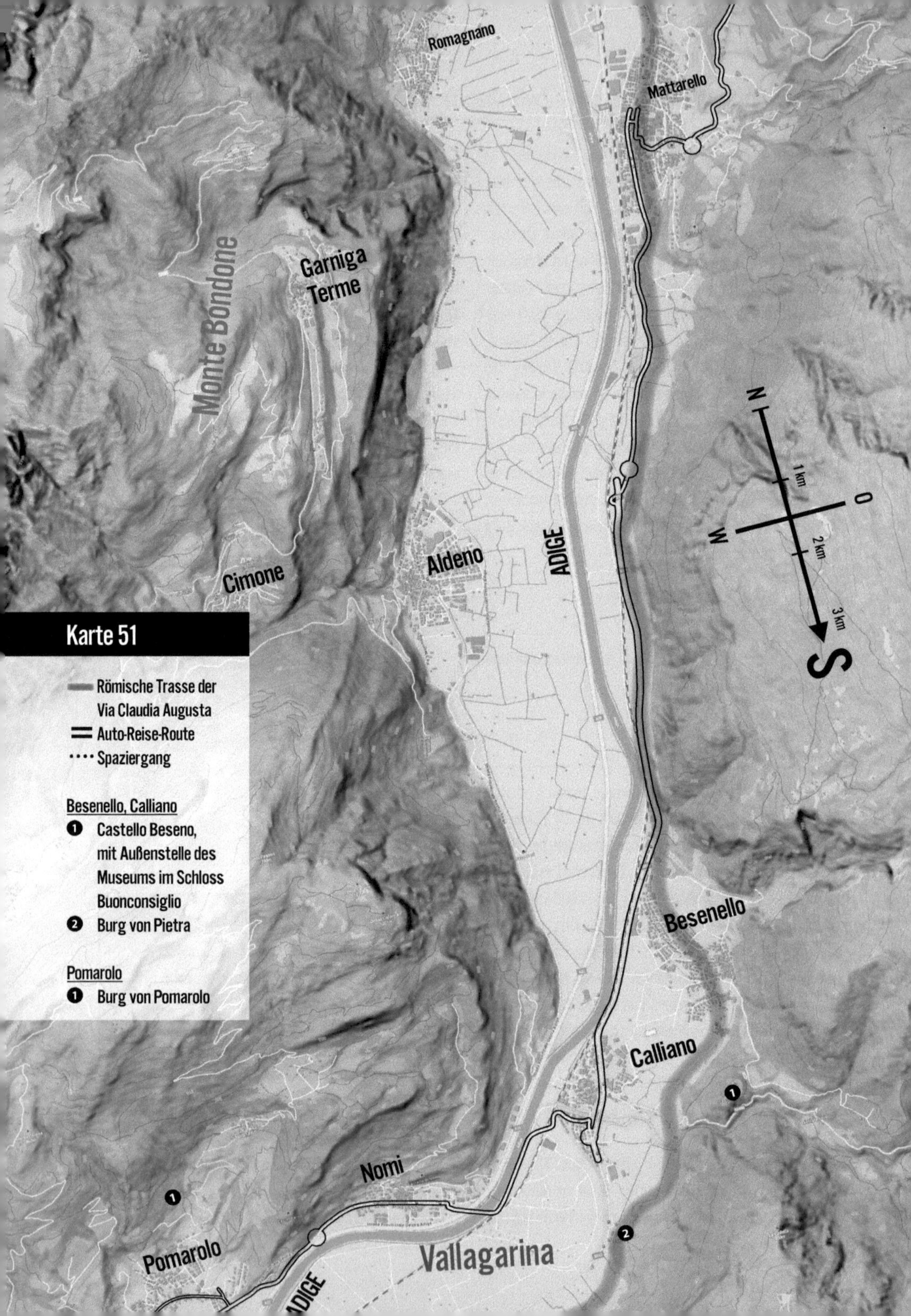

Romagnano
Mattarello
Monte Bondone
Garniga Terme
Cimone
Aldeno
ADIGE
Besenello
Calliano
Nomi
Pomarolo
ADIGE
Vallagarina
N
O
S
W
1 km
2 km
3 km
Karte 51
Römische Trasse der Via Claudia Augusta
Auto-Reise-Route
Spaziergang
Besenello, Calliano
1 Castello Beseno, mit Außenstelle des Museums im Schloss Buonconsiglio
2 Burg von Pietra
Pomarolo
1 Burg von Pomarolo

Karte 52

Römische Trasse der Via Claudia Augusta
Auto-Reise-Route
Spaziergang

Villa Lagarina
1 Palazzo Libera mit einem Teil des Trentiner Diözesanmuseums
1 Casa del Noce, Via Zandonai 10, www.casadelnoce.com, 0039 0464 410741, III

Nogaredo
1 Burg von Noarna
2 Palazzo Lodron

Castellano
1 Burg von Castellano

Rovereto
1 Stadtmuseum im Palazzo Alberti
2 Geburtshaus von Antonio Rosmini
3 Palazzo Todeschi-Micheli „Mozarthaus"
4 Ponte Forbato Brücke
5 Casa dei Turchi „Türkenhaus"
6 Burg Castello Rovereto mit Italienischem Kriegsmuseum
7 Venezianisch geprägtes Rathaus im Palazzo Pretorio aus dem 15. Jh.
8 Renaissance-Palazzo del Ben oder dei Conti d'Arco
9 Zeitgenössische Galerie MART und Haus futuristischer Kunst Depero
10 Bibiliothek im Palazzo dell'Annona
11 Theater Zandonai

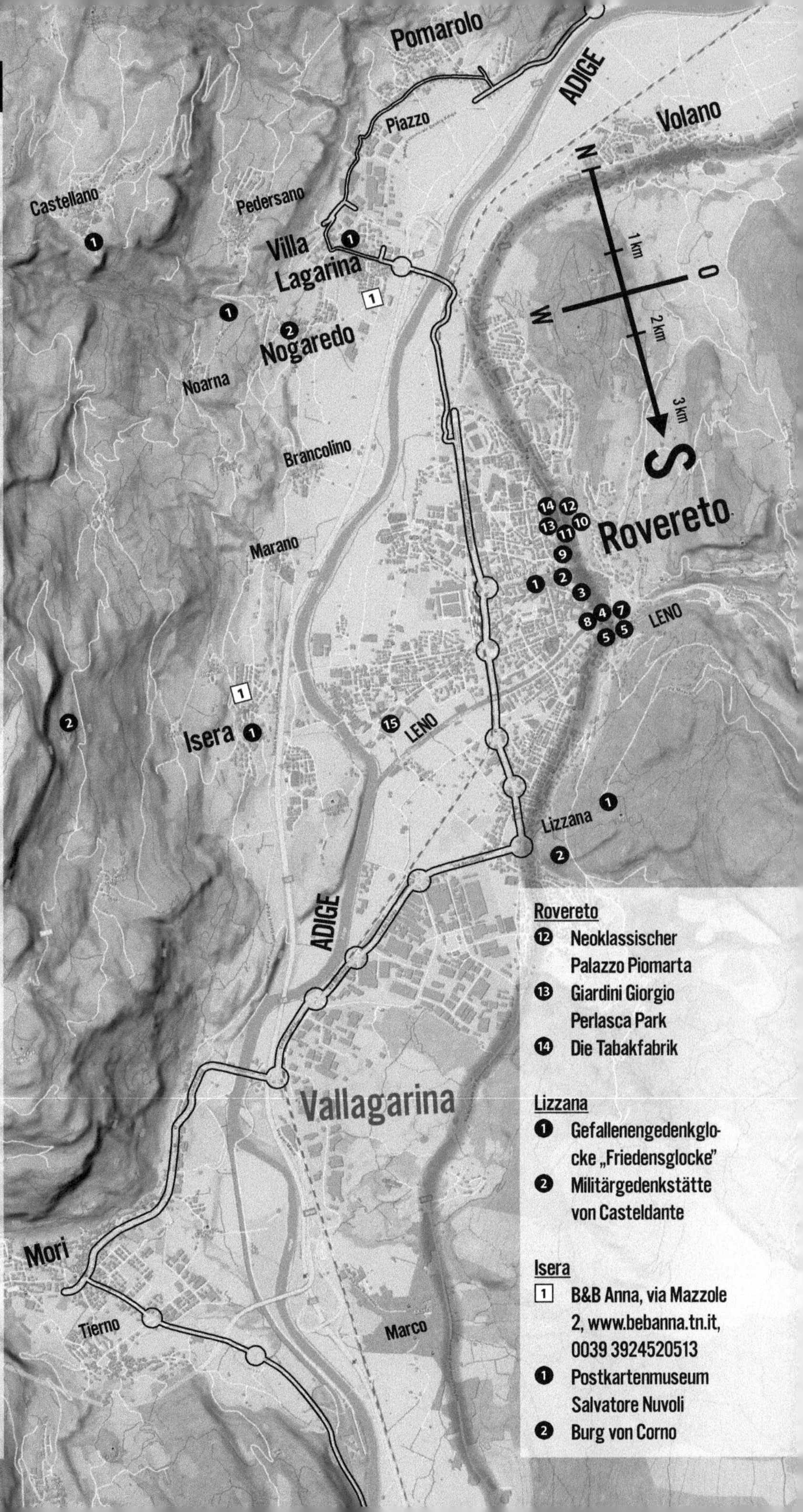

Rovereto
12 Neoklassischer Palazzo Piomarta
13 Giardini Giorgio Perlasca Park
14 Die Tabakfabrik

Lizzana
1 Gefallenengedenkglocke „Friedensglocke"
2 Militärgedenkstätte von Casteldante

Isera
1 B&B Anna, via Mazzole 2, www.bebanna.tn.it, 0039 3924520513
1 Postkartenmuseum Salvatore Nuvoli
2 Burg von Corno

Pomarolo
ADIGE
Volano
N
W
S
O
1 km
2 km
3 km
Piazzo
Pedersano
Castellano
Villa Lagarina
Noarna
Nogaredo
Brancolino
Marano
Rovereto
LENO
Isera
LENO
Vallagarina
ADIGE
Lizzana
Mori
Tierno
Marco
Lago di Garda

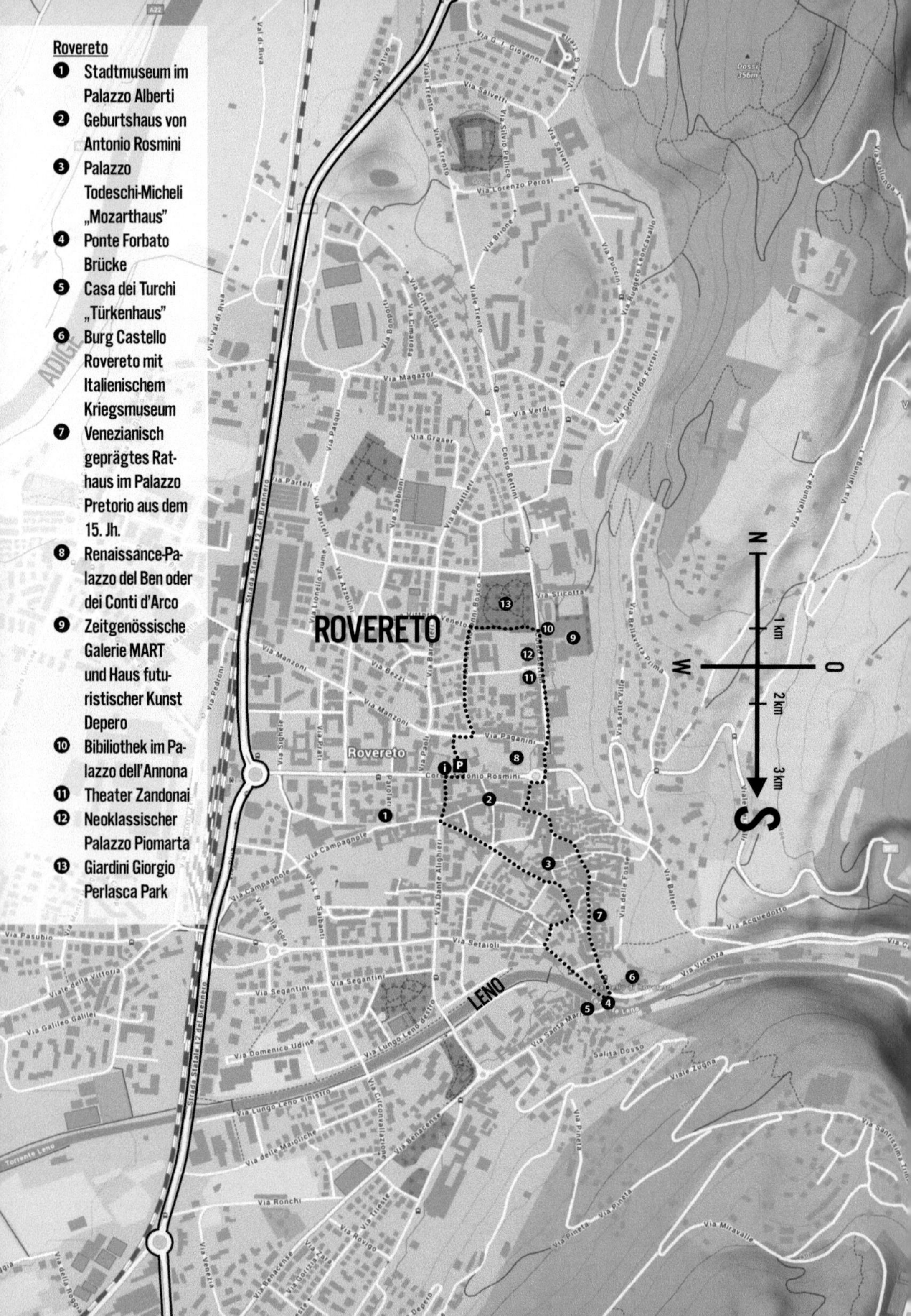

Rovereto

1 Stadtmuseum im Palazzo Alberti
2 Geburtshaus von Antonio Rosmini
3 Palazzo Todeschi-Micheli „Mozarthaus"
4 Ponte Forbato Brücke
5 Casa dei Turchi „Türkenhaus"
6 Burg Castello Rovereto mit Italienischem Kriegsmuseum
7 Venezianisch geprägtes Rathaus im Palazzo Pretorio aus dem 15. Jh.
8 Renaissance-Palazzo del Ben oder dei Conti d'Arco
9 Zeitgenössische Galerie MART und Haus futuristischer Kunst Depero
10 Bibiliothek im Palazzo dell'Annona
11 Theater Zandonai
12 Neoklassischer Palazzo Piomarta
13 Giardini Giorgio Perlasca Park

ROVERETO
Rovereto
LENO
ADIGE

N
S
W
O
1 km
2 km
3 km

Die nördliche Vallagarina von Schloss Beseno aus gesehen. Foto: APT Rovereto Vallagarina

Besenello. Foto: APT Rovereto Vallagarina Magna Longa

Burg Castellano. Foto: APT Rovereto e Vallagarina

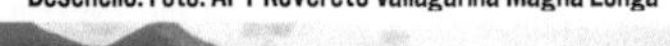

Piazza Romini. Foto: APT Rovereto Vallagarina

Das markante Dach der Kunstgallerie MART. Foto: Via Claudia Augusta

Das Etschtal bei Rovereto. Foto: APT Rovereto Vallagarina

Die zweitgrößte Stadt Trentinos ist der Hauport der Vallagarina und durch die sehenswerte Altstadt und die bedeutende zeitgenössische Kunstgalerie MART auch ein Tourismusmagnet. Es wird angenommen, dass es schon eine eisenzeitliche Siedlung am Ort gab. Sicher ist, dass die Römer dort ein Kastell unterhielten. Die wichtige Straße und die Etsch-Flößerei zwischen Alpen und dem Veneto waren auch in der Folge ein wichtiger Wirtschaftsfaktor. Ihre größte Blüte erlebte Rovereto, als im 18. Jh., die von den Venezianern begründete Seiden-Industrie ihren Höhepunkt erlebte. Im 1. Weltkrieg war die Gegend eine der heiß Umkämpftesten. Zahlreiche Festungsanlagen in den Bergen östlich der Stadt mahnen heute neben anderen Gedenkstätten zum Frieden und formten das Image der „Stadt des Friedens".

## Ein Spaziergang durch die Altstadt

Rovereto besticht mit Gassen und Palästen, von denen man vielen den venezianischem und österreichischen Einfluss ansieht. Während des Spaziergangs lässt man sein Auto am besten am Parkplatz Ecke Corso Rosmini – Via Pooli. Ein optimaler Einstieg ist ein Besuch eines der ältesten Stadtmuseen Italiens. ■ Borgo Santa Caterina 41, +39 0464 452 800, geöffnet Di – So 9 – 12 und 15 – 18 Uhr, 1. Juli – 16. Okt. zusätzlich Fr und So 20 – 22 Uhr, Mo außer an einem Feiertag geschlossen, www.museocivico.rovereto.tn.it. Wenig weiter befindet sich das Geburtshaus des berühmter Philosophen Anton Rosmini. ■ Via Stoppani 3, +39 0464 420 788, Besichtigung nach Vereinbarung. Im Palazzo Todeschi-Micheli in der Via Mercerie 14 hat Mozart sein erstes von Erfolg gekröntes Italienkonzert gegeben. Die Ponte Forbato über den Leno wurde 1797 vom Hochwasser zerstört und 1840 wieder aufgebaut. Am gegenüberliegenden Flussufer steht die Casa dei Turchi (Türkenhaus). Das wuchtige Castello Rovereto aus dem 14. Jh. beherbergt das größte Kriegsmuseum Italiens. ■ Via Castelbarco 7, +39 0464 438 100, geöffnet Jan – Dez Di – So 10 – 18 Uhr, Jui – Sept Di – Fr 10 – 18 Uhr, Sa und So 10 – 19 Uhr, Mo außer am Feiertag geschlossen. www.museodellaguerra.it. Die Stadtführung sitzt im eleganten Palazzo Pretorio im venezianischen Stil aus 1417. Der Palazzo del Ben oder dei Conti D'Arco an der Piazza Rosmini ist ein Baujuwel aus der Renaissance, das die Sparkasse Trento und Rovereto zum Teil für Kulturaktivitäten zur Verfügung stellt. Danach folgt die Kunstgallerie Mart, zu der auch der Palazzo dell'Annona gehört, in der heute eine Bibliothek untergebracht ist. ■ MART, Rovereto, Corso Bettini 43, +39 0464 438 887, geöffnet Di – So 10 – 18 Uhr, Fr 10 – 21 Uhr, Mo geschlossen, außer Feiertage, www.mart.trento.it.

Vis-a-vis des Giorgio Perlasca Parks steht das erste Theater des Trentino überhaupt, das Theater Zandonai. Außerdem der neoklassische Piamarta Palast, besser bekannt als Palazzo della Pubblica Istruzione (des öffentlichen Unterrichts).





**Fragen und Auskunft zum Teilabschnitt**

■ Touristinfo APT Rovereto e Vallagarina, 38068 Rovereto, Piazza Rosmini 16, +39 0464 430 363 im Sommer außerdem direkt am Radweg: Bike- und Tourist-Info, 38068 Rovereto (TN), Piazzetta della Torre Civica di Borgo Sacco

Südlich der Vallagarina verläuft die Grenze zwischen Trentino und Veneto und das Etschtal geht in die Ebene Padanien über. Dieses Land war immer sehr umkämpft, das bis 1919 zu Österreich-Ungarn gehörte. Aus dieser Zeit gibt es für alle Orte deutsche Namen und der Einfluss des deutschen Kulturraums ist unverkennbar. Die südliche Vallagarina geizt nicht mit landschaftlichen Reiz und malerischen Ortskernen.

## Der Süden Roveretos und Isera

Im Süden Roveretos gibt es eine Glocke, die jeden Abend 100 Schläge für die Gefallenen läutet und die Militärgedenkstätte von Casteldante mit Gebeinen von 20.000 italienischen, österreichischen, tschechischen und ungarischen Soldaten. ■ 38068 Rovereto, Via Castel Dante, +39 0464 432 480 oder +39 348 7700 541, geöffnet Di – Sa 9 – 12 und 14 – 16 Uhr. Feiertag geschlossen. Weiters erzählt die „Manufattura Tabacchi" aus der Mitte des 19. Jh. die frühe Industrie- und Sozialgeschichte der Gegend. ■ Rovereto, Piazza della Manufattura 1, +39 0464 443 313, öffnet für Gruppen, www.progettomanifattura.it. In Isera präsentiert das Postkartenmuseum 35.000 Bilder aus Trentino und Südtirol. ■ Via Galvagni 10, +39 0464 420 840, geöffnet Mo – Sa 9 – 12 und 14:30 – 17 Uhr, www.museodellacartolina.it. Oberhalb liegt Burg die Corno aus dem 10 Jh. ■ Località Lenzima, +39 0464 433 792, geöffnet 5 Apr. – Ende Sept. Sa und So 10 – 19 Uhr.

## Mori, Tor zum Gardasee und zum Monte Baldo

Der fast 10.000 Einwohner zählende Ort grenzt an Torbole am Gardasee und an Brentonico am 30 km langen Bergrücken Monte Baldo, zwischen dem größten See Italiens und dem Etschtal. Sein geschützter Osthang beherbergt Pflanzen, die es in ganz Europa nicht gibt, weil er während der gesamten Eiszeit aus der Eisdecke hervorragte. Im Palazzo Eccheli Baisi werden Flora und Fossilien aus der Gegend zugänglich gemacht. ■ 38060 Brentonico, Via Mantova 4, +39 0464 39 50 59, geöffnet Mai – Juni Di – So 10 – 12 und 16 – 18 Uhr, Juli – Sept. Di – So 10 – 12 und 16 – 18:30 Uhr.

## Grenzorte Ala und Avio

Der eigentlich Grenzort ist Avio, bzw. seine Fraktion Borghetto. Aber auch Ala liegt nicht weit von der Grenze und war Grenzbahnhof zwischen Österreich und Italien. Beide Orte sind von den wechselnden, vielfältigen Einflüssen geprägt. In den engen Gassen der historischen Ortskerne sind zahlreiche Palazzi zu entdecken. In den Palazzi dei Pizzini in Ala ist das Museum des antiken Klaviers untergebracht., das die Faszination klassischer Musik vermittelt. ■ 38061 Ala, Via Santa Caterina 1, +39 0464 674 068, geöffnet für Gruppen von 15 bis 20 Personen. Avio wird von der gleichnamigen Burgruine aus dem 11. und 13. Jh. überragt.



**Übernachtungs- und Campingmöglichkeiten im Anhang und den Karten**

**Fragen und Auskunft zum Teilabschnitt**

■ Touristinfo APT Rovereto e Vallagarina, 38060 Brentonico (TN), Via F. Filzi 23, 0039 0464 430 363
■ Hotline Via Claudia Augusta, 0043(0)664 27 63 555

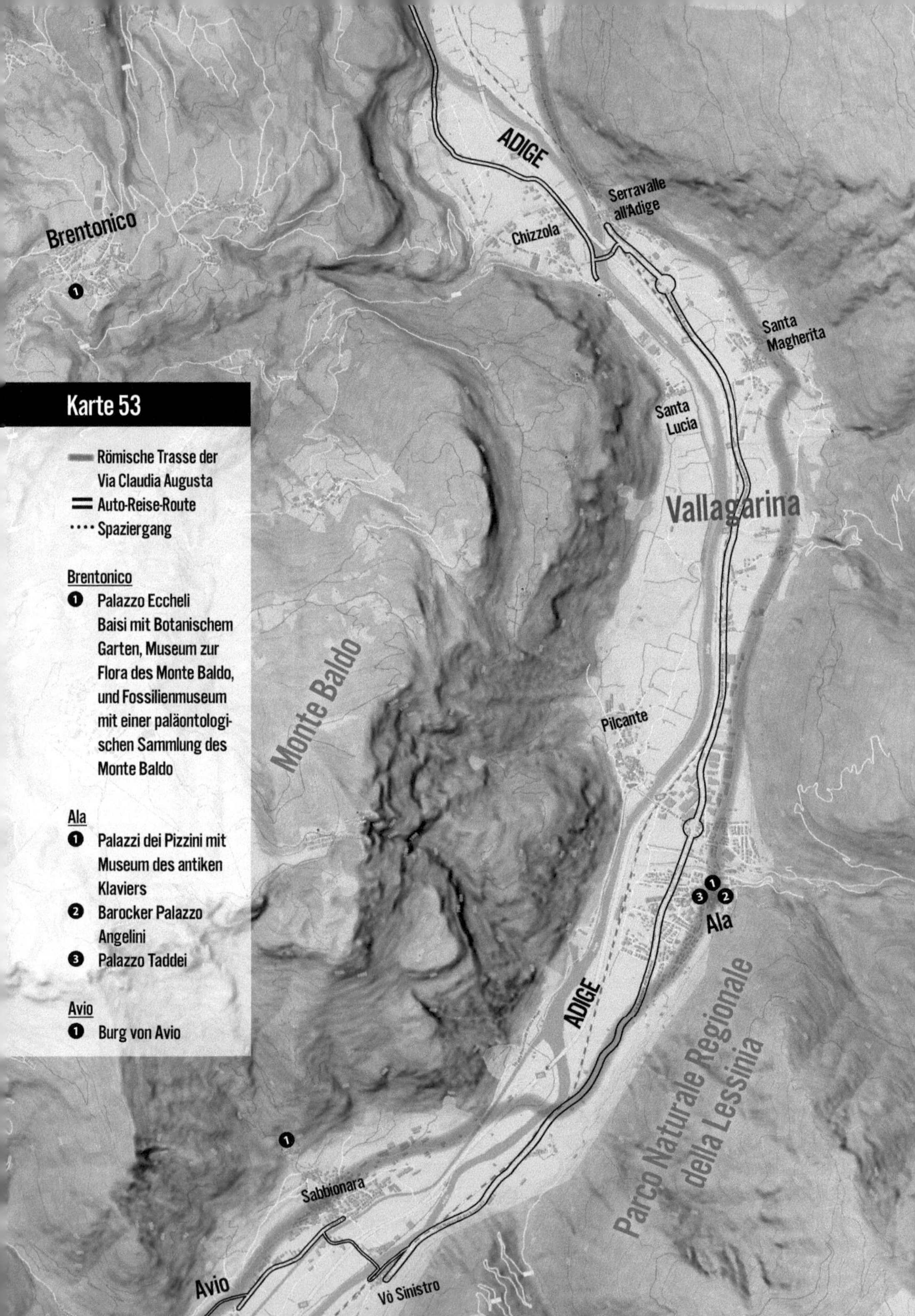
Brentonico
ADIGE
Serravalle all'Adige
Chizzola
Santa Magherita
Santa Lucia
Vallagarina
Monte Baldo

Karte 53
Römische Trasse der Via Claudia Augusta
Auto-Reise-Route
Spaziergang

Brentonico
1 Palazzo Eccheli Baisi mit Botanischem Garten, Museum zur Flora des Monte Baldo, und Fossilienmuseum mit einer paläontologischen Sammlung des Monte Baldo

Ala
1 Palazzi dei Pizzini mit Museum des antiken Klaviers
2 Barocker Palazzo Angelini
3 Palazzo Taddei

Avio
1 Burg von Avio

Pilcante
3 1
2
Ala
ADIGE
Parco Naturale Regionale della Lessinia
Sabbionara
Avio
Vò Sinistro

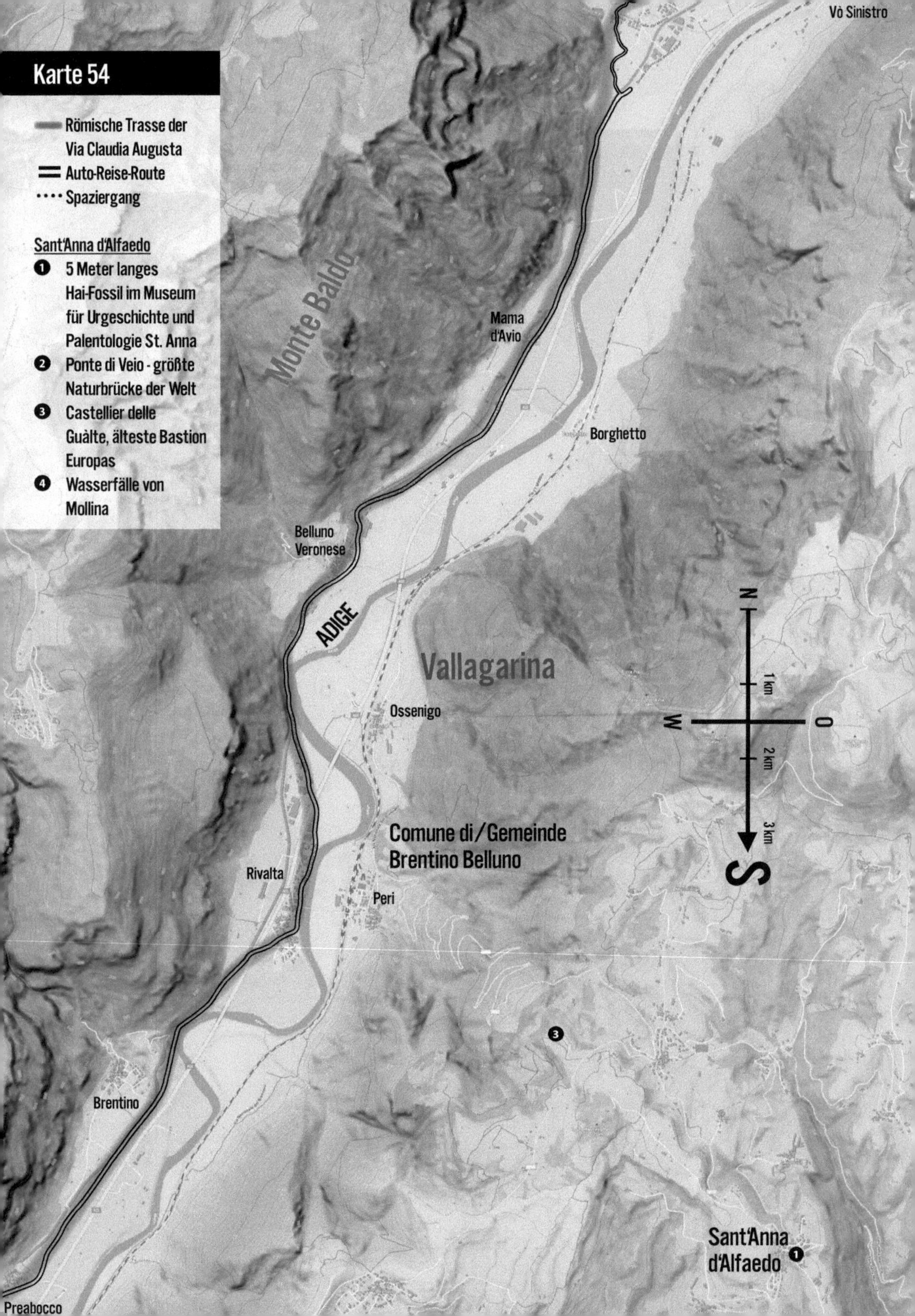
Karte 54
Römische Trasse der Via Claudia Augusta
Auto-Reise-Route
Spaziergang
Sant'Anna d'Alfaedo
1 5 Meter langes Hai-Fossil im Museum für Urgeschichte und Palentologie St. Anna
2 Ponte di Veio - größte Naturbrücke der Welt
3 Castellier delle Guàlte, älteste Bastion Europas
4 Wasserfälle von Mollina
Vò Sinistro
Monte Baldo
Mama d'Avio
Borghetto
Belluno Veronese
ADIGE
Vallagarina
Ossenigo
Comune di/Gemeinde Brentino Belluno
Rivalta
Peri
Brentino
3
Sant'Anna d'Alfaedo 1
Preabocco
N
W
S
0
1 km
2 km
3 km

An der Grenze zwischen den Provinzen Trentino und Verona.

Wallfahrtskirche der Madonna oberhalb von Brentino Belluno

Palazzo Pizzini in Ala, Foto: APT Rovereto Vallagarina

Bardolino

Lazise

Der Gardasee vom Monte Baldo aus

Nach Borghetto beginnt der Veneto, genauer gesagt die venezianische Provinz Verona. Geografisch gehört das Gebiet bis zur Schlucht von Rivoli Veronese aber noch zur Vallagarina. Das Gebiet war immer ein Durchzugsgebiet und auch schon früh besiedelt. Erste menschliche Spuren stammen aus der Steinzeit. Die ersten Siedlungsspuren in der Region datieren schon in vorrömischer Zeit. Zur Zeit der Via Claudia Augusta befand sich im Gebiet eine Straßenstation. Heute ist die Veroneser Vallagarina dünner besiedelt als der Trentiner Teil. Das Gebiet zwischen Monte Baldo und Nationalpark Lessinia ist aber eine bedeutende Weinbauregion und die Heimat des Enantio Weines.

## Radroute durch die Veroneser Vallagarina

Im Veroneser Teil der Vallagarina folgt die Radroute der alten Landstraße. Das hat den Nachteil des damit verbundenen Verkehrs, bringt aber auch den Vorteil, dass der Radfahrer mehr von den Ortschaften mitbekommt, von Belluno Veronese, Rivalta dem Hauptort der Gemeinde Belluno Veronese, von Brentino Belluno, … Für einen Abstecher nach Dolcè mit seinem schönen historischen Kern und drei stolzen Palazzi muss man den Fluss schon bei Rivalta queren und auch wieder dorthin zurück. Noch heute gibt es in diesem Abschnitt nur ganz wenige Brücken über die Etsch.

## Ergänzende Infos zu einigen Sehenswürdigkeiten

- Der Veroneser Teil des Etschtales ist ähnlich schmal wie die südliche Vallagarina. An der Grenze zwischen Trentino und der zum Veneto gehörigen Provinz Verona wird das Etschtal zunehmend schmaler.

**Regionale Küche wie vor 2000 Jahren**

Hier könnte ein Gastbetrieb stehen, der zumindest ein Gericht wie vor 2000 Jahren laufend auf der Karte führt.

**Übernachtungs- und Campingmöglichkeiten im Anhang und den Karten**

**Fragen und Auskunft zum Teilabschnitt**

■ Hotline Via Claudia Augusta, 0043(0)664 27 63 555

Das Ende des Etschtales bildet die Schlucht von Ceraino. Die Talenge wurde oft komplett vom Fluss ausgefüllt und war nicht laufend passierbar. Die Via Claudia Augusta führte deshalb, wie die Autobahn heute, von der Vallagarina hinauf auf das Hochplateau, auf dem heute Rivoli Veronese liegt. Von Rivoli erschließt sich der Venezianische Teil des Gardasees mit bekannten Badeorten wie Bardolino und Lazise aber auch Verona und die Poebene. Dem Ort wurde deshalb immer besondere Bedeutung zugemessen. Das Hochplateau war Schauplatz einer großen Schlacht zwischen Napoleons und den Habsburger Heer. Später errichteten die Habsburger in Rivoli die Festung Wohlgemuth, die noch heute über dem Tal thront.

### Radroute Rivoli Veronese (Lago di Garda)

Wie die Römerstraße führt auch die Radroute von der Veroneser Vallagarina hinauf auf das Hochplateau, auf dem Rivoli Veronese liegt. Dafür wurde ein wunderschöner Radweg mit Serpentinen und stetiger Steigung angelegt. Oben angelagt hat man einen herrlichen Blick ins Tal hinunter. Als Besichtigungsziel lockt die österreichisch-ungarische Festung Wohlgemuth. Von Rivoli hat man auch eine gute Möglichkeit in die Badeorte Bardolino und Lazise zu gelangen.

### Ergänzende Infos zu einigen Sehenswürdigkeiten

- Das Ende des Etschtales bildet die Klause von Ceraino, die in der Römerzeit, zumindest zeitweise, nicht passierbar war, und den Verlauf der Via Claudia Augusta über die Anhöhe erzwang, auf der heute Rivoli Veronese liegt. Die Klause von Ceraino mit ihren steil abfallenden Felswänden war immer umkämpft. Jüngstes Zeugnis dieser umstrittenen Grenze sind die österreichisch-ungarischen Festungen, beidseits des Tales, die einst eine komplette Talsperre bildeten. Die Festung „Wohlgemuth" am Berg „Castello" bei Rivoli vermittelt nicht nur einen guten Eindruck von einer Festung, dieser Zeit, sie umfasst auch ein Militärmuseum mit Fundstücken aus dem 2. Weltkrieg. ■ Festung „Wohlgemuth", 0039 045 728 11 66, öffnet von März — Jan. auf Voranmeldung und generell am So 14 — 19 Uhr. Im Februar und August geschlossen.

- Mit Bardolino und Lazise streift die Route auch zwei Gemeinden, die an den Gardasee grenzen.
- In Rivoli beginnt ein Kanal, der in der Mussolini-Ära zur Bewässerung errichtet wurde und leicht über der Etsch Richtung Verona führt.
- Gleich nach der Etsch-Brücke in der Fraktion Sega der Gemeinde Cavaion Veronese führt ein Abstecher in die Talenge, an deren Südseite die sehenswerte 1538 begründete Villa del Bene liegt. ■ Gemeinde Dolcè, 0039 045 729 00 22.

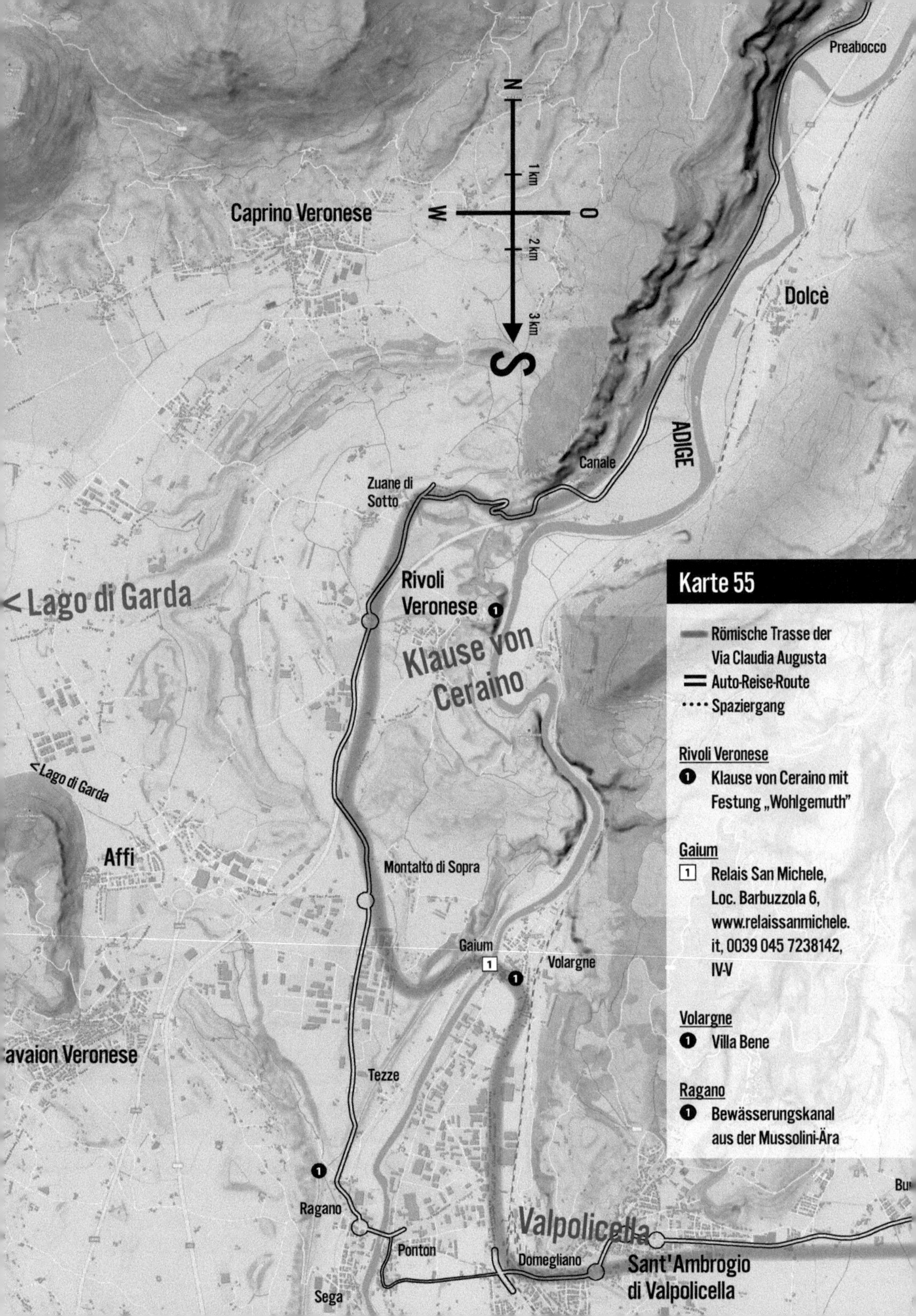

Preabocco
Caprino Veronese
Dolcè
N
W
0
1 km
2 km
3 km
S
ADIGE
Canale
Zuane di Sotto
Rivoli Veronese
< Lago di Garda
Klause von Ceraino
< Lago di Garda
Affi
Montalto di Sopra
Gaium
Volargne
avaion Veronese
Tezze
Ragano
Valpolicella
Bu
Ponton
Domegliano
Sant'Ambrogio di Valpolicella
Sega


Karte 55

Römische Trasse der
Via Claudia Augusta
Auto-Reise-Route
Spaziergang

Rivoli Veronese
1  Klause von Ceraino mit
   Festung „Wohlgemuth"

Gaium
1  Relais San Michele,
   Loc. Barbuzzola 6,
   www.relaissanmichele.
   it, 0039 045 7238142,
   IV-V

Volargne
1  Villa Bene

Ragano
1  Bewässerungskanal
   aus der Mussolini-Ära

Bei Valpolicella denkt man unweigerlich an den Recioto und Amarone, die als einzige Weine der Antike 2000 Jahre überlebten. Wie die Finger einer Hand fächern sich Täler und Berg-Rücken auf. Die uralte Weinlandschaft und ihre Traditionen vermögen in der gesamten warmen Zeit des Jahres in ihren Bann zu ziehen, vom frischen, zarten Grün der Weinblätter im Frühjahr bis zum Herbst, wenn das Violettrot der Trauben überwiegt. Überdies locken zahlreiche Natur- und Baudenkmäler.

## Bis Rivoli Veronese an der Klause von Ceraino

An der Grenze zwischen Trentino und der zum Veneto gehörigen Provinz Verona wird das Etschtal zunehmend schmaler. Engste Stelle ist die Klause von Ceraino, die in der Römerzeit, zumindest zeitweise, nicht passierbar war und den Verlauf der Via Claudia Augusta über die Anhöhe erzwang, auf der heute Rivoli Veronese liegt. Die Klause von Ceraino mit ihren steil abfallenden Felswänden war immer umkämpft. Jüngstes Zeugnis dieser umstrittenen Grenze sind die österreichisch-ungarischen Festungen, beidseits des Tales, die einst eine komplette Talsperre bildeten. Die Festung „Wohlgemuth" am Berg „Castello" bei Rivoli vermittelt nicht nur einen guten Eindruck von einer Festung, dieser Zeit, sie umfasst auch ein Militärmuseum mit Fundstücken aus dem 2. Weltkrieg. ■ Festung „Wohlgemuth", +39 045 728 11 66, öffnet von März – Jan. auf Voranmeldung und generell am So 14 – 19 Uhr. Im Februar und August geschlossen.

## Durch die Weinebene Valpolicella

Mit Affi streift die Route auch eine Gemeinde, die an den Gardasee grenzt. Auf dem Weg zurück zur Etsch passiert die Reiseroute einen Kanal, der in der Mussolini-Ära zur Bewässerung errichtet wurde und leicht über der Etsch Richtung Verona führt. Gleich nach der Etsch-Brücke in der Fraktion Sega der Gemeinde Cavaion Veronese führt ein Abstecher in die Talenge, an deren Südseite die sehenswerte 1538 begründete Villa del Bene liegt. ■ Gemeinde Dolcè, +39 045 729 00 22. Nachfolgend führt die Reise durch den malerischen Südrand der Alpen und die jahrtausendealte Weinebene Valpolicella: Dort warten mit der größten Naturbrücke der Welt und den Wasserfällen von Mollina sehenswerte Naturdenkmäler, kulturhistorisch bedeutsame Punkte wie die 34.000 Jahre alte Grotte eines Schamanen und einige sehenswerte Dorfzentren und Baudenkmäler, u. a. rund 100 Ville Venete. In Sant Anna wartet ein prähistorisches und paleontologisches Museum mit einem 5 Meter langen Haifisch-Fossil auf seine Entdeckung. ■ Piazza Dalla Bona, 37020 Sant'Anna, +39 349 53 46 074, geöffnet Anfang Juli – Anfang Sept. Mi, Fr, Sa, So 10 – 12 und 16 – 18 Uhr.

**Regionale Küche wie vor 2000 Jahren**

Hier könnte ein Gastbetrieb stehen, der zumindest ein Gericht wie vor 2000 Jahren laufend auf der Karte führt.

**Übernachtungs- und Campingmöglichkeiten im Anhang und den Karten**

**Fragen und Auskunft zum Teilabschnitt**

■ Touristinfo IAT Valpolicella, Via Ingelheim 7, 37029 San Pietro in Cariano, 0039 045 770 19 20
■ Hotline Via Claudia Augusta, 0043(0)664 27 63 555

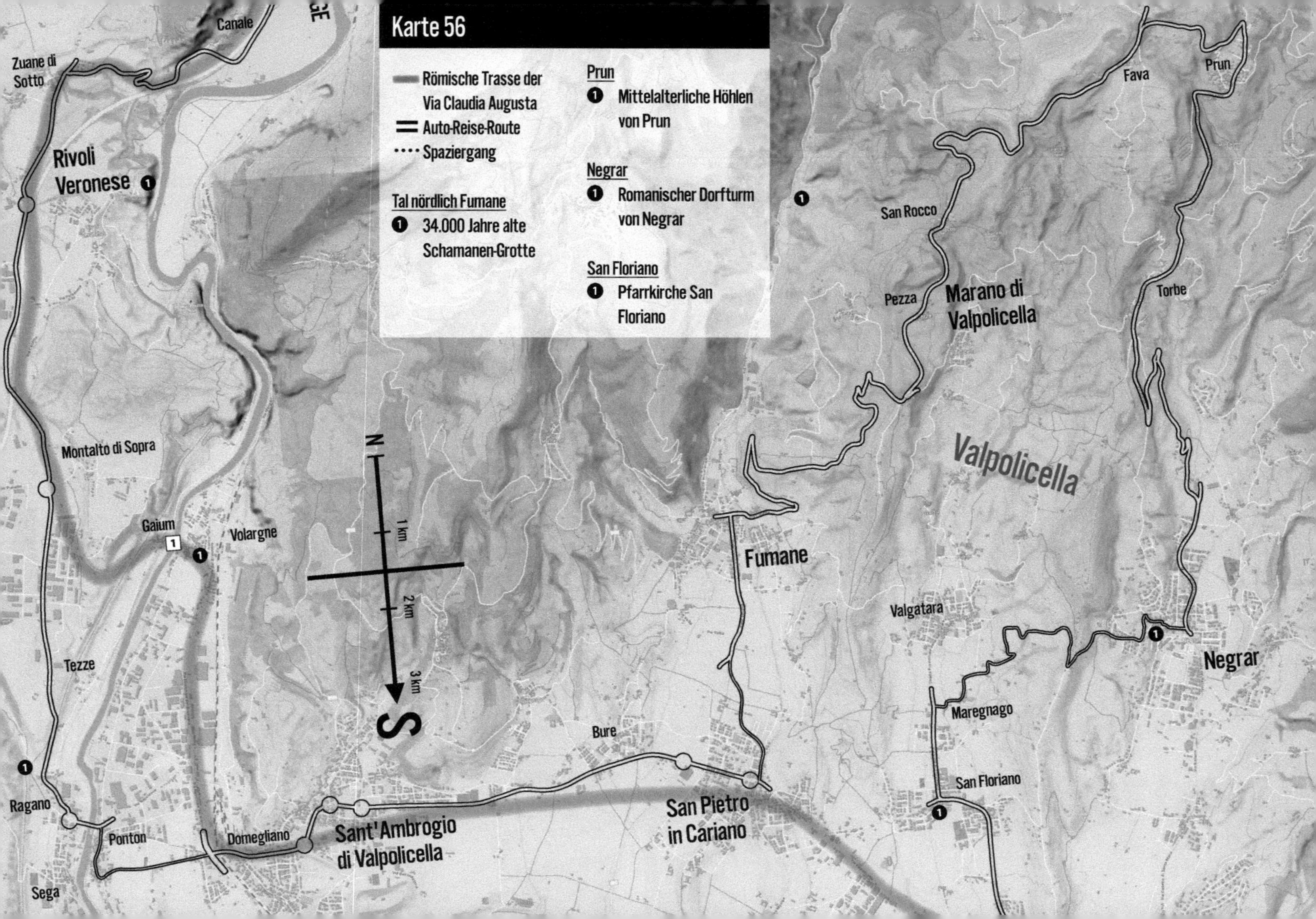

Karte 56
Römische Trasse der Via Claudia Augusta
Auto-Reise-Route
Spaziergang
Tal nördlich Fumane
34.000 Jahre alte Schamanen-Grotte
Prun
Mittelalterliche Höhlen von Prun
Negrar
Romanischer Dorfturm von Negrar
San Floriano
Pfarrkirche San Floriano
Zuane di Sotto
Canale
Rivoli Veronese
Montalto di Sopra
Gaium
Volargne
Tezze
Ragano
Ponton
Sega
Domegliano
Sant'Ambrogio di Valpolicella
Bure
San Pietro in Cariano
Fumane
Fava
Prun
San Rocco
Pezza
Marano di Valpolicella
Torbe
Valpolicella
Valgatara
Maregnago
Negrar
San Floriano
N
1 km
2 km
3 km
S

Villa Della Torre Cazzola in Fumane. Foto: Archivio Provincia di Verona Turismo

Ponte di Veja. Foto: Archivio Provincia di Verona Turismo / F. Zanetti

Festung Wohlgemuth. Foto: Archivio Provincia di Verona Turismo

San Zeno. Foto: Tschaikner

Das Haus von Julia. Foto: Tschaikner

Die Arena von Verona. Foto: Tschaikner

Die zweitgrößte Stadt an der Via Claudia Augusta, nach Augsburg, ist eigentlich eine Gründung der Räter und Euganeer, wurde dann um 550 v. Chr. vom gallischen Stamm der Cenomanen erobert und um 89 v. Chr. römische Kolonie. Nicht zufällig war es der gleiche Kaiser, der den Anstoß zum Bau der alpenüberquerenden Straße und zur Entwicklung einer bedeutenden Stadt am Eingang zu den Alpen gab – Kaiser Augustus. Die Arena – in der jährlich, unter freiem Himmel, die berühmten Opernfestspiele stattfinden – entstand wenig später, noch vor dem Kolosseum in Rom. Nach den Römern folgten wechselvolle Zeiten. Erst zu Beginn des 12. Jh. wurde Verona selbstständig. Die vielbesuchte Altstadt ist seit 2000 Weltkulturerbe der Unesco.

## Ein Spaziergang durch das Weltkulturerbe

Die Reiseroute durch die Stadt Verona bietet einen ersten Eindruck und einige schöne Blicke auf die Stadt. Sie führt u. a. an der Basilika di San Zeno Maggiore, an der Ponte Scaligero, am Schloss San Pietro, am Archäologischen Museum, an den Resten der Stadtmauer, dem Monumentalfriedhof und der Arena vorbei. Um Verona wirklich in Ansätzen kennenzulernen, empfiehlt sich aber ein Spaziergang durch die Stadt, währenddem das Auto in der Parkgarage Arena geparkt werden kann. Der Routenvorschlag führt an der Arena vorbei zur Ponte Scaligero und zum Museum im Castelvecchio, das zahlreiche Bilder und Plastiken zeigt. Anschließend geht es durch malerische Gassen, an mehreren sehenswerten Sakralbauten vorbei, zum Dom S. Giovanni in Fonte. Auf relativ engem Raum warten weiters das Haus der Julia, der Palazzo della Ragione und der Turm dei Lamberti. Schließlich führt der Rundgang über den Etschfluss zu den Resten der römischen Stadtmauer und dem imposanten Monumentalfriedhof. Nahe dem Grab der Julia geht es dann retour zur Arena.

■ Museo Castelvecchio, Corso Castelvecchio 2, +39 045 806 26 11, geöffnet Mo 13:30 – 19:30 Uhr und Di – So 8:30 – 19:30 Uhr, Kassaschluss jeweils um 18:45 Uhr.

■ Archäologisches Museum am Teatro Romano, Regaste Redentore 2, +39 045 8000 360, geöffnet Mo 13:30 – 19:30 Uhr und Di – So 8:30 – 19:30 Uhr. Kassaschluss jeweils um 18:45 Uhr.

■ Haus der Julia, Via Cappello 23, +39 045 803 4303, Mo 13:30 – 19:30 und Di – So 8:30 – 19:30, Kassaschluss jeweils um 18:45 Uhr.

■ Torre dei Lamberti, Via della Costa 2, +39 0er 927 30 27, geöffnet Mo – So, 9:30 – 19:30.

■ Grab der Julia, Via Luigi da Porto 5, +39 045 8000 361, geöffnet Mo 13:30 – 19:30 und Di – So 8:30 – 19:30 Uhr, Kassaschluss jeweils um 18:45 Uhr.

■ Arena, Piazza Bra, +39 045 800 3204, geöffnet Mo 13:30 – 19:30 Uhr und Di – So 8:30 – 19:30, Kassaschluss durchwegs um 18:30 Uhr.

**Regionale Küche wie vor 2000 Jahren**

Hier könnte ein Gastbetrieb stehen, der zumindest ein Gericht wie vor 2000 Jahren laufend auf der Karte führt.

**Übernachtungs- und Campingmöglichkeiten im Anhang und den Karten**

**Fragen und Auskunft zum Teilabschnitt**

■ Touristinfo IAT Verona, Via Degli Alpini 9 (Piazza Bra), 37121 Verona, 0039 045 806 86 80

■ Hotline Via Claudia Augusta, 0043(0)664 27 63 555

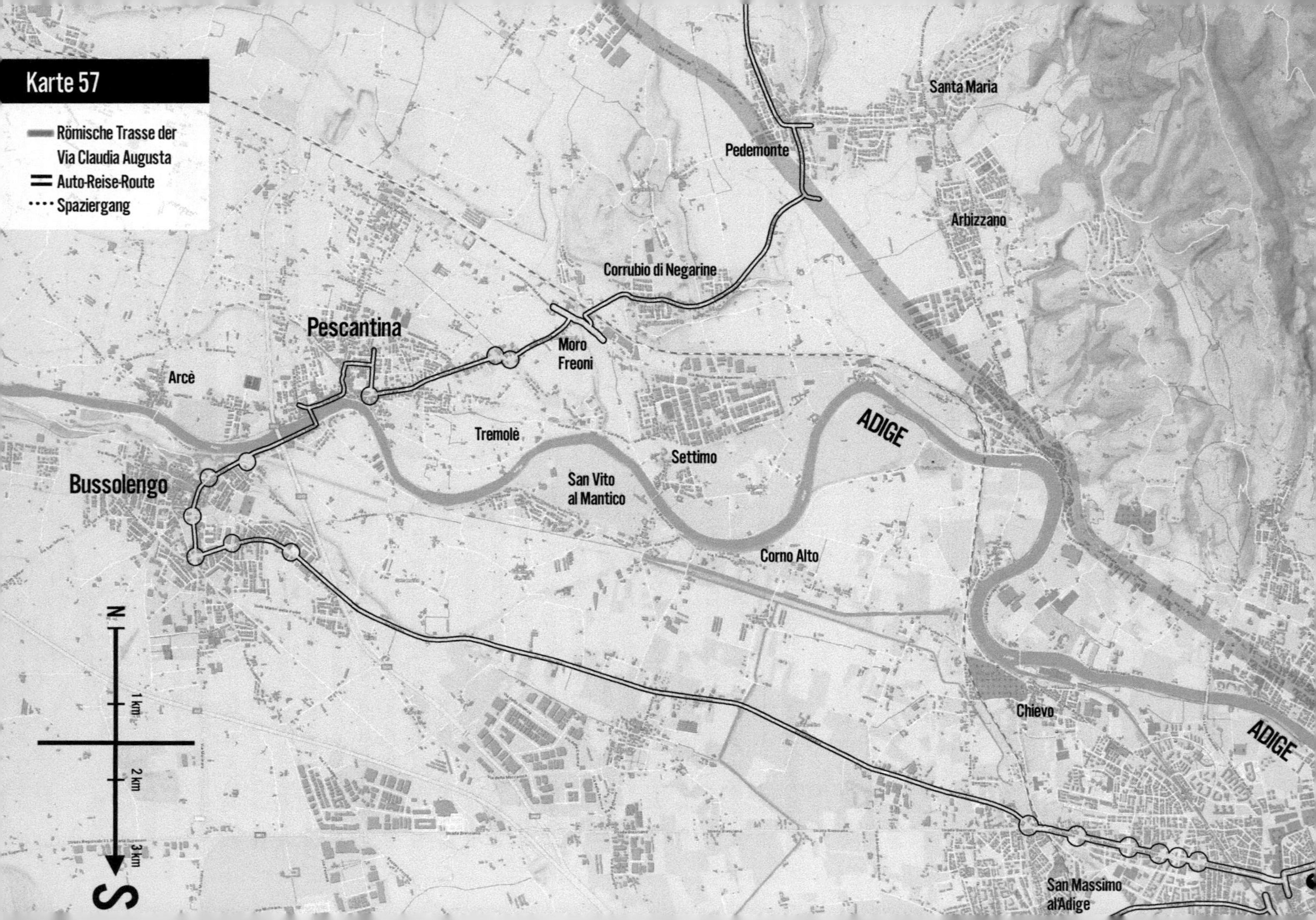

Karte 57
Römische Trasse der
Via Claudia Augusta
Auto-Reise-Route
Spaziergang
Santa Maria
Pedemonte
Arbizzano
Corrubio di Negarine
Pescantina
Moro
Freoni
Arcè
Tremolè
Settimo
San Vito
al Mantico
ADIGE
Corno Alto
Bussolengo
Chievo
ADIGE
San Massimo
all'Adige
N
S
1 km
2 km
3 km

Die weite Ebene beidseits des Flusses Po ist eine der fruchtbarsten und deshalb seit jeher auch eine bevölkerungsreichsten Regionen Italiens. Südfrüchte wurden wegen der relativ kalten Winter nie im größeren Rahmen angebaut. Heute wachsen entlang von Italiens längstem Fluss vor allem Zuckerrüben, Mais, Weizen und Wein. Die Felder und Äcker im Umfeld Veronas dienen seit jeher der Versorgung der Stadt und sind entsprechend vielfältiger bestellt. Auch geschichtlich und kulturell sind die Orte eng mit der Stadt verbunden. So gibt es z. B. besonders viele Verbindungen mit der im späten Mittelalter einflussreichsten Veroneser Familie Scaligeri. Die historische Trasse der Via Claudia Augusta soll der heutigen Bahntrasse von Verona nach Ostiglia entsprechen. Deshalb führt die Reiseroute - nach einem Abstecher in die Weinbaugegend rund um Custoza und in den „Obst- und Gemüsegarten" der Stadt durch die Orte entlang der Bahnlinie.

## Das westliche und südliche Umfeld von Verona

Die Reiseroute führt zunächst nördlich des Flughafens von Verona nach Sommacampagna, in dem ein Kirchlein aus dem 5 Jh. von der frühen Besiedelung zeugt. Rund um Custoza reifen Trauben für 100.000 hl DOC-Weißwein. Ein turmförmiges Beinhaus erinnert an die Schlacht von Custoza. Villafranca wurde als römisches Lager entlang der Via Postumia begründet und ist heute die zweitgrößte Stadt in der Provinz. Die gut erhaltene Festung Scagligero stammt aus der Zeit der Neugründung als Kolonie von Verona im 12. Jh. Die Gegend entlang der Via Claudia Augusta war vermutlich schon in prähistorischer Zeit besiedelt.  Die Namen von Castel d'Azzano und Vigasio stammen aus dem Lateinischen und deuten auf eine vorrömische Siedlung der Attier hin, die man den Venetern zuordnet. Castel d'Azzano trägt außerdem die Villa Violini Nogarola im Namen, die auch „Il Castello" genannt wird. Der Name Isola spielt auf die ausgedehnten Sumpfgebiete des Tartaro-Flusses an, in dem nur einzelen „Inseln" besiedelbar waren. Im Gemeindegebiet von Nogara gibt es Zeugnisse für Pfahlbau-Siedlungen aber der Bronzezeit. Vigasio taucht in den Urkunden bereits 1014 als Wechselstation zwischen Mantua und Verona auf. Schließlich ließen sich

Benediktiner in der Gegend nieder und begannen die Ebene urbar zu machen.

### Regionale Küche wie vor 2000 Jahren

Hier könnte ein Gastbetrieb stehen, der zumindest ein Gericht wie vor 2000 Jahren laufend auf der Karte führt.

### Übernachtungs- und Camping-Möglichkeiten im Anhang und in den Karten

### Fragen und Auskunft zum Teilabschnitt

- Hotline IAT für Süden Veronas, 0039 045 861 91 63
- Hotline IAT Legnago, 0039 0442 200 52
- Hotline Via Claudia Augusta, 0043(0)664 27 63 555

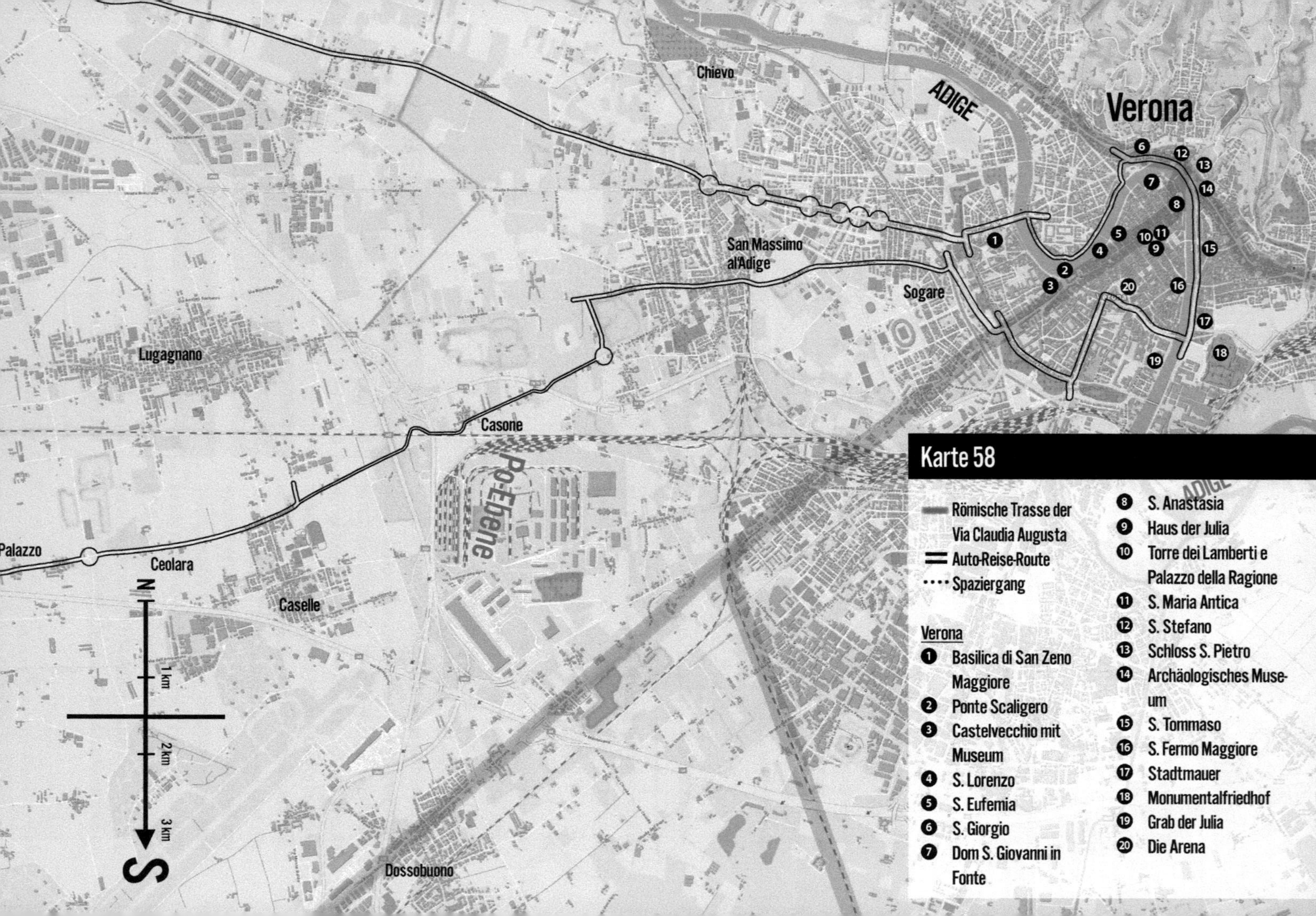

Chievo
ADIGE
Verona
San Massimo al'Adige
Sogare
Lugagnano
Casone
Palazzo
Ceolara
Caselle
Po-Ebene
ADIGE
Dossobuono
N
1 km
2 km
3 km
S
Karte 58
Römische Trasse der Via Claudia Augusta
Auto-Reise-Route
Spaziergang
Verona
1 Basilica di San Zeno Maggiore
2 Ponte Scaligero
3 Castelvecchio mit Museum
4 S. Lorenzo
5 S. Eufemia
6 S. Giorgio
7 Dom S. Giovanni in Fonte
8 S. Anastasia
9 Haus der Julia
10 Torre dei Lamberti e Palazzo della Ragione
11 S. Maria Antica
12 S. Stefano
13 Schloss S. Pietro
14 Archäologisches Museum
15 S. Tommaso
16 S. Fermo Maggiore
17 Stadtmauer
18 Monumentalfriedhof
19 Grab der Julia
20 Die Arena

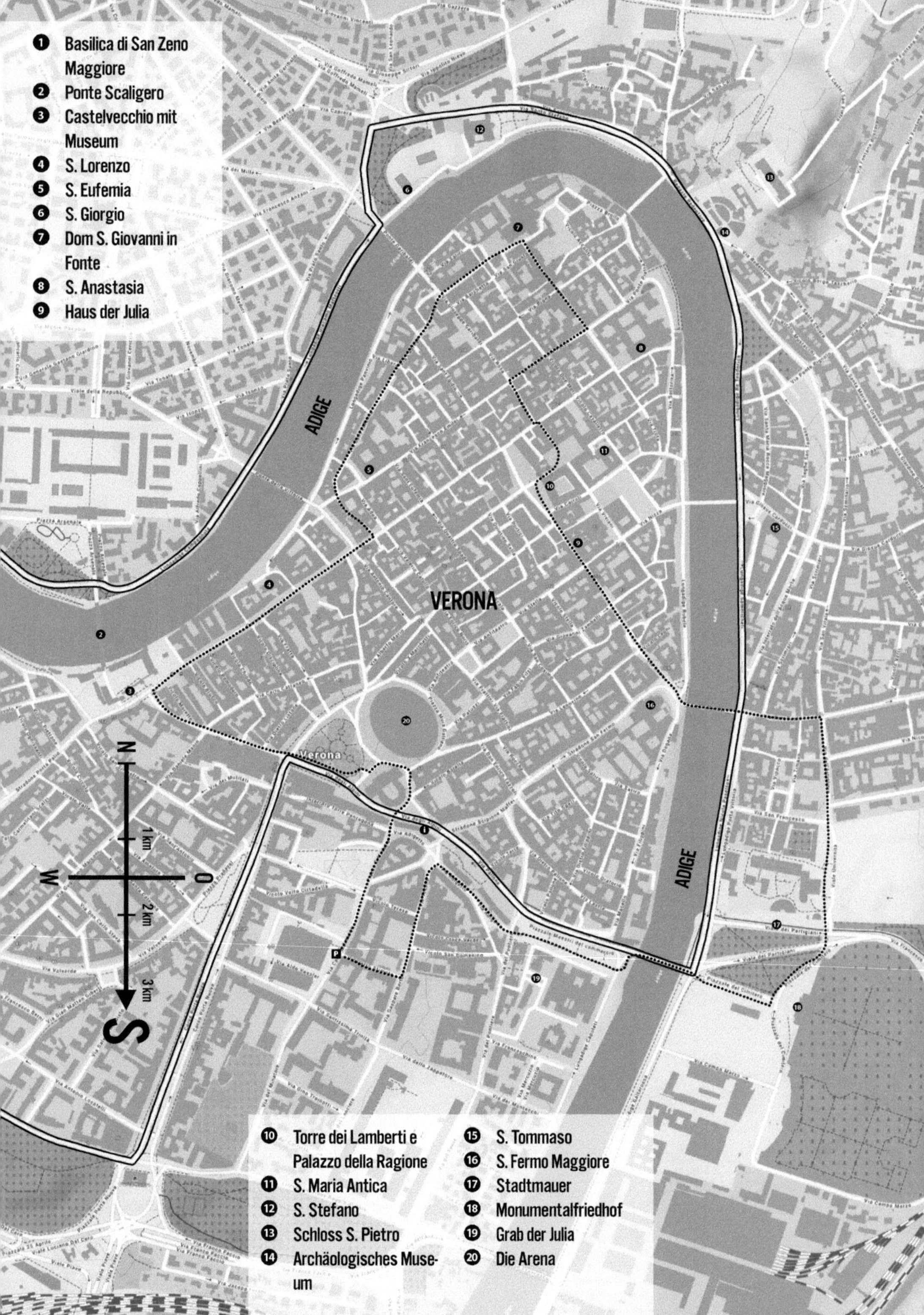

Basilica di San Zeno Maggiore
Ponte Scaligero
Castelvecchio mit Museum
S. Lorenzo
S. Eufemia
S. Giorgio
Dom S. Giovanni in Fonte
S. Anastasia
Haus der Julia
Torre dei Lamberti e Palazzo della Ragione
S. Maria Antica
S. Stefano
Schloss S. Pietro
Archäologisches Museum
S. Tommaso
S. Fermo Maggiore
Stadtmauer
Monumentalfriedhof
Grab der Julia
Die Arena
N
W
O
S
1 km
2 km
3 km
ADIGE
VERONA
Verona

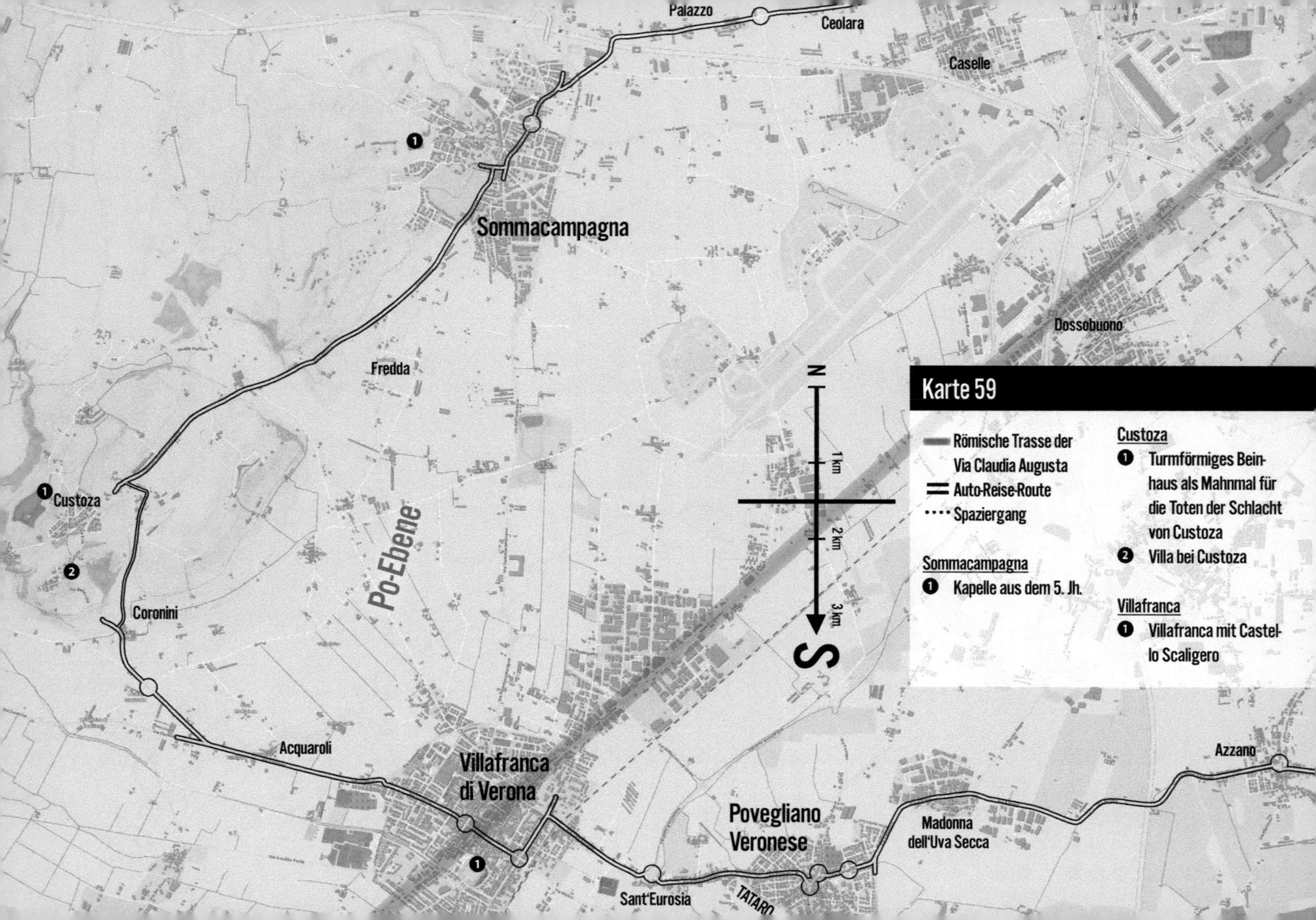

Karte 59

Römische Trasse der
Via Claudia Augusta
Auto-Reise-Route
Spaziergang

Custoza
1 Turmförmiges Bein-
haus als Mahnmal für
die Toten der Schlacht
von Custoza
2 Villa bei Custoza

Sommacampagna
1 Kapelle aus dem 5. Jh.

Villafranca
1 Villafranca mit Castel-
lo Scaligero

N
1 km
2 km
3 km
S

Palazzo
Ceolara
Caselle
Dossobuono
Sommacampagna
Fredda
Po-Ebene
Custoza
Coronini
Acquaroli
Villafranca
di Verona
Povegliano
Veronese
Madonna
dell'Uva Secca
Azzano
Sant'Eurosia
TATARO

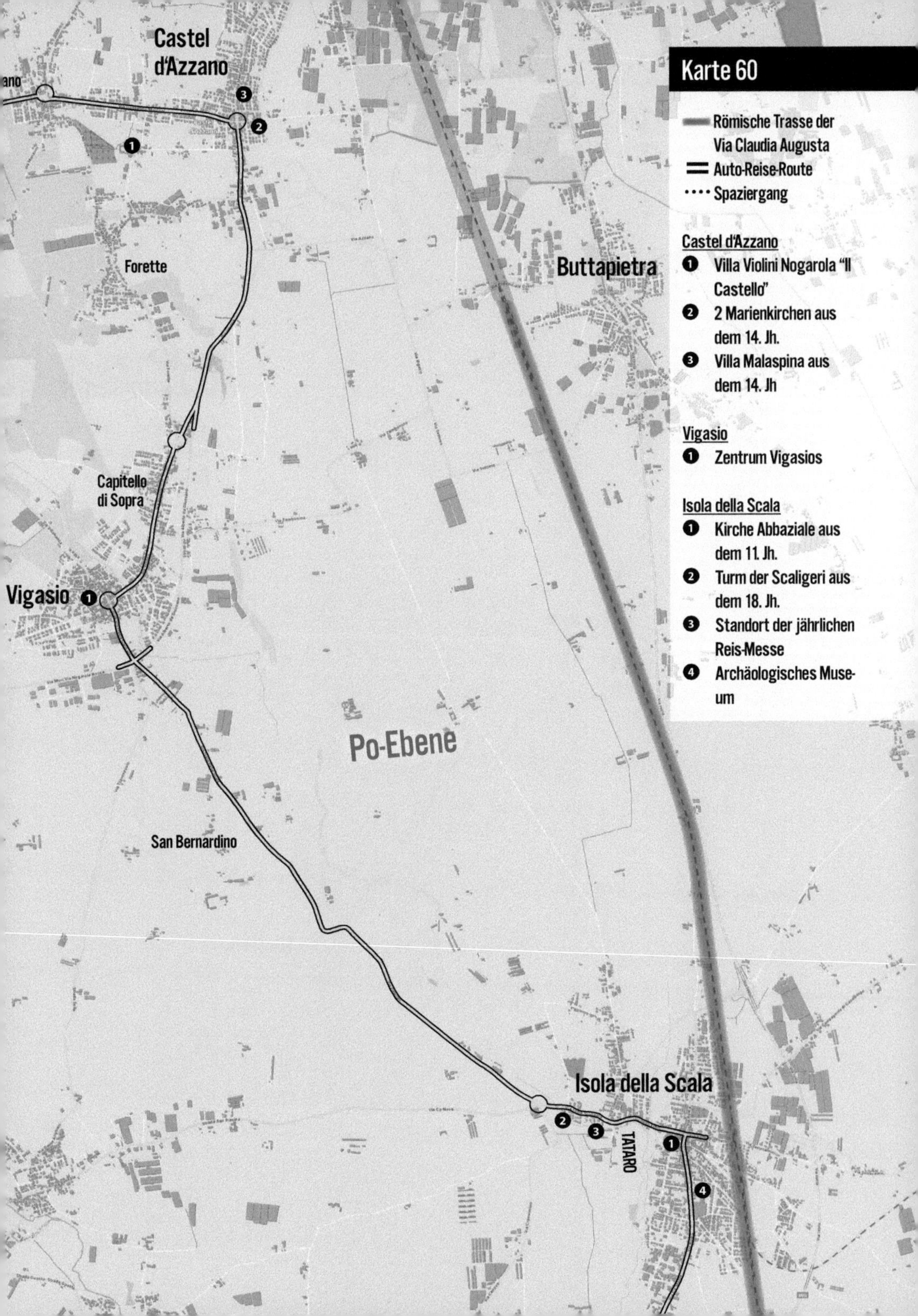

Castel d'Azzano
Forette
Buttapietra
Capitello di Sopra
Vigasio
Po-Ebene
San Bernardino
Isola della Scala
TATARO

Karte 60

Römische Trasse der Via Claudia Augusta
Auto-Reise-Route
Spaziergang

Castel d'Azzano
1 Villa Violini Nogarola "Il Castello"
2 2 Marienkirchen aus dem 14. Jh.
3 Villa Malaspina aus dem 14. Jh

Vigasio
1 Zentrum Vigasios

Isola della Scala
1 Kirche Abbaziale aus dem 11. Jh.
2 Turm der Scaligeri aus dem 18. Jh.
3 Standort der jährlichen Reis-Messe
4 Archäologisches Museum

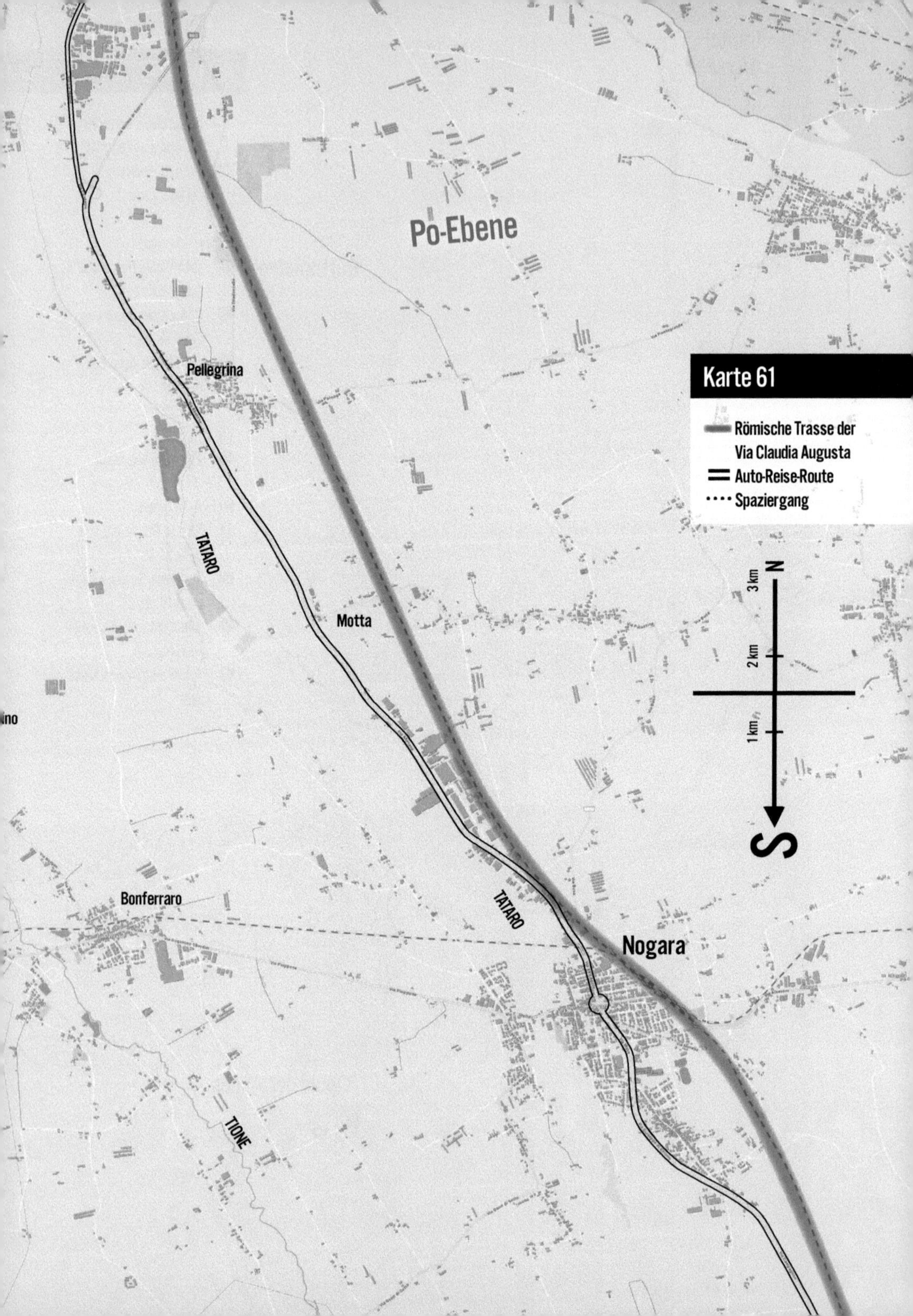

Po-Ebene
Pellegrina
TATARO
Motta
Bonferraro
TATARO
Nogara
TIONE
ino
Karte 61
Römische Trasse der
Via Claudia Augusta
Auto-Reise-Route
Spaziergang
N
S
3 km
2 km
1 km

Der Garten Italiens. Foto: Archivio Provincia di Verona Turismo / F. Zanetti

Villa Dionisi. Foto: Archivio Provincia di Verona Turismo / F. Dall'Aglio

Festung „Scaligero" in Villafranca. Foto: Archivio Provincia di Verona Turismo

Reisfeld in Isola della Scala. Foto: Archivio Provincia di Verona Turismo

Der Palazzo Bonazzi, der heute Rathaus ist. Foto: Lois Lammerhuber.

Der Po bei Ostiglia in den Abendstunden. Foto: Tschaikner

Ostiglia hieß in römischer Zeit Hostilia und war ein bedeutender Flusshafen am Po. Hier startete laut dem Meilenstein von Rabland die Via Claudia Augusta. Vom Hafen aus wurden Lasten flussabwärts transportiert und auch über den Fluss, wo die Via Claudia Augusta ihre Fortsetzung Richtung Süden hatte. Auch heute ist Ostiglia ein Verkehrsknoten, an der die Staatsstraßen 482 „Alto Polesine" von Mantua auf die Staatsstraße 12 dell'Abetone e del Brennero von Verona nach Bologna trifft. Im 17. Jh. wurde in der Gegend mit dem Anbau von Reis begonnen, aus dem die Italiener ihren geliebten Risotto zubereiten.

### Reis-Messeort Isola della Scala

Im Zentrum des Reisanbaugebietes findet jährlich eine Reismesse statt. Der Reis hat nicht mehr die Bedeutung von früher, aber Italien ist nach wie vor das Land mit der größten Ernte in Europa. Padanien hat sich vor allem auf den Anbau von Sorten für die traditionellen Risotto-Reisgerichte spezialisiert, die tief in der regionalen Kultur verwurzelt sind. Viele Volksfeste sind ohne die große Risotto-Reispfanne undenkbar und auch die Gastronomie hält die Küchentradition hoch. Reis kauft man in Padanien beim Bauern seines Vertrauens.

### Nogara, Gazzo Veronese und die Paludi (Sümpfe)

Gräberfunde zeigen, dass das Grenzgebiet zwischen Veneto und der Lombardai seit mindestens 5000 Jahren besiedelt ist. Der Römerturm aus dem 4 Jahrhundert und die Kirchen Santa Maria Maggiore und Ceson di San Pietro in Valle aus dem 10. und 11. Jh. zeigen, dass die Gegend auch über die Römerzeit und im frühen Mittelalter weiter bewohnt war. Die Geschichte ist im Archäologischen Museum der Gemeinde dokumentiert. Gazzo und Ostiglia, das bereits in der Lombardai liegt, haben Anteil an ausgedehnten Sumpfgebieten (Paludi) mit einer faszinierenden Fauna und Flora.

■ Besucherzentrum Naturreservat „Oasi del Busatello",

+39 0422 550 219.

■ Archäologisches Museum, 37060 Gazzo Veronese, Via Piazza Gazzo 14, +39 347 43 20 270.

### Ostiglia am Po-Damm und an der Po-Brücke

Nach den Römern folgten wechselvolle Zeiten unter den Goten, Byzanz, den Langobarden und Franken. Im Spätmittelalter stand am Po eine Festung, von der noch der Turm erhalten ist. Unter Österreich verlor Ostiglia seine strategische Bedeutung und Karl VI. ordnete den Abriss und die Verwendung des Baumaterials zur Befestigung Mantuas an. Ostiglia beeindruckt als Ort, aber auch durch seine Lage am Damm des Po-Flusses. Die beiden Museen von Ostiglia wurden leider beim Erdbeben 2012 beschädigt und sind momentan geschlossen.

**Regionale Küche wie vor 2000 Jahren**

Hier könnte ein Gastbetrieb stehen, der zumindest ein Gericht wie vor 2000 Jahren laufend auf der Karte führt.

**Übernachtungs- und Camping-Möglichkeiten im Anhang und in den Karten**

**Fragen und Auskunft zum Teilabschnitt**

■ Gemeindeamt Ostiglia, Via Gnocchi Viani 16, 0039 0386 300211 (nur italienisch)
■ Hotline Via Claudia Augusta, 0043(0)664 27 63 555

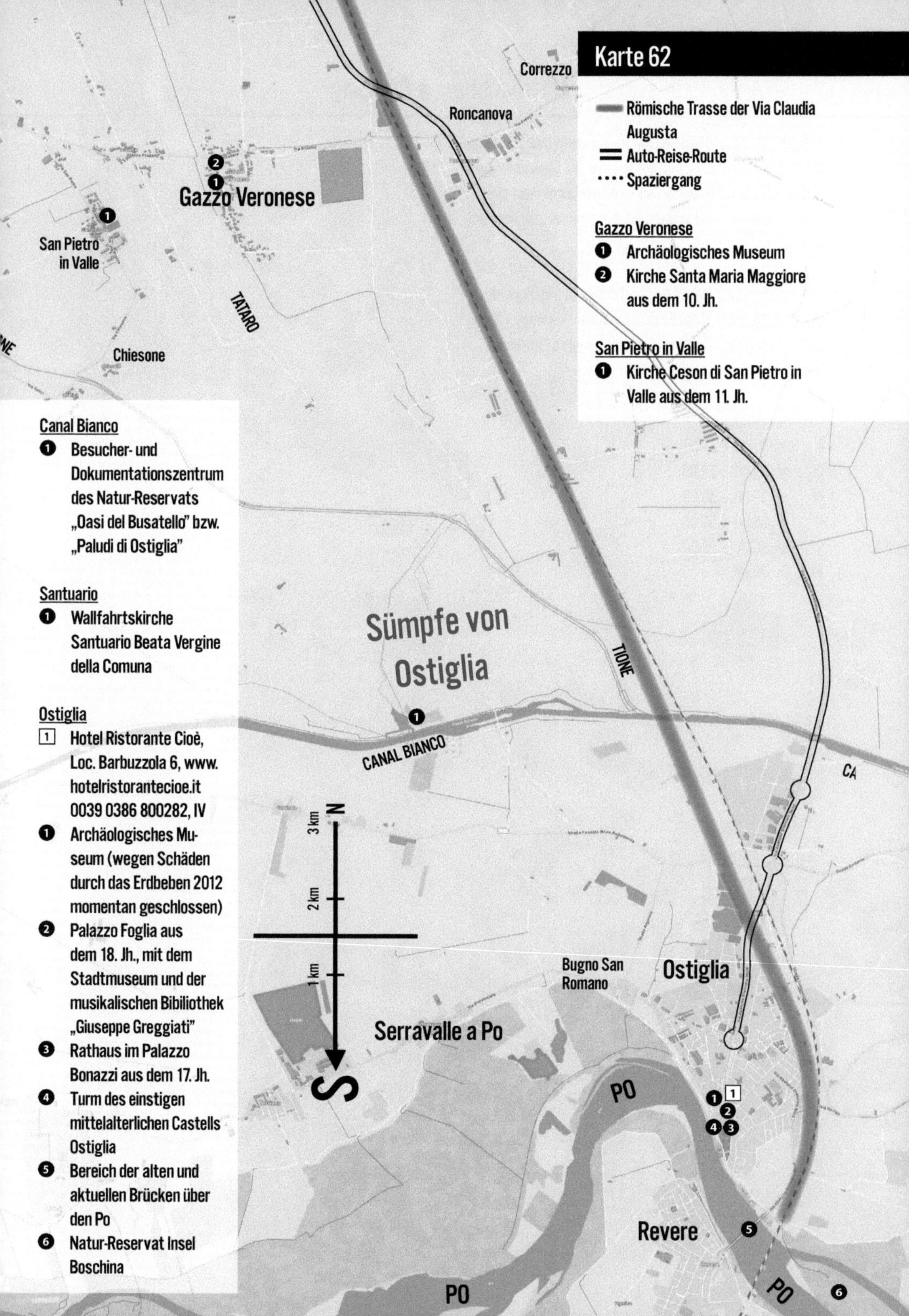

Correzzo
Roncanova
Gazzo Veronese
San Pietro in Valle
Chiesone
TATARO
Karte 62
Römische Trasse der Via Claudia Augusta
Auto-Reise-Route
Spaziergang
Gazzo Veronese
❶ Archäologisches Museum
❷ Kirche Santa Maria Maggiore aus dem 10. Jh.
San Pietro in Valle
❶ Kirche Ceson di San Pietro in Valle aus dem 11. Jh.
Canal Bianco
❶ Besucher- und Dokumentationszentrum des Natur-Reservats „Oasi del Busatello" bzw. „Paludi di Ostiglia"
Santuario
❶ Wallfahrtskirche Santuario Beata Vergine della Comuna
Ostiglia
1 Hotel Ristorante Cioè, Loc. Barbuzzola 6, www. hotelristorantecioe.it 0039 0386 800282, IV
❶ Archäologisches Museum (wegen Schäden durch das Erdbeben 2012 momentan geschlossen)
❷ Palazzo Foglia aus dem 18. Jh., mit dem Stadtmuseum und der musikalischen Bibiliothek „Giuseppe Greggiati"
❸ Rathaus im Palazzo Bonazzi aus dem 17. Jh.
❹ Turm des einstigen mittelalterlichen Castells Ostiglia
❺ Bereich der alten und aktuellen Brücken über den Po
❻ Natur-Reservat Insel Boschina
Sümpfe von Ostiglia
TIONE
CANAL BIANCO
CA
N
3 km
2 km
1 km
S
Bugno San Romano
Ostiglia
Serravalle a Po
PO
Revere
PO
PO

# Übernachtung & Camping

Alle Gastgeber sind speziell auf Radreisende und Wanderer,
aber auch andere Reisende entlang der Via Claudia Augusta
eingestellt. Jene mit der Schüssel haben zumindest ein
Gericht, wie vor 2000 Jahren, auf der Speisekarte oder am
Menüplan.

I-VII – die Preisklassen in den nachfolgenden Inseraten
sollen einen ungefähren Eindruck von der Preislage geben
und beziehen sich auf eine Übernachtung pro Person im
Doppelzimmer.

| | | |
|---|---|---|
| I | < | 15,00 |
| II | = | 15,00 – 23,00 |
| III | = | 23,00 – 30,00 |
| IV | = | 30 00 – 35,00 |
| V | = | 35,00 – 50,00 |
| VI | = | 50,00 – 70,00 |
| VII | > | 70,00. |

Fragen zu Donauwörth - Mertingen
- Touristinfo Region Donau-Ries, 0049 906 74211
- Touristinfo Donauwörth, 0049 906 789151
- Via Claudia Augusta Info, 0043 664 27 63 555

### Donauwörth — Karte 01

**Hotel Goldener Greifen**
86609 Donauwörth, Pflegstraße 15
T 0049 (0) 906 705 826 · 0
www.goldener-greifen.de
III

**Hotel Donau — zentral, an der Donau**
Donauwörth, Augsburger Straße 6
T 0049 (0) 906 700 60 42
www.hoteldonau.de
III-IV

### Mertingen — Karte 02

**Landgasthof Wirtshaus „Alte Brauerei"**
Mertingen, Hiliaria-Lechner-Straße 21
T 0049 9078 912 320
www.alte-brauerei-mertingen.de
III renovierte hist. Brauerei

**Hotel Donau-Ries - Naturholz-Ausstattung**
Mertingen, Gewerbepark Ost 15a
T +49 (0) 9078 / 912 51 51
www.donau-ries-hotel.de
IV-V Parkplatz während der Reise

Fragen Allmannshofen - Obermeitingen
- Touristinfo Regio Augsburg, 0049 821 502070
- Via Claudia Augusta, 0043 664 27 63 555

### Augsburg — Karte 08

**Privat Hotel Riegele - Fam. Schmid - am hist. Stadtkern**
86150 Augsburg, Viktoriastr. 4, T 0049 (0) 821 50 90 00
www.hotel-riegele.de, auskunft@hotel-riegele.de, III-IV

Wenige Gehminuten vom historischen Stadtkern entfernt, gegenüber dem Bahnhof. Genießen Sie im Restaurant Viktoria oder auf der Gartenterrasse edle bayerische und mediterrane Schmankerlküche oder zünftige Brotzeiten - Hotelgäste erhalten 10 %.

**Hotel am Rathaus - ruhig gelegen**
Augsburg, Am Hinteren Perlachberg 1
T +49 (0) 821 34 649 0
www.hotel-am-rathaus-augsburg.de
V hauseigene Tiefgarage

**Hotel Augusta***S im Zentrum**
Augsburg, Ludwigstraße 2
T +49 (0) 821 50140
www.hotelaugusta.de
V-VII Biofrühstücks-Ecke

### Königsbrunn — Karte 10

**Best Hotel Zeller***Superior**
Königsbrunn, Bürgerm.-Wohlfahrth-Str. 78
T +49 (0) 8231 9960
www.hotelzeller.de
IV-VI

Fragen zu Hurlach - Kinsau
- Touristinfo Ammersee-Lech, 0049 8191 128-246
- Touristinfo Landsberg am Lech, 0049 8191 128-246
- Via Claudia Augusta Info, 0043 664 27 63 555

### Hurlach — Karte 13

**Rasthaus Hurlach**
Hurlach, Kolonie 25 (alte B17)
T 0049 (0) 8248 352
www.rasthaus-an-der-b17.de
III

### Landsberg am Lech — Karte 15

**Stadthotel garni „Augsburger Hof"**
Landsberg am Lech, Schlossergasse 378
T 0049 (0) 8191 96 95 96
www.augsburger-hof.com
III-IV hist. Zentrum, Biergarten

**Hotel Goggl *** im historischen Stadtkern**
Landsbg., Hubert-von-Herkomer-Str. 19/20,
T 0049 8191 324-0
www.ana-hotels.com/goggl-landsberg
V

**Landhotel Endhart*** an der Radroute**
Erpftinger Straße 19
T 0049 8191 9293 0
www.landhotel-endhart.de
V Massageangebote

### Fuchstal — Karte 16

**Landgasthof Hohenwart**
Fuchstal, Hohenwart 1
T 0049 8243 2231
www.hohenwart-hotel.de
III-VI an der historischen Straße

**Landhaus Restaurant Blätz**
Fuchstal, Am Bahnhof 1
T +49 (0) 8243 2323
www.zum-blaetz.de
III-V

### Epfach / Denklingen — Karte 18

**Wirtshaus „zur Sonne"**
Epfach, Sonnenbichl 1
T +49 (0) 8869 911666
www.zursonne.info
III

Fragen zu Hohenfurch - Bernbeuren am Auerberg
- Touristinfo Pfaffenwinkel, +49 (0)8861 211 3200
- Touristinfo Schongau, 0049 8861 21 41 81
- Touristinfo Peiting, 0049 8861 59 9 61
- Touristinfo Bernbeuren a. A., 0049 8860 92 12 70
- Via Claudia Augusta Info, 0043 664 27 63 555

### Schwabniederhofen / Altenstadt — Karte 19

**Gasthof Janser**
86982 Altenstadt, Burgstraße 2
T +49 (0)8861 22 17 26
www.gasthof-janser.com
IV

### Schongau — Karte 20

**Hotel Rössle Garni**
Schongau, Christophstrasse 49
T +49 (0)8861 23050
www.hotel-roessle-schongau.de
V in der Altstadt

### Peiting — Karte 20

**Gasthaus „Zechenschenke"**
86971 Peiting, Zechenstraße 2
T 0049 (0) 8861 68 164
www.zechenschenke.de
III-IV

## Bernbeuren am Auerberg
Karte 21

**Panorama-Gasth. a. d. Auerberg*****
Bernbeuren, Auerberg 2
T +49 8860 235
www.auerberghotel.de
V-VI   hauseigene Konditorei

### Fragen und Auskunft zum Teilabschnitt
- Lechbruck a. S., +49 (0)8862 987 830
- Rosshaupten, +49 (0)8367-364
- Rieden a. F., +49 (0)8362 37025
- Füssen, +49 (0)8362 93 850
- Schwangau, +49 (0)8362 81 980
- Via Claudia, +43 (0)664 27 63 555

## Lechbruck am See
Karte 22

**Hotel****Landhaus Auf der Gsteig**
Lechbruck am See, Gsteig 1
T +49 (0)8862 98 770
www.landhaus-gsteig.de
V-VI

**Gasthof Holler**
Lechbruck am See, Bahnhofstr. 10
T +49 8862 85 57
www.gasthof-holler.de
III

**Via Claudia Camping und mietbare**
Ferienwohnungen der besonderen
Art: Blockhütten, Zirkus-Wagen,
Schlaffässer, ...
Lechbruck, Via Claudia 6
T 0049 (0) 8862 8426
www.via-claudia-camping.de
ab I

Naturnah und komfortabel übernachten im südlichen Bayern. Der ideale Standort für Urlaubswege zwischen Seen, Bergen und Kultur. Direkt am smaragdgrünen Lechsee und an der Via Claudia Augusta gelegen.

- * Wohnmobilabstellplatz
- * Komfort-Camping
- * Mietunterkünfte
- * Restaurant und Biergarten

## Rosshaupten im Allgäu
Karte 23

**Landgasthof Schwägele - Dorfzentrum**
Rosshaupten, Hauptstr. 15
T +49 (0)8367 305
www.landgasthof-schwaegele.de
III-IV

**Haus am Wettebad**
Rosshaupten, Wettenweg 4+6
T +49 (0) 8367 631
www.hartmannfm.de
III

## Füssen
Karte 25

**Wellnesshotel Sommer******
Füssen, Weidachstraße 74
T 0049 (0) 8362 914 70
www.hotel-sommer.de
III-IV Königscard: Bergbahnen inklusive

**Hotel Luitpoldpark **** im Zentrum**
Füssen, Bahnhofstraße 1 - 3
T 0049 8362 90 40
www.luitpoldpark-hotel.de
III-IV Wellness, Fitness & Beauty

**Sightsleeping-Hotel Hirsch, im Stadtzentrum**
Füssen, Kaiser Maximilian Platz 7, T 0049 8362 93980
www.hotelfuessen.de, III-IV

Seit 4 Generationen ist das Hotel in der Stadtmitte liebevoll geführt. Die Designerzimmer erzählen Geschichten aus dem Füssener Land und auch von der Via Claudia Augusta.  Saisonale Küche aus regionalen Produkten, Kastanienbiergarten, Panoramadachterrasse.

**Hotel Ruchti*** zentral & ruhig, im Grünen**
Füssen, Alatseestraße 38
T 0049 (0) 8362 910 10
www.hotel-ruchti.de
III-IV

**Parkhotel Bad Faulenbach ***S**
87629 Füssen, Fischhausweg 5
T +49 (0) 8362 91 9 80
www.parkhotel-fuessen.de
V-VI

## Schwangau
Karte 25

**Feriengasthof Restaurant Helmer***+**
Schwangau, Mitteldorf 10
T 0049 (0) 8362 9800
www.hotel-helmer.de
III-IV

**Neuschwanstein Hotels**
Hohenschwangau, Alpseestr. 12
T +49 8362 88 7600
www.neuschwanstein-hotels.de
III-VII

Fragen Pinswang - Ehrenberg
- Naturparkregion Reutte, +43 (0)5672 62 336
- Via Claudia Augusta Info, 0043 664 27 63 555

### Pinswang

Gutshof Zum Schluxen*** Kultur- und Ausflugs-Gasthof
Pinswang, Unterpinswang 24, T 0043 5677 53217
www.schluxen.com, V

Der Ausflugs-Gasthof direkt an der Römerstraße bietet köstliche Tiroler Wirtshauskultur, römische Küche, einen lauschigen Biergarten und gemütl. Zimmer. Zwischen Füssen und Reutte gelegen ist der Gutshof in ländlicher Idylle beliebte Labe- und Übernachtungsstation für Radfahrer

### Wängle


Gästehaus Pension Talblick
Wängle/Reutte, Holz 8
T +43 (0) 5672 62280-0
www.talhof.com
ab III

### Reutte

Gasthof Hotel Zum Mohren**** Komfort — Tradition — zentral
Untermarkt 26, T 0043 (0) 5672 62 345
www.hotel-mohren.at, III-IV

Sie finden unser Hotel im historischen Untermarkt von Reutte, umrahmt von ortstypisch mit „Lüftlmalerei" verzierten Häusern. Genießen Sie in unseren Stuben die vielen Gaumenfreuden aus unserer Küche und lassen Sie sich in unserem modern gestalteten Vitalbereich verwöhnen.

Camping Reutte  sonnig und ruhig
Reutte, Ehrenbergstrasse 53
T +43 (0) 5672 62 809
www.camping-reutte.com
I  Unterstand fuer Zelter

---

### Lechaschau


Wandergasthof Romantik Krone
Lechaschau, Wänglestraße 6
T 0043 5672 62354
www.romantik-krone.at
III-IV, mit Wellness

### Ehenbichl


Pension Waldrast
Ehenbichl, Krankenhausstr. 16
T +43 (0) 5672 62443
www.waldrasttirol.com
IV

Wander-Hotel Maximilian
Reutte-Ehenbichl, Reuttenerstr. 1
T 0043 5672 62 585
www.hotelmaximilian.at
III-IV

### Ehrenberg

Zimmer und Appartements in der Burgenwelt Ehrenberg
Ehrenberg/Reutte, Klause 1, T +43 (0) 5672 62007
www.ehrenberg.at, II-V

Übernachten im Burgen-Ensemble: Appartements in der Kaserne aus dem 17. Jh. oder Zimmer im Landgasthof Klause. Alle Zimmer mit Dusche/Bad und Sat-TV. Der Gasthof bietet traditionelle Gerichte, aber auch römische und mittelalterliche Bankette.

Fragen Heiterwang - Biberwier
- Tiroler Zugspitz Arena, +43 (0)5673000
- Via Claudia Augusta Info, 0043 664 27 63 555

### Heiterwang am See


---

****Hotel Fischer am See / Camp Heiterwangersee
6611 Heiterwang am See, 0043 5674 51 16
www.fischeramsee.at, III-IV

Geheimtipp: Neu umgebautes, familiengeführtes Hotel direkt am See, den schon Maximilian I schätzte. Exklusiv für übernachtende Via-Claudia-Reisende: 16:00 kostenlose Schiffsrundfahrt (110 min). Kreative Köche & aufmerksame Kellner & Wellness & Massage. Kommen - Bleiben - Genießen!

### Bichlbach

Gasthof Sonne & Pension Tyrol
Bichlbach, Gipfl 13+64
T +43 (0) 5674 5282
www.feineler.com
II

### Lermoos

Hotel Garni Lärchenhof**** + Camping
6631 Lermoos, Gries 16
T 0043 (0) 5673 2197
www.laerchenhof-lermoos.at
III-IV, Wellnessanlage

Haus Olympia & Restaurant Bauernstube
Lermoos, Innsbrucker Straße 4
T +43 (0) 5673 3131
www.zollerreisen.com
III

Hotel Hubertushof
Lermoos, Kirchplatz 7
T +43 (0) 5673 2161
www.hotel-hubertushof.com
ab V

Pension Garni „Bartlhof"
Lermoos, Schladgasse 1
T 0043 (0) 5673 2894
www.bartlhof.at
III

### Ehrwald

Gasthof Panorama
Ehrwald, Ebne 52
T +43 (0) 5673 3393
www.gasthaus-panorama.at
III-IV

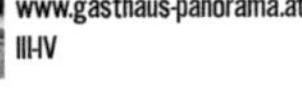

**Verwöhn-Hotel Stern**
Ehrwald, Innsbrucker Straße 8
T 0043 (0) 5673 2287
www.hotel-stern.info
III-IV, Sauna, Dampfbad, Infrarot

## Biberwier

Karte 16

**Camping + Appartements Biberhof**
6633 Biberwier, Schmitte 8
T 0043 5673 29 50
www.biberhof.at
I-III

**Hotel Gasthof Zum Goldenen Löwen — Tradition & Wellness**
Biberwier, Kirchplatz 1, T 0043 (0) 5673 2293
www.hotel-loewe.at, III-IV

Gemütlicher, neu renovierter und erweiterter Traditions-Gast-
hof, ruhig im Ortskern gelegen. Fam. Seeber und ihre Vorgänger
bürgen schon 300 Jahre für Gastlichkeit. Der Hausherr bereitet
Tiroler, internat. und auch römische Spezialitäten. Reichhaltiges
Frühstücksbuffet.

Fragen zu Fernpass - Schönwies
- Ferienregion Imst, +43 (0)5412 6910-0
- Via Claudia Augusta Info, 0043 664 27 63 555

## Fernpass, Fernstein

Karte 17

**Hotel Schloss Fernsteinsee** ****
Fernstein / Nassereith
T +43 (0) 5265 5210
www.fernsteinsee.at
V-VII

**Yoga-Resort AlpenRetreat**
Fernpass 483 (Gemeinde Nassereith)
T +43 (0)680 55 44 324
www.alpenretreat.at
IV-V vegetarische Vitalkost

## Nassereith

Karte 17

**Pension Melmer**
Nassereith, Fernpass-Straße 10
T 0043 (0) 5265 54 18
www.imst.at/haus-melmer
II

---

**Gasthof Rest. „Gurgltalblick"** ***
Nassereith, Ing.-Kastnerstr. 181
T +43 (0) 5265 5282
www.gurgltalblick.at
IV-V tiroler u. internat. Küche

Familienfreundl. Gästehaus Maria - gleich am Ortseingang
Nassereith, Fernpass Str. 1c, T +43 (0) 650 59 05 801
www.gästehaus-maria-nassereith.at, II

Herzlich willkommen im idealen Quartier für Radler, Wanderer
und Kletterer! Lassen Sie den Tag auf der Terrasse oder am Balkon
ausklingen. Ruhen Sie wohl in unseren großzügigen Komfortzim-
mern. Starten Sie mit unserem reichhaltiges Frühstücksbuffet
in einen neuen Tag.

## Strad & Tarrenz

Karte 18

**Gasthof Seewald - direkt an der Via Claudia Augusta**
Fam. Donnemiller
A-6464 Strad / Tarrenz, Strad 12
T +43 (0) 5412 66 0 24, F +43 (0) 5412 66 02 44
gasthof-seewald@aon.at
www.gasthof-seewald.at, III

Familienbetrieb mit 30 Betten - direkt an der Via Claudia
Augusta im Erholungsdorf Strad. Wir bieten unseren Gästen
Einbettzimmer, Doppelzimmer und Familienzimmer, Speise-
saal, gemütliche Stube, Schankgarten, Gästeparkplatz,
Tischtennis, Tischfußball, naheliegender Kinderspielplatz und
hauseigenen privaten Badesee, Unterstellplätze für Fahrräder.
Alle Zimmer sind mit Dusche, WC, Kabel-TV, Safe und mit Balkon
oder Terrasse ausgestattet.

Wir würden uns freuen, Sie bei uns im Haus begrüßen zu dürfen.
Familie Donnemiller

Zimmer mit Frühstück Euro 27,-
Zimmer mit Bikermenü Euro 35,-
Kinderermäßigung bis 6 Jahre 60 %
7 bis 14 Jahre 30 %

**Panormahotel Gurgltalerhof**
Tarrenz, Rotanger 1
T +43 (0) 5412 66 0 48
www.gurgltaler-hof.com
III-IV, Dampfbad, Sauna

---

**Gästehaus Anni Kiechl**
Tarrenz, Griesegg 32
T 0043 (0) 650 69 64 111
www.imst.at/haus-anni
II-III

**Frühstückspension Haus Selma**
Tarrenz, Griesegg 8a
T 0043 (0) 5412 66 0 66
www.imst.at/hausselma
selmalung@tele2.at, II-III

## Imst

Karte 18

**Hotel Gasthof Hirschen — im historischen Stadtzentrum**
Imst, Thomas-Walch-Straße 3, T 0043 (0) 5412 6901
www.hirschen-imst.com, III-IV

Direkt neben der Kirche und dem Haus der Fasnacht liegt das
traditionsreiche Hotel Gasthof Hirschen. Wellness, Schwimmbad,
gemütliche Stuben, Wintergarten. Mitglied der Initiative zur
Pflege der Tiroler Küche und Gastlichkeit. Dass sich der Gast
wohlfühlt, ist das oberste Ziel des Teams rund um den Wirt.

**Hotel Gasthof Neuner, Restaurant Pizzeria**
Imst, Brennbichl 81
T 0043 (0) 5412 63 332
www.hotel-neuner.com
III-IV

## Mils bei Imst

Karte 18

**Trofana Tyrol Erlebnisdorf, an der Au 1, an den geschützt. Innauen**
Mils bei Imst, T 0043 5418 601, infopoint@trofanatyrol.at
www.trofanatyrol.at, III-IV

Zwischen Imst und Landeck im Tiroler Oberland liegt an der
A 12 das „Trofana Tyrol". Die großzügige Verbindung von Tradition
und Moderne hat es zu einem Wahrzeichen in Tirol werden lassen.
Es ist eine vielfältige und romantische Welt für sich und ideal für
Durchreisende!

## Schönwies

Karte 18

**Pension Silberspitze**
6491 Schönwies, Öde 60
T 0043 5418 52 12 = Fax
www.schoenwies.at
II-III

Fragen zu Zams - Fließ
Ferienregion TirolWest, +43 (0)5442 65 600
Via Claudia Augusta Info, 0043 664 27 63 555

## Zams

Karte 19

**Bergpension Gasthof Kreuz**
6511 Zams, Rifenal 15
T 0043 (0)5442 61 2 40
www.gasthofkreuz.at
III-IV

**Landhaus Tschuggmall, Ferienwohnungen**
Zams, Bruckfeldweg 18
T 0043 (0) 5442 64 5 44
www.ferienwohung-zams.at
II

**Hotel Restaurant Thurner ***
Zams, Magdalenaweg 6
T 0043 (0) 5442 61245
www.hotel-thurner.info
III-IV

Hotel Jägerhof **** direkt an Innradweg und Via Claudia Augusta
6511 Zams, Hauptstraße 52, an der Talstation der Venetbahn
T 0043 (0) 5442 62 64 20, F +43 (0) 5442 62 6 42 - 199
www.jaegerhof-zams.at
info@jaegerhof-zams.at, V

Herzlich willkommen im 4-Sterne-Hotel Jägerhof in Zams direkt an Innradweg und Via Claudia Augusta. Liebevoll eingerichtete Zimmer mit Bad/DU/WC, TV. Durchgehend warme Küche, schattige Gartenterrasse, gemütliches Restaurant, Erlebnisbad mit Wasserfall, Wellnesslandschaft, Fahrradgarage, Trockenraum, Wäscheservice, kostenl. Langzeitparkplatz am Haus.

**Pens. Haueis & Post-Gasthof Gemse**
Zams, Tramsweg 4
T 0043 (0) 5442 63001
www.postgasthof-gemse.at
III-IV, zentral gelegen

## Landeck

Karte 19

**Hotel Rest. Bruggner Stubn ***
Landeck, Flirstrasse 30
T +43 (0) 5442 63 356
www.bruggnerstun.at
IV-V ausgez. Restaurant

**Pension Thialblick**
Landeck, Burschlweg 7
T 0043 (0)5442 62 2 61
www.thialblick.at
II-III

Bike-Hotel Enzian**** direkt am Radweg, zentral und doch ruhig
6500 Landeck, Adamhofgasse 6, T 0043 (0) 5442 62066
www.hotel-enzian.com, III-V, absperrbare Radgarage

Das familiengeführte Haus mit gemütlichem, gutem Restaurant mit Gastgarten und komfortablen Zimmern liegt direkt an der Radroute, im Zentrum des ruhigeren Stadtteils Perjen. Im Garten gibt es einen malerischen Schwimmteich. Das kostenlos zugängliche Frei-Schwimmbad liegt direkt ums Eck. An kühleren Tagen

Hotel Schrofenstein**** im verkehrsberuhigten Zentrum
6500 Landeck, Malserstraße 31, T 0043 (0) 5442 62 395
www.schrofenstein.at, III-IV

- absperrbarer Fahrradraum, Trockenraum
- schattiger Gastgarten mit Kastanienbäumen
- leichte Gerichte, Nudeln und Salate
- akzeptable Zimmerpreise
- direkt an der Via Claudia Augusta gelegen

Fragen zu Prutz - Nauders
- Tiroler Oberland, Nauders, Kaunertal +43 (0) 505 100
- Via Claudia Augusta Info, 0043 664 27 63 555

## Prutz

Karte 20

**Aktiv-Camping Prutz, am Sauerbrunn**
Prutz, Pontlatzstraße 22
T 0043 (0) 5472 26 48
www.aktiv-camping.at
I-II

**Traditions-Hotel Post ****
direkt an der Via Claudia
Augusta, im Dorf-Zentrum
Prutz, Dorfstraße 1
T 0043 (0) 5472 62 17
www.postprutz.at
IV

Nach einem anstrengenden, erlebnisreichen Tag verwöhnen wir Sie - direkt an der Via Claudia - in großzügigen Nichtraucher-Zimmern, im täglich geöffneten Wellness-Bereich mit Sauna, Dampfbad, Duftsauna, Infrarotsauna, Kneippbecken, ..., im lauschigen Erlebnis-Garten, im eigenen Restaurant mit regionalen und internationalen Spezialitäten und am leicht bis deftigen Frühstücksbuffet. Unseren Gästen steht eine kostenlose Fahrradgarage und ein Trockenraum zur Verfügung.

## Ried im Oberinntal

Karte 20

**Active Apart Central**
6531 Ried, Nr. 9, T 0043 (0)5472 2567 /
0043 (0)664 73 601 509
www.apartcentral.com
III

Camping und Blockhütten Dreiländereck
6531 Ried No. 37 Gartenland, T 0043 (0) 5472 60 25
www.tirolcamping.at, I-II

Camping und Blockhäuser für 2 - 6 Personen liegen direkt am Radweg Via Claudia, mitten im Dorf, nahe dem Badesee. Vorteile: reichhaltiges Frühstück, freier Eintritt zum Badesee, top Wellnessbereich, Biker-Service-Garage, Trockenraum. Der Bikerstop mit besonderer Note.

**Aktiv-Hotel Trujenhof****
6531 Ried, Trujen Nr. 168
T +43(0)5472 6513
www.truyenhof.at
V-VI

**Apart am Brunnen - Fam. Schranz**
Ried im Oberinntal, Hausnummer 40
T 0043(0)664 19 87 961
www.apart-am-brunnen.at
III

**Kräuterbauernhof Sagenschneider's**
6531 Ried, St. Christina 96
T +43(0)5472 28077
www.tiscover.at/sagenschneiders
II-III

## Tösens

**Gasthof Pension Wilder Mann**
Tösens, Alte Bundesstrasse 60
T +43 (0) 5477 203
www.toesens.at
IV-V hist. Haus im rätorom. Stil

**Bike-Wander-Gasthof Inntalerhof**
Tösens, Obertösens 70
T +43 (0) 5477 240
www.inntalerhof-tirol.at
IV-V

**Gasthof Tschuppbach**
Tösens, Tschuppbach 1
T 0043 (0) 5447 443
www.gasthof-tschuppbach.at
II-III

## Pfunds

**Ferienhof Schöne Aussicht**
6542 Pfunds, Gatter 354
T +43 5474 5238
www.schoene-aussicht-pfunds.at
III-IV

**Vital Hotel Lafairser Hof **** Ihr idyllisches Wellnesshotel**
Pfunds, Lafairs 373, T +43 (0)5474 57 57
www.lafairserhof.at, VI

Wir bieten Urlaubserlebnis auf höchstem Niveau.
Eintreten und sich wohlfühlen - so ist das im Lafairser Hof. Wir
verwöhnen mit kulinarische Highlights aus regionalen Produkten
der Umgebung, breitem Wellness-Angebot und selbstverständlicher
familiärer Gastlichkeit.

**Alpenhostel Austria**
Pfunds, Dorf 92 und Stuben 293, T 0043 676 848 26 7600
www.alpenhostel.at, IV

Unsere Sportler- und Jugend-Gästehäuser verfügen über
Mehr-Bettzimmer mit Dusche, WC am Gang, gemütliche
Speise- und Aufenthaltsräume mit Sat-TV. Selbstbedienung bei
Frühstück und Abendessen sowie Selbstaufbettung ermöglichen
günstige Preise.

**Hotel Gasthof Kreuz **** hist. Zollstation**
Pfunds, Stuben Nr. 43
T 0043 (0) 5474 52 18
www.hotelkreuz.at
III-IV   Cafè im Haus

**Pension St. Lukas ***
Pfunds Dorf, St. Lukas 47
T 0043 (0) 5474 54 76
www.pensionstlukas.com
II-III

**Pension St. Antonius, Fam. Kleinhans**
Pfunds-Stuben, Reschenstraße 289
T +43(0)5474 5291 (0)676 55620 58
www.pension-antonius.at
III   W-Lan im ganzen Haus

**Hotel-Gasthof Traube**
6542 Pfunds, Stubenerstr. 10
T +43 (0) 5474 5210
www.traube-pfunds.at
IV

**Hotel Tyrol**** Komfort im modernen Stil**
Pfunds, Stubenerstraße 296, T 0043 (0) 5474 52 47
www.hoteltyrol-austria.at, III-IV

Neu renoviertes und modern sowie mit allem Komfort
ausgestattetes Vier-Sterne-Hotel im Dreiländereck; mit Hal-
lenschwimmbad (9 x 12 Meter) und gratis Tiefgarage. Ein
Restaurant, eine Hausbar und eine große Sonnenterrasse
laden zum gemütlichen Verweilen.

**Posthotel Pfunds**
6542 Pfunds, Stuben 32, T +43 (0) 5474 5606
www.post-pfunds.at, IV-V

Seit Jahrhunderten machen Reisende entlang der Via Claudia
Augusta Station „in der Post". Neu rennoviert, heißt sie das Hotel
herzlich willkommen. Zimmer im modernen Tiroler Stil, gemütliche
Stuben, Hallenbad, Sauna, Radlkeller, kostenloser Wäscheservice
für Radfahrer!

**Hotel Kajetansbrücke ***
Pfunds, Rauth Nr. 391
T +43 (0) 5474 5831
www.hotel-kajetansbruecke.at
IV-V

## Nauders am Reschenpass

**Haus Dreiländereck**
6543 Nauders, Martinsbruck 199
T +41 79 321 88 66
www.dreilaendereck-tirol.at
II-III

**Gästeheim Sigrid**
Nauders, Reschenbundesstr. 373
T +43(0)5473 87 429
www.resch-reschenpass.at
II-III

**Bio-Bauernhof Haus Sonneck**
Nauders, Hinderdorf 267
T 0043 (0) 5473 87 5 41
www.haus-sonneck.at
II

**Ferienhaus Auer**
Nauders, Dr. Tschiggfreystraße 446
T 0043 (0) 5473 86 1 58
www.ferienhaus-auer.at
III-IV

**Apart Bauernhof Rosenhof**
Nauders, Kleinhansgasse 93
T 0043 (0) 5473 86 16 50
www.rosenhof-nauders.at
II

**Gästehaus Amontanara — ruhige, sonnige, freie Lage**
Nauders, Spitzwiesenweg 243, T 0043 (0) 5473 87 3 23
www.amontanara.at, III-IV

Fahrradfr., familiär geführtes Gästehaus mit Komfortzi, Feri-
enwo, DU & WC, SAT-TV, Sauna, Dampfbad, Infrarot, Frühstücksbuffet, Fahrradgarage, Reparatur- und Reinigungsmöglichkeit,
Trockenraum, Infotipps. Bei Bedarf Abholung & Gepäckservice
mit www.bikeshuttle.at.

**Gästehaus Vergissmeinnicht**
6543 Nauders, Hausnummer 357
T 0043 (0) 5473 87426 o. 86280
www.zimmer-ferienwohnungen.at
III

**Haus Jung**
Nauders, Kleinhansgasse 78
T 0043 (0) 5473 87 3 60
www.haus-jung.at
II

**Apartpension Anni Winkler**
6543 Nauders, Mittergasse 61
T +43 5473 87238 +43 664 2600615
www.anniwinkler.com
II-III

**Gasthof Zum Goldenen Löwen** ***
Nauders, Postplatz 36
T 0043 (0) 5473 87 2 08
www.loewen-nauders.com
III-IV

**Hotel Post**** Hist. Post-Gasthof mit Hallenbad im alten Gewölbe
Nauders, Nr. 37, T 0043 (0) 5473 87 20 20
www.post-nauders.com, III-IV

Das Hotel für Leib und Seele. Familiär, sportlich, aktiv - mit heimeliger Atmosphäre und Tiroler Herzlichkeit! 450 m² Freizeitanlage mit Hallenbad im alten Gewölbe aus dem 16. Jh., Sauna, Dampfbad, Infrarot, Tischtennis und Billiard.

**Appartement Pension Haus Arina**
Nauders, Nr. 392
T 0043 (0) 5473 877650
www.arina.at
III

**Aktivhotel Schwarzer Adler** ****
Nauders, Nr. 33
T 0043 (0) 5473 87254-0
www.adlerhotel.at
III-IV, im Zentrum, Wellness

**Apart-Haus Bergkastelblick**
Nauders, Reschenbundesstraße 287
T 0043(0)676 936 98 73
www.bergkastelblick.at
III

**Alpenhotel Central** **** Rad- und Bike-Hotel
Nauders, Nr. 196
T 0043 (0) 5473 87 22 10
www.hotel-central.at
III-IV Chef ist Mountainbikeguide

**Alois´ Ferienglück**
Nauders, Sandbichl 455
T 0043 (0) 650 65 434 55
www.haus-ferienglueck.at
II-III

**Hotel Mein Almhof** ****S mit Schwimmbad am Dach
Nauders, Nr. 214, T 0043 (0) 5473 87 3 13
www.meinalmhof.at, IV, Wellness, gemütl. Stuben, ...

Das Tophotel am Rand des Dorfzentrums bietet alles, was man sich nur wünschen kann. Kästen in denen die Wäsche getrocknet und desinfiziert wird, eigenes Sport-Shop, ... Highlight sind das Schwimmbad und die Terrassen am Dach, hoch über dem Ort, mit Blick auf das Schloss Naudersberg.

**Bike- u. Wander-Garni Alpenhof** ***
6543 Nauders, Hausnummer 229
T 0043 (0) 5473 87 2 63
www.alpenhof-nauders.at
III-IV   der Bike- u. Wanderprofi

**Alberts Heimatglück**
Nauders, Alte Straße 272
T +43(0)5473 87794
www.naudersurlaub.com
ab II

**Hotel Neue Burg****
6543 Nauders, Alte Straße 37 c
T 0043(0)5473 87 700
www.neue-burg.at
V   direkt neben dem Schloss

**Land-Gasthof Martha** ***
Nauders, Nr. 296
T 0043 (0) 5473 87 33 80
www.gasthofmartha.at
III-IV

**Alpencamping Nauders**
Nauders, Bundesstraße 279
T 0043 5473 87 2 17
www.nauders-camping.com
I   am Dach der Tour

Fragen Reschen - Kastelbell-Tschars
- Vinschgau, +39 0473 620480
- Schlanders-Laas, +39 0473 620480
- Via Claudia Augusta Info, 0043 664Karte 63 555

### Reschen
### Resia

Karte 23

Seehotel*** am Reschensee mit herrlichem Panorama
Reschen, Hauptstraße 19, T 0039 0473 63 31 18
www.seehotel.it, III-IV

Unser Hotel in unmittelbarer Nähe der Rad- und Wanderroute und mit direktem Blick zum See bietet beste Gelegenheit zum Verweilen und Genießen: schmackhafte Speisen, erfrischende Getränke, gemütliche Zimmer, Hallenbad, Wellness, Massagen...

### Graun
### Curon Venosta

Karte 23

Pension Cafe Bar Theiner — direkt am berühmten Kirchturm
Graun, Langtauferer Str. 47, T 0039 0473 63 32 31
www.theiner.it, III-IV

Neue Zimmer in warmen Farben. Vitales Frühstücksbuffet. Am Abend à la minute zubereitete saisonale Köstlichkeiten. Das Cafe ist für seine Cappuccini und hausgemachte Kuchen bekannt. Die Gastgeber radeln und wandern selbst mit den Gästen. 50 m zum Freibad.

### St. Valentin auf der Haide
### San Valentino alla Muta

Karte 23

Vital-Hotel Ortlerspitz***S
St. Valentin a. d. Haide, Hauptstraße 15
T 0039 (0) 473 63 46 31
www.hotel-ortlerspitz.it
V-VI

Hotel Rest. Lamm*** am Haidersee
St. Valentin auf der Haide, Landstr. 67
T 0039 0473 63 46 41
www.hotel-lamm.it
III-V  Pizzeria

Unser idyllische und familiär geführte Gasthof befindet sich in idealer Lage zwischen dem Haider- und dem Reschensee. Entspannen Sie abends in der Saunalandschaft und stärken Sie sich morgens mit unserem reichhaltigen Frühstücksbuffet. Unsere gut ausgestatteten Zimmer sind traditionell im Tiroler Stil eingerichtet und laden zum Wohlfühlen ein. Freuen Sie sich nach einem Tag in freier Natur auf die Spezialitäten des Hauses.
Ein Paradies für alle Wanderer!

### Mals / Malles

Karte 24

Vital-u. Genuss-Hotel Greif *** Traditionshaus im Ortskern
Mals, Gen.-Verdroßstraße 40/A, T +39 0473 831 189
www.hotel-greif.com, III-IV

Willkommen im Familienbetrieb mit Geschichte im malerischen Kern des Obervinschger Hauptortes. Tradition in Gastlichkeit, eine herrliche Umgebung und moderne Vitalküche verschmelzen hier zu einer qualitätvollen Einheit, die sie entspannen und Kraft schöpfen läßt.

### Glurns / Glorenza

Karte 24

Historische Gasthöfe Grüner Baum*** und Hotel Krone
Glurns, Stadtplatz 7, T +39 0473 83 12 06
www.gasthofgruenerbaum.it, IV-VI

Direkt am malerischen Hauptplatz des von einer Stadtmauer umgebenen historischen Glurns. Der komplett renovierte Grüne Baum machte mit einer gekonnten Mischung von mittelalterlichen Elementen und modernem Mobiliar viel von sich reden und schreiben.

### Schluderns / Sluderno

Karte 24

Hotel Gufler**** Wellness
Schluderns, Konfall 9
T +39 0473 614127
www.hotel-gufler.com
V-VI

Garni am Bauernhof „Hausergut"
39020 Schluderns, Auenweg 3
T 0039 0473 61 53 26
www.hausergut.com
III

### Prad am Stilfserjoch
### Prato allo Stelvio

Karte 25

Garni Wiesenheim
Prad a. Stilfserjoch, Hauptstr. 4A
T +39 0473 616 189
www.garni-wiesenheim.com
III

Pension Astoria - einst Kornmühle
Prad a. Stilfserjoch, Schmiedg. 1
T +39 0473 616 338
www.pension-astoria.it
III  Reg. Frühstücksbuffet

### Laas / Lasa

Karte 25

„Obstbauerhof" Fohlenhof
Laas, Bahnhofstraße 2
T 0039 335 693 2000
www.gartner.it
IV

Historischer Gasthof Schwarzer Adler
Laas, Vinschgaustraße 53
T 0039 0473 62 61 40
www.schwarzer-adler-laas.com
III

### Schlanders+Vetzan/Silandro+Vezzano

Karte 26

Pension Schweitzer im Zentrum
Schlanders, Dantestr. 1
T +39 0473 730174
www.hotel-vinschgau.org
IV-V

Hotel Restaurant Goldener Löwe
Dantestraße 6
T +39 0473 730188
www.goldener-loewe.it
IV-V  im hist. Zentrum

Bio-Landhotel und -Reiterhof Anna
Schlanders, Hauptstraße 27
T +39 0473 730 314
www.vill.it
III-IV

Wanderhotel Rest. Vinschgerhof
Vetzan, Alte Vinschger Str. 1
T +39 0473 742113
www.vinschgerhof.com
V-VI  Sauna & Hallendbad

## Latsch+Goldrain/Laces+Coldrano

**Karte 26**

Pension Obergrundhof (Pool)
390120 Goldrain, Auergasse 11
T +39 0473 74 00 44
www.obergrundgut.com
III  am Rand des Dorfkernes

Aktiv-&Wellnesshotel Matillhof****S
39021 Latsch, H.-Peggerstr. 6a
T +39 0473 623 444
www.hotelmatillhof.com
V-VII  leichte, mediterrane Küche

Pension Tannenhof
39021 Latsch, Montaniweg 8
T 0039 0473 623 373
www.pension-tannenhof.eu
III

## Kastelbell-Tschars/Castelbello-Ciardes

**Karte 27**

Törggelelokal Pens. Gstirnerhof ***
Kastelbell, Spineidweg 5
T +39 0473 624032
www.gstirnerhof.eu
IV-V  Schwimmbad im Garten

Bike-, Wander-Landhotel Sand ****
Kastelbell/Tschars, Mühlweg 2
T +39 0473 624 130
www.hotel-sand.com
VI  Wellness, Frei- und Hallenbad

## Partschins+Rabland
## Parcines+Rablà

**Karte 28**

Hotel Restaurant Edelweiss  6 km vor Meran
Partschins, Vinschgauerstr. 105, T +39 0473 967 128
www.edelweissferien.com, V-VI

Nach der Radtour so richtig entspannen und regenerieren: Auf der herrlichen Terrasse in der Abendsonne, in der finnischen Sauna und im Dampfbad oder im Schwimmbad, bei Massagen usw.; genießen Sie ausgezeichnete Abendmenüs und stärken Sie sich am vitalen Power-Frühstück.

Vitalpina Hotel Waldhof ****
Partschins, Hans-Guet-Straße 42
T 0039 0473 96 80 88
www.hotelwaldhof.com
III-IV  Wellness, Frei- und Hallenbad

## Algund
## Lagundo

**Karte 28**

Hotel An der Linde *** gute Küche
Algund, Mittelplars 15
T +39 0473 200 920
www.anderlinde.com
V-VI  Hallenbad, Infrarot, Sauna

Garni Franz Leiter - ganz nah an Radweg und Dorfzentrum
Algund, Steinachstr. 8, T +39 0473 44 83 69
www.garnifranzleiter.it, III

Zimmer mit DU/WC, Safe, TV, teils Balkon. Lift, schöne Frütstücks-Aufenthaltsräume, Frühstück mit Teilbuffet, TV-Raum mit Sat-TV, Frei-Schwimmbad, Liegewiese, Sonnenterrasse, Kinderspielplatz, Tischtennis, Garage für Fahrräder, geschlossener Parkplatz. 80m zum Radweg, 5 Min. ins Dorf.

## Tscherms / Cermes

**Karte 28**

Hotel Paulus*** in den Weinbergen, großer Garten, Hallenbad
Tscherms, Raffeinweg 18, T +39 0473 562 400
www.hotel-paulus.com, V

Wo die südländische Wein- und Kulturlandschaft weit ins Bergmassiv reicht, liegt das Meraner Land mit seinem milden Klima und der faszinierenden Natur. Von unserer Terrasse und von jedem Zimmer aus genießt man einen wunderbaren Blick auf dieses Land.

## Gargazon / Gargazzone

**Karte 29**

Pension Sonnheim zum Wohlfühlen
39010 Gargazon, Vöranerweg 11
T +39 0473 29 23 47
www.sonnheim.com
IV-V  inmitten von Obstgärten

## Lana

**Karte 29**

Aktivhotel Pöder ****
Lana, Gilmannweg 1
T +39 0473 561 258
www.hotel-poeder.com
V-VI  Rundum-Wohlfühloase

Garni Hotel Petra
Lana, Gartenstraße 5
T +39 0473 561568
www.garni-petra.it
IV-V

## Nals / Nalles

**Karte 29**

Boutique Hotel Zum Rosenbaum****
39010 Nals, Goldgasse 3
T +39 0471 67 86 36
www.rosenbaum.it
III-IV  im Zentrum, mit Freibad

Garni Rebhof — im Grünen, am Ortsrand
Nals, Vilpianer Straße 19
T +39 0471 67 89 24
www.garni-rebhof.eu
III  Sonnenwiese und Balkon

## Andrian / Andriano

**Karte 30**

Albergo Rist. Schwarzer Adler ***
Andrian, St. Urbanplatz 4
T +39 0471 510288
www.schwarzeradler-andrian.net
IV-V

## Eppan / Appiano

**Karte 31**

**Gasthof WASTL Speckstube**
Girlan/Eppan, Girlanerstrasse 42
T +39 0471 66 24 12
www.wastl.it
III lauschiger Gastgarten

## Kaltern / Caldaro

**Karte 31**

**Hist. Hotel Goldener Stern ****
Kaltern, Andreas-Hofer-Straße 28
T +39 0471 963153
www.goldener-stern.it
VI-VII

**Frühstücks-Pension Roter Adler***

Kaltern, Goldgasse 4
T 0039 0471 96 31 15
www.roter-adler.com

III

Unser familiär geführtes Haus mit modernen Komfort befindet sich im historischen Ortskern und an der Fußgängerzone des Weindorfes Kaltern und liegt ideal um nach einer Tagesetappe am Kalterer See auszuspannen, im romantischen Dorfkern zu bummeln, zu shoppen oder einen Weinkeller zu besuchen. Morgens erwartet Sie ein kräftiges und energiereiches Frühstücksbuffet mit Vitalecke um gut gestärkt den Tag zu beginnen. Weiters bieten wir unseren Gästen eine Wasch- und Trockenmöglichkeit.

## Auer / Ora

**Karte 32**

**Hotel Christin – Villa Vera**
Auer, Bahnhofstraße 110
T 0039 0471 810 116
www.hotelchristin.com
III-IV

**Parkhotel Camping Residence Markushof**
Auer, Truidn Nr. 1
T 0039 0471 81 00 25
www.hotelmarkushof.com
I, III Freibad, malerischer Gastgarten

**Bio-Hotel & Residence Kaufmann**
39040 Auer, Fleimstalstraße 16
T +39 0471 81 000 4
www.hotelkaufmann.it
III-IV mediterrane u. südtiroler Biokost

## Neumarkt / Egna

**Hotel Villnerhof — in den Apfelgärten**
Neumarkt/Egna, Via Villa 30
T 0039 0471 81 20 39
www.villnerhof.com
III-IV

## Salurn / Salorno

**Karte 33**

**Hostel & Jugendhaus Dr. Josef Noldin**
Salurn, Via Dr. J. Noldin Straße 20
T 0039 0471 88 43 56
www.noldinhaus.org
III im historischen Dorfkern

Fragen Faedo - Lavis
• Piana Rotaliana-Königsberg, +39 0461 175 Karte (ital. und engl.)
• Via Claudia Augusta Info, 0043 664Karte 63 555

## Cadino di Faedo

**Karte 33**

**Affittacamere „La Ferrata"**
Località Cadino 1 (Comune di Faedo)
T +39 0461 65 04 09
www.laferrata.com
III vis-à-vis Ristorante Cadino

## Mezzocorona

**Karte 33**

**Albergo Caffè Centrale***
Mezzocorona, P.zza San Gottardo 2
T 0039 0461 60 29 41
www.hotelcaffecentrale.com
V Wellness

**Hotel Drago Ristorante specialità trentine**
Mezzocorona, P.zza S. Gottardo 46
T +39 0461 60 38 24
www.hoteldrago.it
III Sauna - Bar

**B&B LA MASERA di Caliari Isabella**
Mezzocorona, Corso IV Novembre 71
T 0039 347 747 86 34
isabella.caliari@gmail.com
II-III

## San Micchele all'Adige

**Karte 33**

**Hotel Ristorante Bar Cantaleone**
San Michele all' Adige, V. Tonale 23
T 0039 0461 650 134
www.cantaleone.it
III

**Hotel Garni „La Vigna" *** Wellness**
San Michele all' Adige, V. Postal, 49
T +39 0461 650 276
www.garnilavigna.it
V

**Bed & Breakfast di Melchiori**
San Michele all'Adige, Via Tonale 24
T 0039 0461 650 654, www.visittrentino.info/de/san-michele-all-adige/bed-breakfast/melchiori-michele_dr331837, III-IV

## Lavis

**Sartori's Hotel**** Rist. Pizzeria Bar**
Lavis, Via Nazionale 33
T +39 0461 246563
www.sartorishotel.com
V-VI Hallenbad - Wellness

Fragen Trento
• Trento, Monte Bondone, Valle dei Laghi, +39 0461 216 00
• Via Claudia Augusta Info, 0043 664Karte 63 555

## Trento

**Karte 25**

**Centrohotel Albergo Accademia****
Trento centro, Vicolo Colico 4/6
T +39 0461 233600
www.accademiahotel.it
V-VI malerische Terasse

**Hotel Sporting Trento*** Ristorante Bar**
Trento, Via Roberto da Sanseverino 125
T 0039 0461 39 12 15
www.hotelsportingtrento.com
III-IV

omande Pergine Valsugana - Castello Tesino
Valsugana — Lagorai, +39 0461 727760
Via Claudia Augusta Info, 0043 664 27 63 555

## Pergine Valsugana

**Hotel Ristorante Castel Pergine**
Pergine, Via al Castello 10
T 0039 0461 53 11 58
www.castelpergine.it
III-IV   Trentiner Küche

**Albergo Ristorante La Rotonda***
Pergine, Viale Venezia 37
T +39 0461 531128
www.albergolarotonda.it
IV-V typische trentiner Küche

## Caldonazzo

**Albergo Due Spade**
Caldonazzo, Piazza Municipio 2
T 0039 0461 72 31 13
www.albergoduespade.it
IV-V   Garten, Pool

## Levico Terme

**Albergo Rist. Vecchia Fattoria**
Levico, Via Per Caldonazzo 27
T +39 0461 700242
www.albergovecchiafattoria.it
IV-V

**Rad & Wellness Hotel Cristallo ***S**
Levico, Via G. De Vettorazzi 2
T +39 0461 706427
www.hotelcristallotrentino.it
V   100 Meter ins Zentrum

**Hotel Albergo Acler ***
Levico, Via Monsignor Caproni, 36
T 0039 335 597  71 53
www.acler.it
IV-V

**Bike-Hotel Daniela***
Levico Terme, Viale Venezia 3
T +39 0461 70 62 13
www.hoteldaniela.it
III-IV

## Roncegno Terme

---

**Agritur Montibeller Valsugana**
Roncegno, Via Prose 1
T +0461 764355
www.agrimontibeller.it
III-IV

**Albergo Ristorante Vittoria**
Roncegno, Via S. Giuseppe 1
T 0039 0461 773026, www.visittrentino.info/
de/roncegno-terme/hotel/
vittoria_dr248976, IV-V

**Eco-Garni Coronata Haus ***
Roncegno Terme, Loc. Maso Vazzena, 0039 0461 185 1508
www.coronatahaus.it, III-IV

Das Herrenhaus eines Chardonay-Weingutes wurde kürzlich zum komfortablen Eco-Garnì mit gemütlichen Zimmern, Suiten und Stuben ausgebaut. Terrasse mit herrlichem Blick auf das Valsugana Tal. Auto- und Motorrad-Garage, versperrbarer Fahrrad-Raum, schwedische Sauna, Weinkeller, …

## Strigno di Castel Ivano

**Centro Paese Hotel Nazionale**
Via XXIV Maggio 4
T +39 0461 762060
I38059 Strigno
III

**Solar-B&B Tomaselli — Agriturismo**
Strigno, via Santa Barbara 41, T 0039 366 981 38 15
bebtomaselli.wixsite.com/bebtomasellitrentino  II - III

B&B Tomaselli, direkt an der Via Claudia Augusta, bietet in Zimmern und Appartements für 1 bis 4 insges. 30 Personen Platz. Freies W-Lan, versperrbarer Raum für Motor- und Fahr-Räder, kl. Rad-Reparatur-Shop, Garten, Obstgarten und Heidelbeeren zum Selberpflücken.

## Bieno

**B&B Il piccolo principe**
38050 Bieno, Vicolo Busarello 10
0039 340 313 42 56, 0039 0461 16 31 113
www.bbilpiccoloprincipebieno.com
III

---

## Pieve Tesino

**Panoramahotel Albergo Cima D'Asta**
Pieve Tesino, Via Brigata Abruzzi 2
T 0039 0461 59 21 12
www.hotelcimadasta.it
III-IV

**Taxus Hostel**
Pieve Tesino, Via Fratelli Rizza 18
T 0039 327 913 19 68
www.taxushostel.it
III

## Castello Tesino

**L'affittacamere "AI VECCHI MOLINI", Castello Tesino**
Loc. Molini 17, 0039 348 22 95 364, 0039 0461 75 90 93
www.aimolini.com, III

Das nagelneu errichtete Haus liegt in einer ruhigen kl. Siedlung, nahe dem Wildflusspark, 100 Meter von der Route und 700 Meter vom Dorfzentrum. Zwei Restaurants im näheren Umkreis. Die Zimmer sind hell, gemütlich und komplett ausgestattet. Europäisches Früstücksbuffet .

Domande Lamon - Mel
- Ferienregion Dolomiti Prealpi, +39 329 2729005
- Via Claudia Augusta Info, 0043 664 27 63 555

## Lamon

**B&B Manarin   qualitätsgeprüft**
32033 Lamon, Via Oltra 92
0039 0439 79 20 54, 0039 328 142 54 03
www.manarin.it
III  am Eingang zum Nationalpark

**B&B Al Salvanel   qualitätsgeprüft**
32033 Lamon, Via della Campagna
0039 043996496 +39 3388147698
www.infodolomiti.it/dolomiti.run?24f47b79
III  am Eingang zum Nationalpark

**Ristorante Albergo Stella D'Oro**
32033 Lamon, Via Roma 7
T 0039.0439.709939, 0039.346.3025425
www.stelladorolamon.com
II-III direkt im Zentrum/ nel centro

**B&B Oltra** qualitätsgeprüft
32033 Lamon, Via Oltra 46
+39 0439792045 +39 3395935105
www.bnb-oltra.it
III am Eingang zum Nationalp.

## Fonzaso

Karte 40

**Antico Albergo Ristorante St. Antonio**
Fonzaso, Via G. Marconi, 5
T 0039 0439 50 73
www.anticoalbergosantantonio.com
III hist. Gasthof im Ortszentrum

## Croce D'Aune di Pedavena

Karte 40

**Albergo Ristorante Bar Croce D'Aune**
Pedavena, Passo Croce d'Aune 32
T 0039 0439 977 000
www.crocedaune.it
III direkt auf der hist. Passhöhe

## Feltre

Karte 41

**B&B Casa Ester**
Feltre, Via Fosse 10
T +39 339 5729863
www.casaester.it
IV

**B&B Villa Norma**
Feltre, Viale Dante Aligheri 6
T +39.0439 880140, .347 2883108
www.hotels.com/ho572782/
b-b-villa-norma-feltre-italien/, IV-V

**Hotel Casagrande *** Rist. Palio**
Feltre, Via Belluno 47
T +39 0439 840025
www.hotelcasagrande.it
V-VII

**Ferienh./casa di vacanze „Oasi della Pace"**
32032 Feltre, Via Gal 13
0039 340 412 3069
https://www.facebook.com/kralicamira
II-III für/per 2 - 8 persone

**B&B Il Giardino di S. Paolo**
Feltre, Via San Paolo 10
0039 328 125 22 40 / 0039 328 125 22 52
www.giardinodisanpaolo.altervista.org
III malerisch, außerhalb der Stadt

**Hotel Doriguzzi** - on the edge of the historic town centre
32032 Feltre, Viale del Piave 2, T +39 0439 2003
www.hoteldoriguzzi.it, III-IV Radgarage und Verleih

Das Doriguzzi ist ein Hotel mit Tradition am Rand des hist. Zentrums. Die neuen Eigentümer haben alle Zimmer komplett neu eingerichtet. Die Apartements haben Dachfenster mit Blick auf die Stadt. Schattige Terrasse und reiches Frühstücksbuffet.

**B&B Villa Veneta storica „San Liberale"**
Cart di Feltre, V.le San Liberale 9, 0039.347.967.68.50
www.villasanliberale.it, III-IV

Die Villa aus dem 17. Jh. liegt auf den sonnigen Hügeln von Cart, nahe Feltre, auf denen die Adeligen einst den Sommer verbrachten. Sie ist von einem fast 9 ha großen Park umgeben und bietet 2 stilvoll und hochwertig ausgestattete DoppelZi und 2 Unterkünfte für 4 Personen.

## Cesiomaggiore

Karte 42

**Casa alle porte delle Dolomiti**
Cesiomaggiore, via Masi 8
0039 347 22 820 044
www.airbnb.it/rooms/192969
III

**„Campo di Cielo" Bio Agroturismo Vegan**
32030 Cesiomaggiore, via Centenere 5
T 0039.0439.390.206/0039.348.49.35.967
www.campodicielo.it
III 500 m vom Meilenstein

## Bardies + Mel

Karte 42

**Hotel Rist. Pizzeria Al Cavallino Rosso**
32026 Bardies/Mel, Via Bardies, 65
T +39 0437 55 20 92
www.hotelcavallinorosso.it
III

**B&B El Mighelon & Bruschetteria**
32026 Mel, Via Nave 31
0039 437 75 33 59
www.elmighelon.it
III am historischen Fähr-Übergang

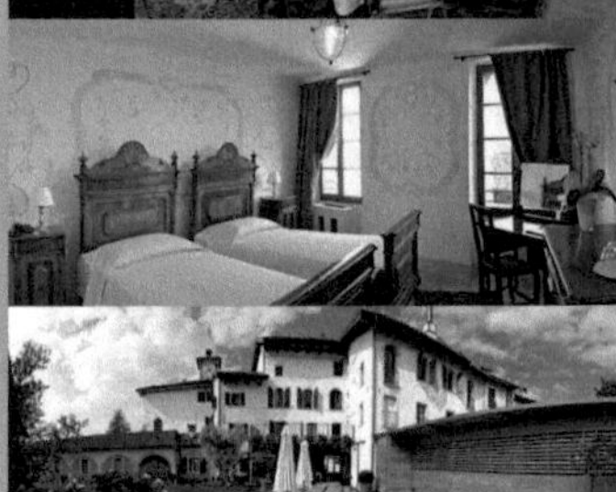

**Antica Locanda Cappello** - in the main-place of Mel
Piazza Papa Luciani, 32026 Mel (BL), T +39 0437 753651
www.anticalocandacappello.it, V

Der komplett renovierte Palazzo aus dem 16. Jh. bietet Gastlichkeit und ganzheitliches Wohlgefühl auf höchstem Niveau: 8 antik ausgestattete Zimmer, traditionelle Kostbarkeiten in besonderem Ambiente, großer Weinkeller, lauschiger Innenhof.

omande Follina - Pieve di Soligo
Ferienregion Altamarca, +39 0423 972372
Via Claudia Augusta Info, 0043 664 27 63 555

Hotel Ristorante Dotto***
Varago di Maserada, Piazza Croce 9
T 0039 0422 87 70 73
www.hoteldotto.it
V

**Follina**
45 / Karte

**Silea**
48 / Karte

Bed & Breakfast Efisia
Follina, Via Follinetta 15
0039 0438 970 462 0039 333 210 92 15
https://sites.google.com/site/bbefisia
II-III

Residenza Belvedere im Grünen
S.Elena di Silea, Via Belvedere 77
T +39 340 258 5070
www.bebbelvedere.it
V direkt an der Via Claudia

Albergo B&B Ristorante Da Gildo
Follina, Via Sottoriva 3
T +39 0438 970306
www.albergodagildo.com
III-IV   Rest. mit offenem Kamin

**Roncade**
49 / Karte

**Cison di Valmarino**
45 / Karte

Castello Roncade, im Turm des Schlosses
Roncade, Via Roma 141
T 0039 0422 70 87 36
www.castellodironcade.com
V  herrl. Schloßgarten, Weinkellerei

Schlosshotel und Kongresszentrum CastelBrando
Cison di Valmarino, Via Brandolini 29, T +39 0438 9761
www.castelbrando.it, VI

Das Schloss hoch oben, auf einem Felsrücken, über den
Prosecco-Weinbergen wurzelt in 2000 Jahren bewegter Geschichte. Heute beherbergt es ein Hotel mit Wellness-Anlage,
Restaurants und Bar, ein Kongress-Zentrum, diverse Museen
und eine Boutique.

Relais Ca' Maffio   Nobles Landhaus mit Pool am Sile-Ufer Roncade
(TV), Via Principe 70, T +39 0422 780 774
www.camaffio.com, VI

Nehmen Sie sich Zeit, auszurasten  und dolce vita zu inhalie-
ren. Entdecken Sie den Parco del Sile, Venedig, Treviso, Jesolo, …
Das mit Stil und moderner Technik ausgestattete Landhaus mit
4 indiv. eingerichteten Zimmern verfügt über 50.000 m² Garten
mit Pool am Sile-Ufer.

**Pieve di Soligo**
46 / Karte

**Quarto D'Altino**
49 / Karte

Hotel Contà**** - Frühstück ab 5:30
Pieve di Soligo, Borgo Stolfi, 25
T +39 0438 98 04 35
www.hotelconta.it
V-VI

Hotel Ambra*** im Ortszentrum
30020 Quarto D'Altino, Via Adige 3
T 0039 0422 82 33 00
www.hotelambra.com
III-IV   reiches ital. Früstücksbuffet

omande Varago - Venezia
Ferienregion Altamarca, +39 0423 972372
Via Claudia Augusta Info, 0043 664 27 63 555

**Marcon**
50/1 / Karte

**Varago di Maserada sul Piave**
48 / Karte

Agriturismo Ristorante Praetto
Marcon (VE), Via Praello, 125
+39 0414568051 +39 3494596380
www.agriturismopraetto.it
IV-V  - ruhig, nahe Venedig

**Fragen zu Mattarello - Avio**
- Rovereto und Vallagarina, +39 0464 430 363
- Via Claudia Augusta Info, 0043 664 27 63 555

**Fragen zu Belluno Veronese - Nogara**
- IAT Valpolicella, 0039 045 7701920
- IAT Verona, +39 045 8068680
- Via Claudia Augusta Info, 0043 664 27 63 555

**Fragen zu Ostiglia - Po-Region**
- IAT San Benedetto Po, +39 0376 623 036
- Via Claudia Augusta Info, 0043 664 27 63 555

## Besenello
Karte 51

Hotel Garni Castel Beseno
Via Posta Vecchia 1
T +39 0464 834156
www.castelbesenohotel.com
V

## Villa Lagarina
Karte 52

Landhaus „Villa" Casa del Noce - Restaurant in der Nähe
Villa Lagarina, Via Zandonai 10, T +39 0464 410741
www.casadelnoce.com, III

Kleine gastfreundliche Unterkunft im Herzen des Trentino, direkt an der Via Claudia Augusta. Es warten liebevoll renovierte Zimmer mit allem Komfort und ein lauschiger Innenhof, der den Radfreunden optimale Möglichkeiten zur Entspannung bietet.

## Rovereto
Kar- 52

Hotel Sant' Ilario swimmingpool
Rovereto, Viale Trento 68
T +39 0464 411605
www.hotelsantilario.com
IV

## Isera
Karte 52

B&B Anna di Paola Stoffella
38060 Isera, Via Mazzole 2
0039 392 45 20 513
www.bebanna.tn.it
III

## Belluno Veronese
Karte 54

Agritur Ca' Scudiera
Belluno Veronese, Loc. Scudiera, 1
T +39 348 74 05 158
www.facebook.com/
agriturcascudiera, IV-V

## Rivoli Veronese
Karte 55

Bed & Breakfast Relais San Michele
Rivoli Veronese, Loc. Cason d. Ulivi, 11, 0039 045 723 81 42
www.relaissanmichele.it, IV-V

Sorgfältig renoviertes Gebäude aus dem 19. Jahrhundert, direkt am Etschkanal, von einem schönen Park umgeben. Das B&B kombiniert historischen Charme mit modernen Einrichtungen, wie Bar und Internet Point. Das Restaurant im Erdgeschoss bietet exzellente Service und gute Küche.

## Sommacampagna
Karte 59

Hotel***Rist. Pizzeria Scaligero
Sommacampagna, V. Osteria Gr. 41
T +39 045 8969130
www.hotelscaligero.com
V-VI

## Vigasio
Karte 60

Hotel Montemezzi****
37068 Vigasio, Via Verona 92
T 0039 045 73 63 440
www.hotelmontemezzi.it
V-VI  Fitness

## Ostiglia sul Po
Karte 62

Hotel Ristorante Cioè, im Zentrum
46035 Ostiglia, Via Vittorio Veneto 7
T 0039 0386 800 282
hotelcioe@alice.it
III  gute regionale Küche

Hotel Ristorante Doria *** S
Ostiglia, Via A. Brennero Est, 63
T +39 0386 800 520
www.hoteldoriaostiglia.it
V-VI